哈佛经典
填字游戏

江乐兴 主编

全脑思维
训练丛书

朝华出版社

图书在版编目（CIP）数据

哈佛经典填字游戏 / 江乐兴主编. -- 北京 ： 朝华
出版社，2016.7
　　（全脑思维训练丛书）
　　ISBN 978-7-5054-3827-9

　　Ⅰ.①哈… Ⅱ.①江… Ⅲ.①智力游戏 Ⅳ.
①G898.2

中国版本图书馆CIP数据核字（2016）第169417号

哈佛经典填字游戏

作　　者　　江乐兴

选题策划　　杨丽丽
责任编辑　　赵　倩
特约编辑　　王　林
责任印制　　张文东　陆竞赢
封面设计　　周　飞

出版发行　　朝华出版社
社　　址　　北京市西城区百万庄大街24号　　　　　邮政编码　　100037
订购电话　　（010）68413840　68996050
传　　真　　（010）88415258（发行部）
联系版权　　j-yn@163.com
网　　址　　http://zhcb.cipg.org.cn
印　　刷　　北京世纪雨田印刷有限公司
经　　销　　全国新华书店
开　　本　　710mm×1000mm　1/16　　　　　字　　数　　350千
印　　张　　15
版　　次　　2016年9月第1版　2016年9月第1次印刷
装　　别　　平
书　　号　　ISBN 978-7-5054-3827-9
定　　价　　28.00元

D. 图形思维游戏

E. 逻辑推理游戏

2.创意能力
3.思维转换能力
4.空间想象能力
5.规律分析能力
6.图形认知能力
7.推理能力
8.演绎能力

1.观察能力
A. 观察思维游戏
D. 图形思维游戏
E. 逻辑推理游戏

大脑中枢

16.演算能力
B. 演算思维游戏
17.数理能力
C. 分析思维游戏

10.对比能力
9.判断能力

15.归纳能力
14.辨别能力
13.鉴别能力
12.分析能力
11.归类能力

哈佛思维导图 Harvard Thinking Diagram

A. 观察思维游戏

15 17 31
8 19
13

B. 演算思维游戏

C. 分析思维游戏

如何阅读本书 →

根据不同的主题，精选了200多个最有代表性的趣味游戏。

从不同的角度，选取了200多个最能锻炼大脑的填字游戏。

第1章 成语填字游戏

横向：

1. 比喻说的人多了，就能使人们把谣言当事实。
2. 拔起树根，塞住水源。比喻防患除害要从根本上治理。
3. 嘴上说的很甜美，心里却怀着害人的主意。形容两面派的狡猾阴险。
4. 形容在最危险的时候得到生路，不再复出。
5. 指大功告成之后，自行隐退，不再复出。
6. 耳朵经常听到，眼睛经常看到，不知不觉地受到影响。
7. 形容气魄很大。
8. 比喻经过反复实践，掌握了事物发展的客观规律，做事得心应手，运用自如。
9. 头顶云天，脚踏大地。比喻形象高大、气概豪迈。

纵向：

一、声音在耳边不断鸣响。
二、形容一个字也不认得。
三、老虎嘴里幸存下来的生命。比喻逃脱极危险的境地侥幸活下来。
四、形容怒气冲天或气势很盛。
五、指争论功劳激烈到几乎动武。
六、比喻遭遇到极大的压力或打击。
七、所有的本领，全部的权术手腕。
八、指事物自然形成，合乎理想，不必再加人工。

5. 原形容人目光敏锐，任何细小的事物都能看得很清楚。后多形容人能洞察事理。
6. 经常说些无聊的话，没有一句正经的。
7. 三十岁的代称。
8. 比喻双方很容易一致，一下子就说到一起。

一、不认真，不负责地对待本职工作。
二、地位低下者说的话不为人所重视。
三、比喻可贵而有价值的劝告。
四、事先没有商量过，意见或行动却完全一致。
五、在一定的条件下，事情能否做成要看人的主观努力如何。
六、指说话、写文章一开始就讲明主要意思。
七、事故或事变很多的时期。
八、开始时虽然相差极微小，结果却会造成很大的错误。

横向：

1. 指做事得法，因而费力小、收效大。
2. 声音和容貌仿佛还在。形容对死者的思念。
3. 形容一个人心诚志坚，力量无穷。
4. 保持节操，像玉一样洁白无瑕。

017

游戏中的内容不但极具娱乐性，而且可以很好地记忆和增进专业知识。

11

本书分为单词填字游戏、成语填字游戏、专科知识、综合百科4大类型，每一类都可以使你的思维能力得到提高。

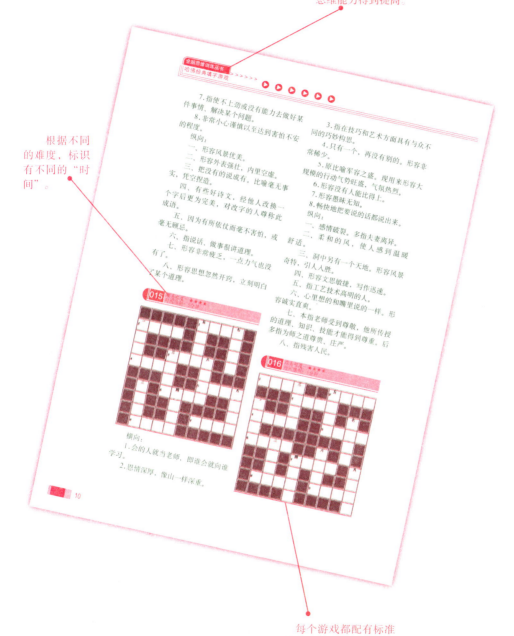

7.指使不上劲或没有能力去做好某件事情，解决某个问题。
8.非常小心谨慎以至达到害怕不安的程度。

纵向：
二、形容风景优美。
二、形容外表强壮，内里空虚。
三、把没有的说成有。比喻毫无事实，凭空捏造。
四、有些好诗文，经他人改换一个字后更为完美，对改字的人尊称此成语。
五、因为有所依仗而毫不害怕，或毫无顾忌。
六、指说话、做事很讲道理。
七、形容非常疲乏，一点力气也没有了。
八、形容思想忽然开窍，立刻明白了某个道理。

根据不同的难度，标识有不同的"时间"。

015 ★★★★

横向：
1.会的人就当老师，即谁会就向谁学习。
2.恩情深厚，像山一样深重。

3.指在技巧和艺术方面具有与众不同的巧妙构思。
4.只有一个，再没有别的。形容非常稀少。
5.原比喻军容之盛。现用来形容大规模的行动气势旺盛，气氛热烈。
6.形容没有人能比得上。
7.形容愚昧无知。
8.畅快地把要说的话都说出来。

纵向：
一、感情破裂。多指夫妻离异。
二、柔和的风，使人感到温暖舒适。
三、洞中另有一个天地。形容风景奇特，引人入胜。
四、形容文思敏捷，写作迅速。
五、指工艺技术高明的人。
六、心里想的和嘴里说的一样。形容诚实直爽。
七、本指老师受到尊敬，他所传授的道理、知识、技能才能得到尊重。后多指为师之道尊贵、庄严。
八、指残害人民。

016 ★★★★

每个游戏都配有标准的填字方格，便于读者进行答题和联想。

10

哈佛教给了我们什么？

一、"先有哈佛，后有美利坚"

哈佛大学是美国最古老、最著名的大学。无论是学校的名气、设施、教授阵容，还是学生的综合素质，都堪称世界一流。"先有哈佛，后有美利坚"，不仅说明了哈佛大学在美国历史上的地位，也说明了哈佛大学是美国文化的源头，是美国人才的摇篮。

哈佛大学创建300多年来，为美国乃至世界培养了无数政治家、科学家、文学家和记者等。据不完全统计，共有8位美国总统、多位诺贝尔奖获得者和普利策奖获得者毕业于哈佛大学。其中，美国总统贝拉克·侯赛因·奥巴马就曾是哈佛大学的高才生。

此外，在哈佛毕业的名人还有：著名文学家亨利·亚当斯、约翰·帕索斯、亨利·梭罗、亨利·詹姆斯，心理学家威廉·詹姆斯，著名记者沃特·李普曼和约瑟夫·艾尔索普，天文学家本杰明·皮尔斯，化学家西奥多·理查兹，地质学家纳萨尼尔·谢勒，等等。曾经的世界首富比尔·盖茨也曾在哈佛大学读过书。

可见，哈佛大学不仅培养了无数耀眼的政治明星，而且造就了大批不同领域的顶尖人才。所以说，"先有哈佛，后有美利坚"，一点儿也不为过。

二、哈佛是"创新、超越"的代名词

哈佛精神是一种世界性的精神追求，代表着一种先进的理念，哈佛已然成为"创新、超越"的代名词。

在哈佛读书的学生，他们从不会端端正正地坐着听讲，也不会埋身于题海战术。真正的哈佛学生，他们所追求的绝不仅仅是成绩上的满分，他们更在意的是创新与挑战。

为了追求创新，每个学生踏进哈佛，都会得到一本《哈佛学生指导手册》，上面写着："Don't plagiarize!"其中，plagiarize一词源自希腊文，原意是"偷别人的孩子的人"。这句话可以理解为：不要剽窃！正因为哈佛大学长期坚持创新、超越的理念，哈佛学子才得以每天都保持着竞技状态。

他们虽然不拘泥于题山题海的考试，但是特别重视思维方式的锻炼；他们虽然

不用天天跟着导师钻研学习，却特别注重大脑潜能的开发。比如，思维游戏的训练就是哈佛学生最爱接受的挑战方式。对于他们来说，一次次挑战成功，就是一次次超越；一次次破解，就是一次次创新。所以，就有了许许多多源于哈佛大学的思维名题。

如今的"哈佛"早已不是传统意义上的哈佛大学，更多的是蕴含了无限魅力的哈佛智慧、哈佛思维、哈佛精神。作为一种具有超强影响力的思维方式，"哈佛"渗透到了社会各个领域，使人们能真实地感到什么是哈佛校训所说的"与真理为友"。

我们组编这套丛书的目的，就是想借助哈佛的先进理念，精选出最有启迪意义的各种思维游戏，从而使读者的智力得到提高，思维得到激发。希望每个读者看后，都能从中得到全新的启迪，在学习和人生的竞技场上，成为时代的先锋！

本丛书共有8册，分别为：

★《哈佛经典填字游戏》

《哈佛经典数独游戏》

《哈佛经典趣味游戏》

《哈佛经典数学游戏》

《哈佛经典思维游戏》

《哈佛经典智商游戏》

《哈佛经典图形游戏》

《哈佛经典推理游戏》

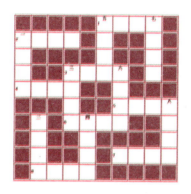

三、本书简介

填字游戏是一种集知识性、娱乐性和思维训练于一体的游戏，能锻炼大脑、丰富知识。本书中的200多个填字游戏既能锻炼大脑的灵活性，又能提高记忆力，还可以丰富知识，旨在让读者在紧张的学习工作之余缓解压力、放松心情。

本书分为4部分：

成语填字游戏：以成语为主要元素设计而成的构思巧妙、乐趣无穷的填字游戏，让读者在享受游戏乐趣的同时既锻炼了脑力，又丰富了自己的语言。

单词填字游戏：以英文单词组成的填字游戏，在快乐游戏的同时增加词汇量。

专科知识：涵盖了地理、诗歌以及英语等专业领域，让读者在娱乐放松的同时，可以很好地记忆和增加专业知识。

综合百科：综合了诗词歌赋、生活常识等百科知识，能很好地训练读者的思维能力，在思考的过程中增长智慧。

◎◎◎ 与柏拉图为友
与亚里士多德为友
更要与真理为友

——哈佛校训

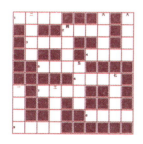
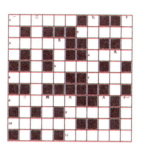
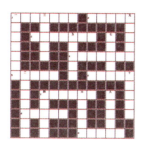
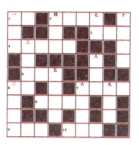

成语填字游戏

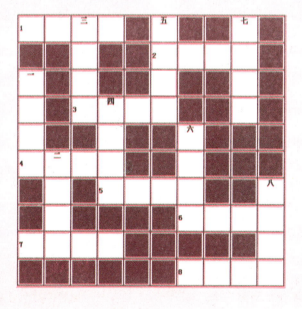

001 难易程度：★★★★★
时间限制：5分钟

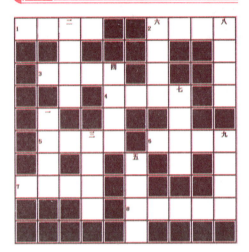

七、把全部力量都投入进去。

八、一再，多次。

九、比喻危害社会或集体的人。

002 难易程度：★★★★★
时间限制：5分钟

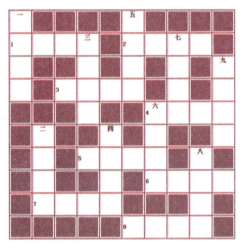

横向：

1.像龙在飞腾，虎在跳跃。形容跑跳时动作矫健有力。也比喻奋起行动，有所作为。

2.比喻从一件事情类推而知道其他许多事情。

3.比喻做了多余的事，非但无益，反而有害。

4.又有智谋，又很勇敢。

5.勇气与智慧兼具。

6.把事情的利害关系给人讲清楚。

7.只有一个，再没别的。形容非常稀少。

8.比喻做事要抓住要害。

纵向：

一、形容事物不清晰或关系不亲密。

二、比喻开始时声势很大，到后来劲头很小，有始无终。

三、有开头也有收尾。指做事能坚持到底。

四、富有智慧，善于谋划。形容人善于料事和用计。

五、比喻暗中攻击或陷害别人。

六、全世界找不到第二个。

横向：

1.原比喻不知政权会落在谁的手里。现在也泛指在竞赛中不知谁会取得最后的胜利。

2.指粮价过低，使农民受到损害。

3.比喻行动快的人先达到目的或先得到所求的东西。

4.依据道理，竭力维护自己的权益、观点等。

5.反过来追究自己。指从自己身上找原因。

6.责骂人瞎了眼，看不见某人或某事物的伟大或重要。

7.百般思索也无法理解。

8.原指损害及于肌肤。后形容迫切的灾害或深切的痛苦。

纵向：

一、比喻故意颠倒黑白，混淆是非。

二、处死一个人，借以警戒更多人。

三、形容高兴到了极点。

四、只求知道大概，不求彻底了

解。常指学习或研究不认真、不深入。

五、指年成好，粮食丰收。

六、将别人的东西拿来作为自己的。

七、形容做事凶恶残忍，丧尽天良。

八、形容遍体都是伤。也比喻理由全部被驳倒，或被批评、责骂得很厉害。

九、指各种学术流派的自由争论，互相批评。也指不同意见的争论。

003 难易程度：★★★★ 时间限制：5分钟

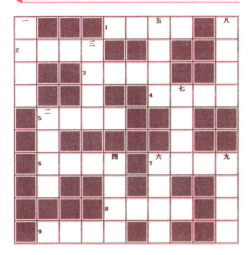

横向：

1.比喻坚持一个说法，再不改口。

2.神话传说中的两个鬼卒，一个头像牛，一个头像马。比喻各种丑恶的人。

3.什么都不放在眼里。形容极端骄傲自大。

4.牙齿都掉了，舌头还存在。比喻刚硬的容易折断，柔软的常能保全。

5.不顾法律或舆论，毫无顾忌地做坏事。

6.乱箭射在心上。比喻内心极度痛苦。

7.形容歌声优美，给人留下难忘的印象。

8.单凭口说，不足为据。

9.以能先看到为快乐。形容盼望殷切。

纵向：

一、讥笑听话的人不懂对方说的是什么。也用以讥笑说话的人不看对象。

二、指没有根据、不符实际地瞎说，或说胡话。

三、样子完全不同了。形容改变得不成样子。

四、性情直爽，有话就说。

五、形容极端仇视或痛恨。也形容把某种情绪或感觉竭力抑制住。

六、形容美妙的诗文、歌曲或可口的食物耐人回味。

七、原指国家将亡，人民困苦，因此音乐也多表现为哀思的曲调，后多指颓靡淫荡的歌曲。

八、形容经过变乱而唯一幸存的事物。

九、窃贼的代称。现在有时也指脱离实际、脱离群众的人。

004 难易程度：★★★★ 时间限制：5分钟

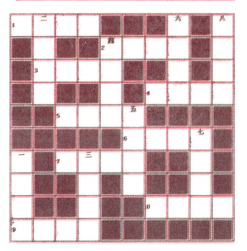

3

横向：

1.用羊来替换牛。比喻用一个代替另一个。

2.经历许多次战役，都没有遭遇危险。形容善于用兵。

3.比喻有权有势或有实力者失去了权势或优势。

4.心思烦乱，不知怎样才好。

5.山野和海洋里出产的各种珍贵食物。泛指丰富的菜肴。

6.像放下重担那样轻松。形容紧张心情过去以后的轻松愉快。

7.形容因恐惧或惊异而发愣的样子。

8.比喻人民生活极端痛苦。

9.形容奇形怪状、五颜六色。

纵向：

一、原指西汉匡衡凿穿墙壁引邻舍之烛光读书。后用来形容家贫而读书刻苦。

二、羊虽然披上虎皮，还是见到草就喜欢，碰到豺狼就怕得发抖，它的本性没有变。比喻外表装作强大而实际上很胆小。

三、好像接近，又好像不接近。形容与人保持一定距离。也形容事物含混不清。

四、比喻大势所趋或众望所归。也比喻许多分散的事物汇集到一个地方。

五、比喻事情不做可惜，做起来没有多大好处。

六、形容旅途劳顿。

七、比喻用错误的方法去消除灾祸，结果使灾祸反而扩大。

八、春秋时鲁国的柳下惠将受冻的女子裹于怀中，没有发生非礼行为。形容男子在两性关系方面作风正派。

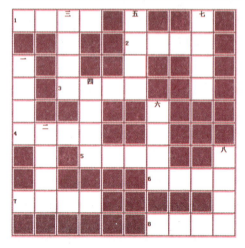

005 难易程度：★★★★
时间限制：6分钟

横向：

1.形容惊慌失措，或自相惊扰。

2.比喻彻底丧失面子。

3.指颜、柳两家书法挺劲有力，但风格有所不同。也泛称书法极佳。

4.形容认识一致，共同努力。

5.极其完善，极其美好。指完美到没有一点缺点。

6.做梦的时候都在追求。形容迫切地期望着。

7.指虽然提到了，但说得不详细。

8.按照画像去寻求好马。比喻墨守成规地办事；也比喻按照线索去寻求。

纵向：

一、见到德才兼备的人就想赶上他。

二、心思不在这里。指思想不集中。

三、仙鹤羽毛般雪白的头发，儿童般红润的面色。形容老年人气色好。

四、形容非常疲乏，一点力气也没有了。

五、奴才相，贱骨头。形容卑鄙无耻地奉承别人。

六、原比喻人生虚幻。后比喻不能实现的梦想。

七、在本地找需要的材料。比喻不依靠外力，充分发挥本单位的潜力。

八、到远方去寻求良马。比喻各处访求人才。

006 难易程度：★★★★
时间限制：5分钟

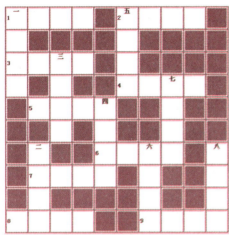

横向：

1.向左右两边看。形容人骄傲得意的神情。

2.比喻零乱地加以拼凑。

3.比喻说话或写文章直截了当谈本题，不拐弯抹角。

4.把快要死的人救活。形容医术高明。也比喻把已经没有希望的事物挽救过来。

5.才能和见识超过一般人。

6.旧时形容妇女服饰华贵富丽，闪耀着珍宝的光色。

7.古人用黄纸写字，写错了，用雌黄涂抹后改写。比喻不顾事实，随口乱说。

8.形容拿不定主意。

9.形容来往车马很多，连续不断的热闹情景。

纵向：

一、比喻两只手轮流做同一动作或同时做几项工作。

二、有点相信，又有点怀疑。

三、形容阅历深，经验多。

四、旧时指女子老了以后被轻视，就像因年代久远而失去光泽的珍珠一样遭人嫌弃。

五、指再度出任要职。也比喻失势之后又重新得势。

六、华丽的车子，珍贵的宝马。指考究的车骑。

七、形容文章、乐曲十分婉转动人。

八、形容书法精妙。

007 难易程度：★★★★
时间限制：6分钟

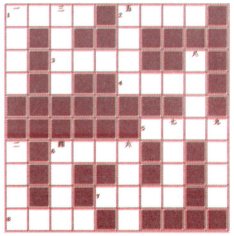

横向：

1.心意真实诚恳，没有虚假。

2.根据各地的具体情况，采取适宜的办法。

3.想找却找不到。原指急切企求，但不能得到。后多形容迫切希望得到。

4.既有福气，又做官，享受俸禄。

5.穿的是华丽的衣服，吃的是美味的食品。形容生活优裕。

6.具有独到的灵巧的心思。指在技巧和艺术方面的创造性极高。

7.死在离家乡很遥远的地方。

8.指大功告成之后,自行隐退,不再复出。

纵向:

一、真实情况完全弄明白了。

二、指不管条件是否许可,一心想做大事立大功。多用以形容浮夸的作风。

三、指从实际对象出发,探求事物的内部联系及其发展的规律性,认识事物的本质。通常指按照事物的实际情况办事。

四、原意是做不上官就修养好自身。现指只顾自己,不管别人。

五、变坏事为好事。

六、原指心境淡漠,毫无情感。现也形容意志消沉,态度冷漠到极点。

七、旧指富贵以后穿着锦绣的衣服回到故乡,含有向乡里夸耀的意思。

八、十分完美,毫无欠缺。

九、指吃不饱肚子。形容生活贫困。

横向:

1.指说话时做出各种动作。形容说话时放肆或得意忘形。

2.指挑挑拣拣,嫌这嫌那。

3.值得歌颂、赞美,使人感动流泪。形容英勇悲壮的感人事迹。

4.形容色彩鲜艳,花样繁多。

5.形容沉迷于某种场合,舍不得离开。

6.形容回家心切。

7.本来是假装的,结果却弄成了真的。

8.趁着虚弱疏漏的地方进入。

9.指情况严重或事情重要,不能轻视。

纵向:

一、为期不远,不久就可以实现。

二、故意玩弄花招,迷惑人、欺骗人。

三、不用说明就能想象得到。

四、去掉外饰,回归本质。比喻恢复原来的自然状态。

五、三个一群,五个一伙。

六、好像是对的,实际上不对。

七、形容时间过得极快。

八、形容人得意兴奋的样子。

九、指不表示明确的态度,或没有明确的主张。

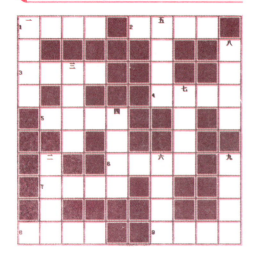

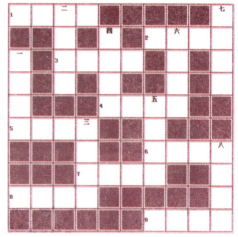

横向:

1.比喻责任重大,要经历长期的奋斗。

2.原指战争中的双方,先进攻的处于主动地位,可以控制对方。后也泛指争取主动,先下手为强。

3.犹日暮途穷。比喻到了走投无路或衰亡的境地。

4.形容年纪轻,精力旺盛。

5.以情相恕,以理排遣。指待人接物宽厚和平,遇事不加计较。

6.形容很会讲话。

7.来不及动手应付。指事出意外,一时无法对付。

8.像诗画里所描绘的能给人以美感的意境。

9.指形象丑恶,使人看不下去。

纵向:

一、形容用眼神或行动默默地表达情意。

二、路上听来的、路上传播的话。泛指没有根据的传闻。

三、指写文章、说话时的用词立意。

四、过一天像过一年那样长。形容日子很不好过。

五、在自己能力的限度内所能做到的。

六、决心奋斗,努力谋求强盛。

七、引人进入佳境。现多用来指风景或文艺作品特别吸引人。

八、在路上遇到不敢交谈,只是以目示意。形容人民对残暴统治的憎恨和恐惧。

010 难易程度: ★★★★
时间限制: 5分钟

横向:

1.抬起头迈开大步向前。形容精神抖擞,意气风发。

2.指部队驻扎下来。也比喻建立临时的劳动或工作基地。

3.自己无所作为而使天下得到治理。原指舜当政的时候,沿袭尧的主张,不做丝毫改变。后泛指以德化民。

4.国家主权的捍卫者。

5.比喻一切都成了过去。

6.形容进步和发展特别迅速。

7.比喻雄心壮志,至死不变。

8.整整一夜,从天黑到天亮。

纵向:

一、原意是孔子、墨子四处周游,每到一处,坐席没有坐暖,灶炉没有熏黑,又匆匆地到别处去了。形容忙于世事,各处奔走。

二、比喻官职、地位迅速上升。

三、军队每向前推进一步就设下一道营垒。形容防守严密,行动谨慎。

四、原意是勤奋修行。现指勇敢有力地向前进。

五、使国家安定太平。

六、指逍遥自得。

七、比喻某一事件传播很广,到处议论纷纷。

八、原指没有统帅的逃散士兵。现指没有组织的集体队伍里独自行动的人。

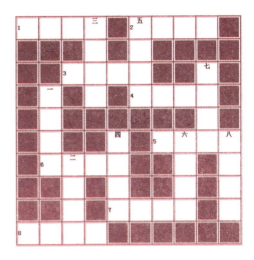

011 难易程度：★★★★
时间限制：5分钟

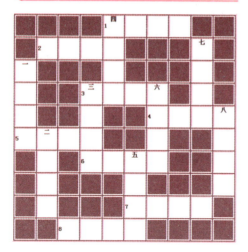

议论等漫无边际，没有中心

七、水位升高，船身也随之浮起。比喻事物随着它所凭借的基础的提高而增长提高。

八、有说有笑，兴致高。形容谈话谈得高兴而又风趣。

012 难易程度：★★★★
时间限制：6分钟

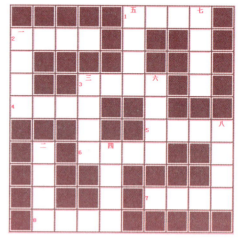

横向：

1.形容答话很快，很流利。

2.形容真心待人。

3.福气像东海那样大。旧时祝颂语。

4.潇洒地迈着大步，随意地高声交谈。比喻言行不受束缚。

5.比喻引诱坏人进行活动，使之暴露。

6.比喻诗文气势豪放。也比喻人浮躁，不踏实。

7.所有人的嘴都是活的记功碑。比喻人人称赞。

8.指将罪犯从轻处分，再看他以后的表现。

纵向：

一、指说话、写文章引用材料作为依据或例证。

二、形容心肠狠毒。

三、原为道家语，指神仙居住的名山胜地。后多比喻风景优美的地方。

四、处理事情从容不迫，很有办法。

五、指某种方法或措施已经实行过，证明很有效。

六、形容大自然的广阔。比喻言谈

横向：

1.形容十分害怕。

2.作战时尽可能地用假象迷惑敌人以取得胜利。

3.形容一个人心诚志坚，力量无穷。

4.原指行军时隐蔽行踪，不让敌人觉察。现比喻事情终止或声势减弱。

5.现指因怕连累自己而回避争斗的处世态度。

6.指绝对正确、不能改变的道理。也指理所当然的事。

7.指没有把好事做到底。

8.拿邻国当作大水坑，把本国的洪水排泄到那里去。比喻只图自己一方的利益，把困难或祸害转嫁给别人。

纵向：

一、销毁兵器，放下甲盾。指太平无战事。

二、指因过分兴奋或得意而忘了应有的举止。

三、形容军威盛大或战斗激烈。

四、指游览山水。出自于晋朝陶潜的《归去来兮辞》。

五、毫无顾忌地干坏事。

六、指说话、写文章一开始就讲明主要意思。

七、使人感到惊骇。

八、作战时将领亲自带头，冲在士兵前面。现在也用来比喻领导带头，走在群众前面。

013 难易程度：★★★★
时间限制：5分钟

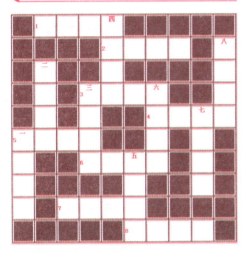

横向：

1.夫妻骑着凤、乘着鸾。比喻飞黄腾达，志得意满。

2.比喻凭空加害于人而又无从追究的事物。

3.指不追求名利才能志趣高洁。

4.自家人动刀枪。指兄弟争吵。泛指内部斗争。

5.在一起经历过艰难困苦的朋友。

6.形容双方思想感情融洽，合得来。

7.十分固执自信，不考虑别人的意见。

8.指做事得法，因而费力小、收

效大。

纵向：

一、担心得不到，得到了又担心失去。形容对个人得失看得很重。

二、勉强别人去做他不能做或不愿做的事情。

三、友情像水一样清澈。指不以利益为基础的朋友。

四、原形容书法笔势潇洒飘逸，后比喻夫妻离散或文人失意。

五、缺乏理智，只凭一时的想法和情绪办事。

六、志趣相同，意见一致。

七、处理事情、解决问题过于急躁。

八、大规模地进行战争。比喻大张声势地行事。

014 难易程度：★★★★
时间限制：5分钟

横向：

1.自始至终一个样子。指能坚持，不间断。

2.比喻名次列在前面。

3.没有老师的传授就能通晓。

4.外表秀丽，内心聪慧。

5.指刚刚懂得爱情（多指少女）。

6.形容层次、脉络清楚。

7.指使不上劲或没有能力去做好某件事情、解决某个问题。

8.非常小心谨慎以至达到害怕不安的程度。

纵向：

一、形容风景优美。

二、形容外表强壮，内里空虚。

三、把没有的说成有。比喻毫无事实，凭空捏造。

四、有些好诗文，经他人改换一个字后更为完美，对改字的人尊称此成语。

五、因为有所依仗而毫不害怕，或毫无顾忌。

六、指说话、做事很讲道理。

七、形容非常疲乏，一点力气也没有了。

八、形容思想忽然开窍，立刻明白了某个道理。

3.指在技巧和艺术方面具有与众不同的巧妙构思。

4.只有一个，再没有别的。形容非常稀少。

5.原比喻军容之盛。现用来形容大规模的行动气势旺盛，气氛热烈。

6.形容没有人能比得上。

7.形容愚昧无知。

8.畅快地把要说的话都说出来。

纵向：

一、感情破裂。多指夫妻离异。

二、柔和的风，使人感到温暖舒适。

三、洞中另有一个天地。形容风景奇特，引人入胜。

四、形容文思敏捷，写作迅速。

五、指工艺技术高明的人。

六、心里想的和嘴里说的一样。形容诚实直爽。

七、本指老师受到尊敬，他所传授的道理、知识、技能才能得到尊重。后多指为师之道尊贵、庄严。

八、指残害人民。

015 难易程度：★★★★
时间限制：5分钟

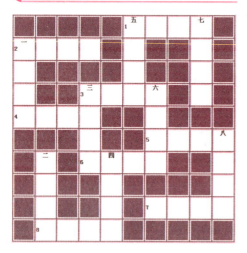

016 难易程度：★★★★
时间限制：5分钟

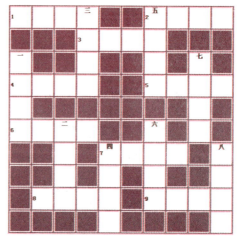

横向：

1.会的人就当老师。即谁会就向谁学习。

2.恩情深厚，像山一样深重。

横向：

1.比喻说的人多了，就能使人们把谣言当事实。

2.拔起树根，塞住水源。比喻防患除害要从根本上治理。

3.嘴上说的很甜美，心里却怀着害人的主意。形容两面派的狡猾阴险

4.形容在最危险的时候得到生路。

5.指大功告成之后，自行隐退，不再复出。

6.耳朵经常听到，眼睛经常看到，不知不觉地受到影响。

7.形容气魄很大。

8.比喻经过反复实践，掌握了事物发展的客观规律，做事得心应手，运用自如。

9.头顶云天，脚踏大地。比喻形象高大，气概豪迈。

纵向：

一、声音在耳边不断鸣响。

二、形容一个字也不认得。

三、老虎嘴里幸存下来的生命。比喻逃脱极危险的境地侥幸活下来。

四、形容怒气冲天或气势很盛。

五、指争论功劳激烈到几乎动武。

六、比喻遭遇到极大的压力和打击。

七、所有的本领，全部的权术手腕。

八、指事物自然形成，合乎理想，不必再加人工。

017 难易程度：★★★★
时间限制：6分钟

横向：

1.指做事得法，因而费力小、收效大。

2.声音和容貌仿佛还在。形容对死者的想念。

3.形容一个人心诚志坚，力量无穷。

4.保持节操，像玉一样洁白无瑕。也泛指爱护自己的身体。

5.原形容人目光敏锐，任何细小的事物都能看得很清楚。后多形容人能洞察事理。

6.经常说些无聊的话，没有一句正经的。

7.三十岁的代称。

8.比喻双方很容易一致，一下子就说到一起。

纵向：

一、不严肃认真地对待本职工作。

二、地位低，说话不为人所重视。

三、比喻可贵而有价值的劝告。

四、事先没有商量过，意见或行动却完全一致。

五、在一定的条件下，事情能否做成要看人的主观努力如何。

六、指说话、写文章一开始就讲明主要意思。

七、事故或事变很多的时期。

八、开始时虽然相差很微小，结果却会造成很大的错误。

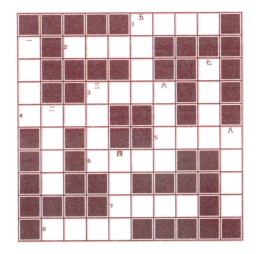

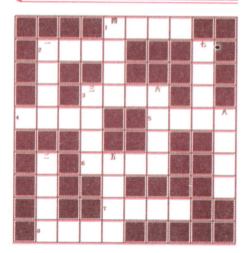

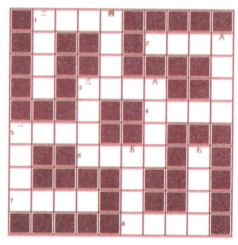

横向：

1.指对人或事物倾注了很深的感情而不能克制。

2.自以为了不起，很得意。

3.说的是一套，做的又是另外一套。

4.形容骄傲自满、得意忘形的样子。

5.比喻事物总有一定的归宿。多指客居他乡的人最终要回到故乡。

6.全世界的人都注视着。

7.形容政务繁忙，工作辛苦。

8.原指统一的国家，现泛指为少数人所霸占的某一领域。

纵向：

一、自以为强大，看不起别人。

二、形容人才出众。

三、根据德行和名声来选择人才。

四、指不接受别人的劝告，顽固地按照自己的主观想法去做。

五、指社会风气一天不如一天。

六、眼睛被一片树叶挡住，指看不到事物的全貌。

七、形容不怕牺牲生命。

八、比喻基础深厚，不容易动摇。

横向：

1.比喻做官廉洁。也比喻穷得一无所有。

2.指时机一旦成熟，事情自然就会成功。

3.比喻培养人才是长期而艰巨的任务。

4.拿蛋去碰石头。比喻不估计自己的力量，自取灭亡。

5.因外界事物变化很大而引起许多感想、感触。

6.比喻双方各得一半，不分上下。

7.形容一个人的德行和艺术（技艺）都具有良好的声誉。一般指从事艺术的人。

8.形容波浪又大又急。

纵向：

一、感激别人的恩惠和好处。

二、男女小时候在一起玩耍，亲密无间，没有猜疑。

三、形容岁月漫长，历时很久。

四、比喻人到了接近死亡的晚年。

五、比喻突然发生意料不到的纠纷

或事故。

六、人按照其品行、爱好而形成团体，因而能互相区别。指好人总跟好人结成朋友，坏人总跟坏人聚在一起。

七、眼泪如泉水一般向外涌，形容悲痛或害怕至极。

八、比喻趁人有危难时加以陷害。

020 难易程度：★★★
时间限制：5分钟

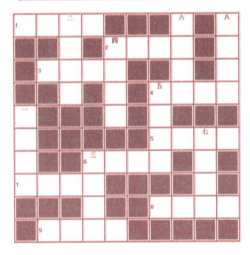

横向：

1.编连竹简的皮绳断了三次。比喻读书勤奋。

2.形容男女幼年时天真无邪、亲密无间。

3.比喻采取宽大态度，给人一条出路。

4.因长期工作，劳累过度而生了病。

5.一群人集合在一起。

6.如同处于深渊边缘一般。比喻存有戒心，行事极为谨慎。

7.比喻遭受一次挫折以后就再也振作不起来。

8.指丈夫光荣，妻子也随之尊贵。

9.比喻基础牢固，就会兴旺发达。

纵向：

一、自始至终一个样子。指能坚持，不间断。

二、用以称颂岁首或寓意吉祥，是岁首人们互相祝福的吉利话。

三、形容轻而易举。

四、旧时神怪故事中形容凶神恶鬼的面貌。现形容人面貌极其凶恶。

五、点点滴滴的水聚积起来，就能形成一个深潭。比喻积少成多。

六、表示心甘情愿受人驱使，为人效劳。

七、年轻时结成的夫妻。指原配夫妻。

八、指对某人或某事物极端厌恶痛恨。

021 难易程度：★★★★
时间限制：5分钟

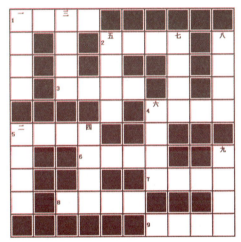

横向：

1.原指名分正当，说话合理。后多指做某事名义正当，道理也说得通。

2.祝人长寿的颂辞。

3.形容态度庄重严肃，郑重其事。有时含讽刺意味。

4.做事违反常理或者违背时代发展方向。

5.指彼此重新和好。

6.自己惭愧不如别人。

7.无处安身，到处流浪。

8.用鼻子吭气，表示轻蔑。

9.放在一边，好像没有听见似的。指不予理睬。

纵向：

一、名声或名义和实际不相符。指徒有虚名。

二、常用于书信末尾，表示说的话没把意思都表达出来。

三、说的是一套，做的又是另外一套。

四、劝别人或自勉要好好地活下去或干下去。

五、原指老死在家里。现比喻事物的灭亡。

六、形容背得非常熟练，记得非常牢。

七、按照自己力量的大小去做，不要勉强。

八、没有办法可用。

九、听到了从来没有听到过的事。形容事物新奇罕见。

022 难易程度：★★★★
时间限制：5分钟

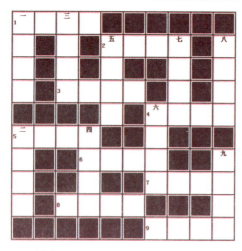

横向：

1.头昏眼花，感到一切都在旋转。

2.比喻用错误的办法来解决眼前的困难而不顾严重后果。

3.指设宴款待远方来的客人，以示慰问和欢迎。

4.死人埋葬的地方，即在阴间。

5.通过竹管的孔看天。比喻见闻狭隘或看事情片面。

6.形容人反复无常或惯于玩弄权术。

7.比喻人表面随和，内心严正。

8.像天覆盖万物，地承受一切一样。比喻范围极广大。也比喻恩泽深厚。

9.指以亲身经历和体验为例来说明某种道理。

纵向：

一、指在社会上有较大名声或势力，又经常抛头露面的人。

二、比喻针锋相对地进行回击。

三、指东西多，眼睛都看不过来。

四、形容变化巨大。也形容闹得很凶。

五、比喻悔过自新。

六、在九重天的外面。比喻无限远的地方或远得无影无踪。

七、如同骏马口渴思饮，飞快奔赴甘泉一般。形容书法笔势矫健。也比喻迫切的愿望。

八、形容力量强大，控制了全国。

九、思索和筹划办法。

023 难易程度：★★★★
时间限制：5分钟

横向：

1.心里明白，眼睛雪亮。形容看问题敏锐，能辨别是非。

2.喜欢做善事，乐于拿财物接济有困难的人。

3.指恣意行事，不受约束。

4.死守着律令，不知变通。

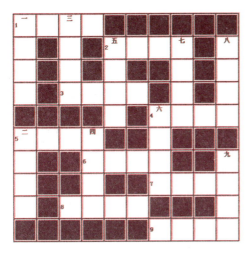

5.比喻不切实际地追求过高的目标。

6.看见人家有急难而不去救援。

7.比喻事到眼前，非常急迫。

8.不懂得人家对自己的好意。

9.形容形势紧张，一触即发。后也比喻书法笔力遒劲。

纵向：

一、指要求的标准很高，但实际上自己也做不到。

二、贪图安逸，厌恶劳动。

三、心里高兴得像花儿盛开一样。形容极其高兴。

四、有远大的眼光和高明的见解。

五、形容对某事特别爱好而沉浸其中。

六、比喻用错误的方法去消除灾祸，结果使灾祸反而扩大。

七、发布号令。

八、指文章公式化。也比喻办事按一个格式，非常机械。

九、形容为人非常吝啬自私。

024 难易程度：★★★★
时间限制：5分钟

横向：

1.打呼噜的声音就像打雷一样响。

形容熟睡时鼾声大作。

2.形容时间一去不复返。

3.孤身一人，只有和自己的身影相互慰问。形容无依无靠，非常孤单。

4.长时间停不下来。

5.不多的几句话，极少的几个字。指零碎的文字材料。

6.正经的，严肃认真的。

7.泛指儒家言论。

8.指说话的人能使自己的论点或谎话没有漏洞。

9.比喻暗中改变事物的真相，以达到蒙混欺骗别人的目的。

纵向：

一、形容脸部伤势严重。

二、一片铠甲都没留下来。形容全军覆没。

三、比喻两个人关系亲密，常在一起。

四、形容吐字准确，唱腔圆润。

五、形容见过的事物再度出现。

六、旧指各个方面的学问。

七、形容时间久远。

八、只剩下一口气。形容濒临死亡。

九、原比喻奸佞之徒蒙蔽君主。后泛指小人当道，社会一片黑暗。

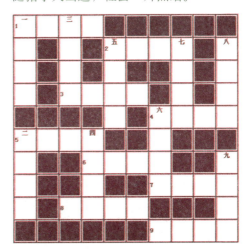

025 难易程度：★★★★
时间限制：5分钟

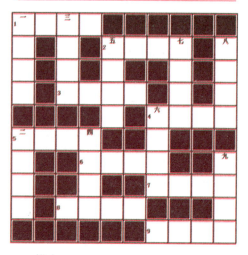

横向：

1. 比喻话说得十分尖锐。

2. 形容反复挑选，总不合心意。

3. 离开家乡到外地。

4. 比喻无处投奔、到处乱窜的人。

5. 异口同声地称赞。

6. 不愿和仇敌并存。形容仇恨极深。

7. 美好的时光和景物。

8. 张着嘴说不出话来。形容理屈词穷，或因紧张害怕而发愣。

9. 比喻感情很融洽或结合十分紧密。

纵向：

一、形容议论多而杂，别人不予理睬。

二、跟交情不深的人谈心里话。

三、形容极度不安。

四、不住口地称赞。

五、搬弄是非，使别人不团结。

六、没有一点良心。形容恶毒到了极点。

七、指志在四方，不留恋家乡或个人小天地。

八、比喻模仿不到家，反而不伦不类。

九、指文艺作品中环境的描写、气氛的渲染跟人物思想感情的抒发结合得很紧密。

026 难易程度：★★★★
时间限制：5分钟

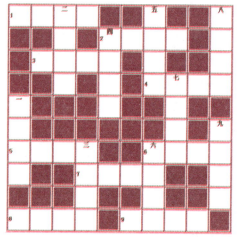

横向：

1. 婴儿咿咿呀呀地学大人说话。

2. 超出一般人，没有可以相比的。

3. 一点儿兴趣都没有。

4. 指听得多了，能够说得很清楚、很详细。

5. 去掉外饰，回归本质。比喻恢复事物原来的自然状态。

6. 以能先看到为快乐。形容盼望殷切。

7. 有文化，懂礼貌。形容有教养。

8. 用来比喻事情发展到最后，露出了真相或本意。

9. 调动兵力，派遣将领。泛指调动安排人力。

纵向：

一、翻来覆去，睡不着觉。形容心里有所思念或心事重重。

二、为了实际应用而学习。

三、正确而透彻的见解。

四、超出世俗生活之外。引申为置

身事外。

五、声音在耳边不断鸣响。

六、先按通常的礼节同对方交涉，如果行不通，再用武力或其他强硬手段解决。

七、看惯了就像没看见一样。也指看到某种现象但不关心，只当没有看见。

八、指越详细越好。

九、指坏人坏事受到惩罚或打击，使大家非常痛快。

8.比喻在危难或困惑中，忽然遇人援救或指点引导。

9.秦、晋两国世代互相婚嫁，泛指两家联姻。

纵向：

一、比喻做事有把握，不费力就做好了。

二、胜利的消息不断地传来。

三、整整一夜，从天黑到天亮。

四、登上厅堂，进入内室。比喻学问或技能从浅到深，达到很高的水平。

五、比喻人反复无常。也形容居处漂泊不定。

六、原指很小的地方，现用来指人的心。

七、晚睡早起。形容勤奋不息。

八、原意是悔恨自己的错误，自己改正。现在只指悔恨自己的错误。

九、科举时代两家因同年登科而为世交。

027 难易程度：★★★★
时间限制：5分钟

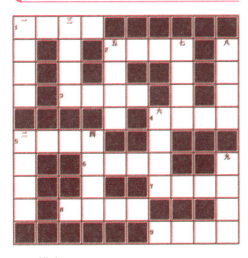

横向：

1.比喻善于钻营，手腕不寻常。

2.形容形势危急，难以预料。

3.比喻收效极快。

4.事物正在发展，尚未达到止境。

5.比喻行动快的人先达到目的或先得到所求的东西。

6.形容端正庄严或雄伟有气派。也指表面上庄严正大、堂堂正正，实际上却不然。

7.住在本地的人对外地客人的招待义务。

028 难易程度：★★★★
时间限制：5分钟

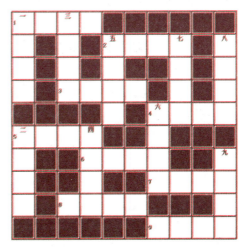

横向：

1.胸中有远大志向。

2.巨大的恩德，形容恩泽深厚。

3.可以无限取用而不会用完。

4.形容说话做事时态度非常严肃认真。

5.协和家庭，治理国家。

6.形容毫不在意，沉着镇定。

7.谈笑时的容貌和神态。用以怀念故人的声音容貌和神情。

8.暂且安心等一会儿，不要急躁。

9.形容兴趣浓厚。

纵向：

一、形容待人接物坦率真诚，心口如一。

二、形容认识一致，共同努力。

三、比喻使用不当，浪费人才。

四、国家太平，人民安乐。

五、说大话，不感到难为情。

六、指春秋战国时郑、卫等国的民间音乐。

七、道德高尚，名望很高。

八、指办事马马虎虎，只求应付过去就算完事。

九、指神态严肃，一本正经的样子。

029 难易程度：★★★★
时间限制：5分钟

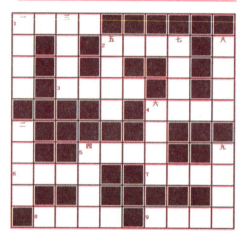

横向：

1.心神奔向所向往的事物。形容一心向往。

2.将别人的东西拿来当作自己的。

3.双方力量相等，不分高低。

4.掌握了某一事物的知识或规律，进而推知同类事物的知识或规律。

5.指情绪低落，非常沮丧。

6.一眼就看得很清楚。

7.形容关系密切如一家人。

8.形容钦佩爱慕到极点。

9.比喻没有彻底断绝关系。多指男女之间情思难断。

纵向：

一、现多指做坏事的人，虽然使尽坏心眼，最终不但得不到好处，处境反而一天比一天糟。

二、比喻创造独特风格或另创局面。

三、比喻失去地位和权力。

四、心情沮丧得好像丢了魂似的。形容非常悲伤或愁苦。

五、依据道理，竭力维护自己的权益、观点等。

六、被眼前的景物所触动而引起伤感。

七、不管什么人都可以受到教育。

八、形容拥挤或包围得非常严密。

九、比喻关系非常密切，不可分离。

030 难易程度：★★★★
时间限制：5分钟

横向：

1.脚不跨出家门。

2.风调雨顺，五谷丰登。

3.表示彼此欺骗。

4.事先没有约定而相互一致。

5.比喻做一件事两个方面同时进行或两种方法同时使用。

6.风里吃饭，露天睡觉。形容旅途或野外工作的辛苦。

7.比喻从旁推究，弄清楚事情真相。

8.形容风势狂暴。

9.比喻事情非常罕见或极难实现。

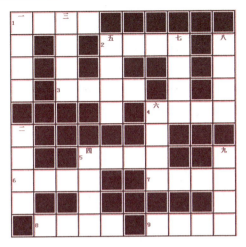

纵向：

一、富有智慧，善于谋划。形容人善于料事和用计。

二、听到风声和鹤叫声，都疑心是追兵。形容人在惊慌时疑神疑鬼。

三、指人的言行反复无常，前后自相矛盾。

四、比喻相爱的男女形影不离。

五、时间不会等待我们。指要抓紧时间。

六、向学问或地位比自己低的人学习，而不觉得羞耻。

七、形容女子体态柔美，神采飘逸。

八、形容事物之间毫无共同之处。

九、原形容事情如意，心境愉快。后多指大略地观察一下。

031 难易程度：★★★★
时间限制：5分钟

横向：

1.形容群众到处都在称赞。

2.拿腔拿调，故意做作想引人注意或吓唬人。

3.原指曲引法律条文作弊。后常指玩弄文字技巧。

4.坐着也不是，站着也不是。形容心情紧张，情绪不安。

5.表示读书总会有所收获。

6.寿命像终南山那样长久。用于祝人长寿。

7.在山谷里叫喊一声，立刻听到回声。比喻反应极快。

8.比喻凡事要平时准备，事到临头再想办法就来不及了。

9.观察别人的脸色，分析言语间的意思。多指揣摩别人的心思。

纵向：

一、指只知道耳朵进口里出的一些皮毛之见，而没有真正的学识。

二、通晓万物之理，得以办好各种事情。

三、形容尽情欢乐。

四、增加岁数，延长寿命。

五、比喻玩弄手段蒙骗别人。也比喻故意把事情弄得很神秘，使人无法捉摸。

六、指仅仅消费而不从事生产，即使有堆积如山的财富，最终也会耗尽。

七、指敌对的双方不能同时存在。比喻矛盾不可调和。

八、心神极为不安。

九、形容叙述或描写生动逼真。

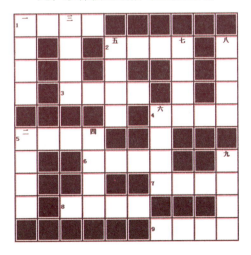

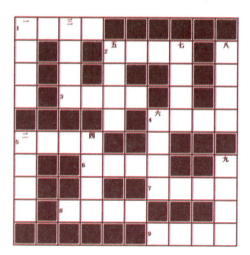

032 难易程度：★★★★
时间限制：5分钟

五、勉强延续临死前的喘息。比喻勉强维持生存。

六、形容极度贫穷。

七、安于贫穷，以坚持自己的信念为乐。旧时士大夫所主张的一种为人处世之道。

八、胸怀坦荡，正大光明。

九、指人喜悦舒畅的表情。形容和蔼愉快的面容。

033 难易程度：★★★★
时间限制：5分钟

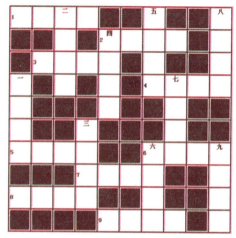

横向：

1. 耳朵同时听各方面来的声音。形容人很机警。

2. 只顾眼前的安逸，不顾将来。

3. 比喻把残存的东西一扫荡干净，也用来形容很快把食物别担心光。

4. 家业衰败，境况没有从前富裕。

5. 形容写文章或说话同要讲的主题距离很远，毫不相干。

6. 处理事情从容不迫，很有办法。

7. 清除旧思想，改变旧面貌。比喻彻底悔改。

8. 比喻临时杂凑的、毫无组织纪律的一群人。

9. 比喻人出了名或有了钱财就容易惹人注意，引起麻烦。

纵向：

一、形容亲密相处的情景（多指小儿女）。

二、思想不统一，信念也不一致。指不是一条心。

三、各个方面都很威风。形容神气足，声势盛。

四、外面攻打，里面接应。

横向：

1. 比喻做事踏实、认真。

2. 指不容易做到的事居然能做到，非常可贵。

3. 只求知道大概，不求彻底了解。常指学习或研究不认真、不深入。

4. 妄想得到本分以外的好处。

5. 比喻随时可能死亡的老年人。也比喻随时可能消失的事物。

6. 形容各用心思，互相排挤。

7. 晚上连着白天。形容加紧工作或学习。

8. 努力奋斗，争取先进再先进。

9. 本指游乐休息的环境。后多指谈情说爱的处所。

纵向：

一、比喻消息和谣言的传播不是完全没有原因的。

二、从实际情况出发，不夸大，不缩小，正确地对待和处理问题。

三、旧时比喻及时行乐。

四、指双方争吵、斗争、比赛等相持不下。有时也形容双方关系十分亲密，分不开。

五、指说话做事虽有缺点，但还有可取之处，应予谅解。

六、原指重阳节过后逐渐萎谢的菊花。后多比喻过时的事物或消息。

七、形容充分利用一切时间。

八、一心想着不可能实现的事。也指愚蠢荒唐的想法。

九、星斗变动位置。指季节或时间的变化。

034 难易程度：★★★★
时间限制：5分钟

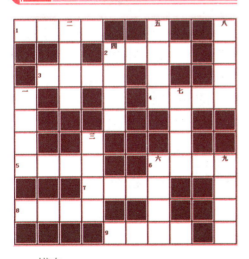

横向：

1.前后受到敌人的夹攻。

2.放开嗓子大声歌唱。

3.形容某人前后的言行明显不一致，像两个人一样。

4.旧指不廉洁，不知耻。现指不知羞耻。

5.收入不够支出。

6.形容说话、办事非常细致周密，无懈可击。

7.眼睛都望穿了。形容对远地亲友的殷切思念。

8.接受这一方面的好处，却为那一方面卖力。也指将自己方面的情况告诉对方。

9.比喻待人接物毫无感情，像冰霜一样冷。也比喻态度严正，不可接近。

纵向：

一、比喻有空子就钻。

二、因为得到宠爱或赏识而又高兴，又不安。

三、由于意料之外的好事而非常高兴。

四、引人进入佳境。现多用来指风景或文艺作品特别吸引人。

五、现比喻言论或作品不通俗，能了解的人很少。

六、形容天气十分寒冷。

七、原比喻为官廉洁，后也比喻风土习俗淳美。

八、做了坏事满不在乎，一点儿也不感到羞耻。

九、形容文章、说话或办事不周密，破绽很多。

035 难易程度：★★★★
时间限制：5分钟

横向：

1.形容人得意兴奋的样子。

2.显著而又巨大的效果。

3.比喻不识货或看不出好坏。

4.形容知识丰富，记忆力强。

5.形容步子跨得大，走得快。

6.形容十分忠诚。

7.比喻争斗的双方本领不相上下。

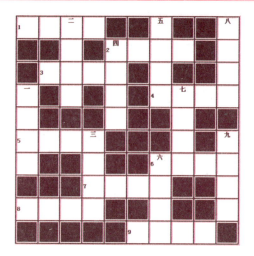

8.很厚的云层布满天空，预示着大雪即将来临。

9.形容战斗或劳动之前，人们精神振奋、跃跃欲试的样子。

纵向：

一、指粗心、疏忽，对事物不敏感，失去警惕性。

二、外表强硬，内心虚弱。

三、形容数量很多，分布很广。

四、比喻有才能的人得不到重视。也比喻好东西落入不识货的人手里。

五、指国家疆土辽阔，资源丰富。

六、两手空空。比喻没有任何依靠。

七、听到风声，就吓得丧失了勇气。形容对某种力量非常恐惧。

八、向来不认识。

九、把赤诚的心交给别人。比喻真心待人。

036 难易程度：★★★★
时间限制：5分钟

横向：

1.形容消瘦到极点。

2.形容太平时代无忧无虑的生活。

3.比喻说话直截了当，切中要害。

4.在紧要时刻立即做出决断。

5.比喻变化多端或花样繁多。

6.艰难的日子过完，美好的日子来到了。

7.正处在轴中间，比喻官居要位。

8.比喻双方在策略、论点及行动方式等方面尖锐对立。

9.有什么不乐于去做的呢？表示愿意去做。

纵向：

一、形容读书多，学识丰富。

二、形容心神不定，坐立不安。

三、旧时指男女双方的社会地位和经济状况相当，很适合结亲。

四、比喻捏造事实陷害别人。

五、比喻双方力量不相上下。

六、在困苦中勉强自寻欢乐。

七、比喻用尽心思。

八、指做事犹豫，缺乏决断。

九、形容为时不久或刚刚来到一个新地方。

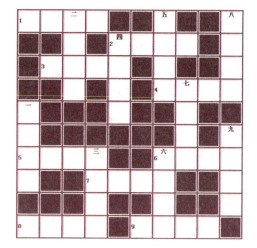

037 难易程度：★★★★
时间限制：5分钟

横向：

1.比喻以真心相见。

2.大门之前可以张起网来捕麻雀。形容十分冷落，宾客稀少。

3.比喻相差很远，大不相同。

4.网里漏掉吞舟大鱼。比喻法律太宽，使重大的罪犯也能漏网。

5.旧时指品行端正的人。现多作讽刺的用法，指假装正经的人。

6.形容摆脱了长期受压状态后高兴痛快的样子。

7.金属造的城，滚水形成的护城河。形容工事无比坚固。

8.以后的祸害没完没了。

9.比喻激情高涨。

纵向：

一、从邪路上回到正路上来，不再做坏事。

二、指两件事物互相配合，互相辅助，缺一不可。

三、指君子能够安贫乐道，不失节操。

四、现形容来的人很多，非常热闹。

五、指上下四方设置的包围圈。比喻对敌人、逃犯等的严密包围。

六、把锅里开着的水舀起来再倒回去，使它暂时凉下来不沸腾。比喻办法不彻底，不能从根本上解决问题。

七、想说但又不痛痛快快地说。形容说话有顾虑。

八、比喻下决心不顾一切地干到底。

九、形容精神极其崇高，气概极其豪壮。

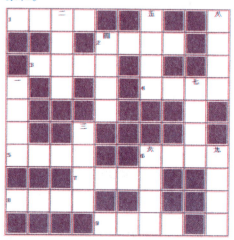

038 难易程度：★★★★
时间限制：5分钟

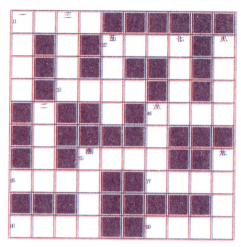

横向：

1.嘴唇没有了，牙齿就会感到寒冷。比喻利害密切相关。

2.看见另一个事物就想改变原来的主意。指意志不坚定，喜好不专一。

3.按功劳的大小给予奖赏。

4.启发人深刻思考而有所醒悟。

5.随随便便，不放在心上。

6.拿出自己多余的东西给对方，与之进行交换，以得到自己所缺少的东西。

7.形容国家长期安定、巩固。

8.挨不着边儿。多指说话空泛，不符合实际。

9.形容形势非常危险，即将倾覆或灭亡。

纵向：

一、形容人容貌俊美。

二、参考并综合各方面的知识和道理，得到全面透彻的理解。

三、微末的赞扬言辞。比喻不费力的奖励的话。

四、形容非常广阔，一眼望不到边。也指谈话或写文章没有中心，离题很远。

五、看具体情况灵活办事。

六、头发稀少，心计很多。形容年老而智谋高。

七、受甲的气向乙发泄或自己不如意时拿别人出气。

八、每天多次地自我反省。

九、虽然处在平安的环境里，也想到有出现危险的可能。指随时有应付意外事件的思想准备。

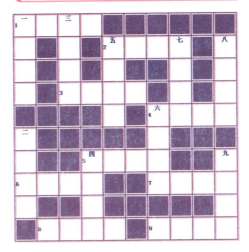

横向：

1．胆子小得像老鼠。形容非常胆小。

2．晋代皇帝的侍从官员用作帽子的装饰，指封官太滥。亦比喻拿不好的东西补接在好的东西后面，前后两部分非常不相称。

3．原形容年老视力差，看东西模糊，后也比喻看事情不真切。

4．对着酒应该放声高歌。后也用来指及时行乐。

5．克制自己的私心，一心为公。

6．学业精深是由勤奋得来的。

7．原形容强大整齐的样子，现也形容光明正大。或形容身材威武，仪表出众。

8．形容生活简朴，吃用节俭。

9．树立派别，谋取私利。

纵向：

一、胆子像斗一样大。形容胆量极大。

二、形容做事谨慎、勤恳。

三、比喻迷失方向，找不到头绪，不得要领。

四、既能勤劳，又能节俭。

五、比喻眼光势利。

六、在法庭上受审。

七、用貂皮大衣换酒喝。形容富贵者放荡不羁的生活。

八、比喻陷入四面受敌、孤立无援的境地。

九、办事公正，没有私心。

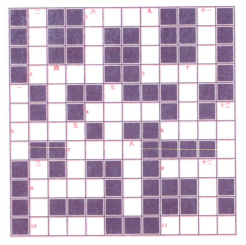

横向：

1．比喻游览、观赏的大好时机。

2．形容房屋或其他环境布置得十分美观华丽。

3．指背后散布诽谤性的谣言。

4．比喻首先做某件坏事的人。

5．比喻人人痛恨的坏人。

6．比喻时间一拖长，情况可能发生不利的变化。

7．前后受到敌人的夹攻。

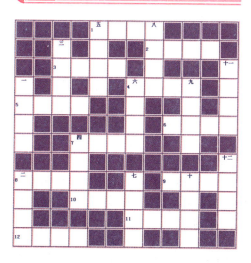

8.指非常有把握，绝对不会出差错。

9.形容伤心到极点。

10.形容心地纯洁，光明正大。

11.低眉弯腰。形容没有骨气，巴结奉承。

纵向：

一、用欺骗的手段逃过关口。

二、许多色彩纷繁的鲜花，好像富丽多彩的锦缎。形容美好的景色或事物。

三、眼泪流湿了衣襟。形容非常悲痛。

四、指经历的时间极久。

五、比喻气量狭小，只考虑小事，不顾大体。

六、形容严寒已过，温暖和生机又来到人间。

七、自己做了蠢事坏事，自己倒霉。

八、增加收入，节省开支。

九、指散布谣言，中伤他人。

十、比喻文章的结构起伏曲折。也比喻事情进行中意外的变化很多。

十一、话说多了一定有失误。

横向：

1.像夏天酷热的太阳那样令人可怕。比喻为人严厉，令人畏惧。

2.指居第一位。引申为最好的。

3.秋季为农作物收获季节，冬季则贮藏果实以备一年之需要。比喻一年的农事。

4.比喻装出一副可怜相向人讨好。

5.指夺取别人的地位而由自己代替。现也指以某一事物代替另一事物。

6.指舍得出本钱。

7.形容说话有声有色，极其动听（多指夸张而不符合实际）。

8.形容地方非常狭小。

9.有后人继承前人的事业。

10.从道义上只有勇往直前，不能犹豫回顾。

11.形容思想忽然开窍，立刻明白了某个道理。

12.决心奋斗，努力谋求强盛。

纵向：

一、旧时形容达官富豪谋取他人财物的手段。现指用各种方法谋取财物。

二、形容百发百中。

三、指世世代代，时间久长。

四、指绝对正确、不能改变的道理。也指理所当然的事。

五、比喻做事不符合当时的需要，费了力气而得不到好处。

六、形容十分危险，很快就要掉下来，或不稳固，很快就要垮台。

七、原为汉末刘备访聘诸葛亮的故事。比喻真心诚意，一再邀请。

八、前也怕，后也怕。比喻做事胆子小，顾虑多。

九、比喻男子对所爱女子的照顾体贴。

十、继承前人的事业，开辟未来的道路。

041 难易程度：★★★★
时间限制：6分钟

十一、指详细叙述事情的全部起因和整个过程，一点儿不漏。

十二、用来讽刺只信教条、不顾实际的人。

042 难易程度：★★★★
时间限制：5分钟

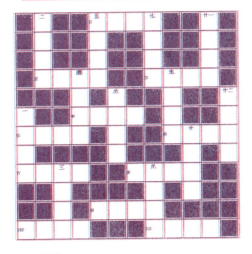

横向：

1.如同冬天里的太阳那样使人感到温暖、亲切。比喻人态度温和慈爱，使人愿意接近。

2.形容歌声嘹亮，高入云霄，连浮动着的云彩也被止住了。

3.比喻环境嘈杂、秩序混乱或社会黑暗。

4.旧指官吏到任。现比喻接任某项工作。

5.形容关系密切如一家人。

6.一片渺茫，没有人家。

7.多指文章故意用些高深词语，掩饰内容的浅薄。

8.把它看成平常的事，不予重视。

9.山上和田野里到处都是。形容很多。

10.指巴结投靠有权势的人以获取富贵。

11.比喻一个人的仪表或才能在周围一群人里显得很突出。

纵向：

一、有亲戚朋友的关系。

二、形容事物不平凡，很出色。

三、形容难以达到。也形容人高高在上，使人难接近。

四、比喻不动脑筋，不起作用，糊里糊涂过日子的人。

五、冬天的太阳，夏天的云层。比喻一个人的态度温和可亲，使人愿意接近。

六、对上欺骗，博取信任；对下隐瞒，掩盖真相。

七、比喻爱一个人而连带地关心到与他（她）有关的人或物。

八、指生活闲散、脱离世事的人。

九、形容烟雾笼罩的江湖水面广阔无边。

十、没有根据的说法。

十一、形容态度乖僻，冷言冷语，不可捉摸。

十二、形容事物消失净尽。

043 难易程度：★★★★
时间限制：5分钟

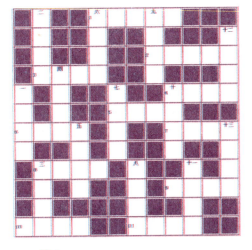

横向：

1.秋天的大风把落叶一扫而光。比喻强大的力量迅速而轻易地把腐朽衰败的事物扫除干净。

2.提不出一点儿意见。形容文章非常完美。

3.以骄横的气势压人。形容傲慢自大，气势逼人。

4.天和地，一极在上，一极在下，比喻差别极大。

5.指无理强辩，明明没理硬说有理。

6.形容壮丽华美的祖国山河。

7.隐藏在内心深处不便说出口的原因或事情。

8.山野和海洋出产的各种珍贵食物。泛指丰富的菜肴。

9.声名非常显赫。

10.费尽脑筋。

11.生下来没有遇到好时候。旧时指命运不好。

纵向：

一、形容五彩缤纷，十分鲜艳多彩的景象。也形容文章辞藻华丽。

二、指国家兴旺发达，欣欣向荣。

三、山和水都到了尽头。形容无路可走，陷入绝境。

四、形容气概豪迈，使祖国山河因而更加壮丽。

五、指男女相爱时立下的誓言，表示爱情要像山和海一样永恒不变。

六、指思念中的那个人。

七、把本来没有某种意义的事物硬说成有某种意义。也指把不相关联的事物牵扯在一起，混为一谈。

八、原指世间的一切生灵。后多指大群无知无识的人。

九、形容人性情豪放，行为散漫。

十、旧指做事残忍，灭绝人性，为天理所不容。

十一、在一个时期内名声威势很盛。出自王安石《上杜学士书》。

十二、没有告辞就离开了，或悄悄溜走了。

十三、隐瞒自己的真实姓名，不让别人知道。

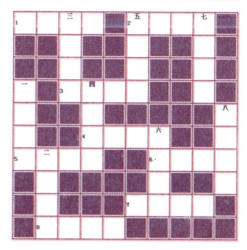

横向：

1.像老鼠一样窃取，像狗一样偷盗。指小偷小摸。

2.把蒙在物体上的东西揭掉，把将要落的树叶摘下来。比喻事情很容易做到。

3.好像在思考着什么。

4.指由于某种限制而难于避免。

5.远远地走在最前面。

6.增加收入，节省开支。

7.给老虎拔牙。比喻做十分危险的事情。

8.形容来人或事情太多，应付不过来。

纵向：

一、比喻相距不远。

二、远远地互相联系，互相配合。

三、形容品行卑劣到连猪狗都不如的程度。

四、有话说在头里。指事先打了招呼。

五、形容语言或文章有深刻的含

意，耐人寻味。

六、不必开口说什么。多表示要求不会得到同意。

七、形容待人冷淡。

八、好名声永远流传。

二、指小户人家美丽的年轻女子。

三、把结果当成原因，颠倒了因果关系。

四、比喻从此没有消息。

五、心里急得像着了火一样。形容非常着急。

六、指战国时代楚国的一种艺术性较大、难度较高的歌曲。比喻高深的不通俗的文学艺术。

七、形容花言巧语，能说会道。

八、比喻彼此合不来。

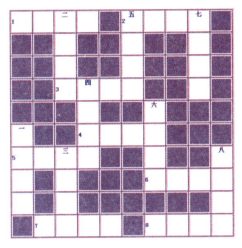

横向：

1.比喻有大本领的人，先在小事情上略展才能。也比喻有能力的人刚开始工作就表现出才干。

2.心思灵敏，手艺巧妙。

3.美玉和石头一起烧毁。比喻好坏不分，同归于尽。

4.指冬去春来，草木萌生，大地上出现一片生机勃勃的景象。有时亦用于比喻形势好转。

5.形容力量强，声势非常大。

6.比喻在别人急需时给以物质上或精神上的帮助。

7.泛指事情的整个过程。

8.指志趣和性格相同的人，彼此投合。

纵向：

一、竭力排除各种议论，使自己的意见占上风。

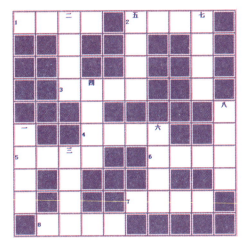

横向：

1.形容人身体魁梧健壮。

2.写文章或做东西马虎草率，只求数量，不顾质量。

3.形容办事果断，考虑周密。

4.形容人遇到特殊紧急的情况时能够从容镇定。

5.形容柔中有刚。也比喻外貌和善，内心恶毒。

6.泛指社会的道德风尚和人们的思想情感等。

7.指有才能的人因遭受困厄或沉迷于爱情而丧失进取心。

8.比喻把坏人放回老巢，留下祸根。

纵向：

一、连续而不中断。

二、比喻非常胆大。

三、指隐藏着未被发现的人才，也指隐藏不露的人才。

四、重大的政策与措施，引导事业前进的方向和指针。

五、形容人说话做事表面好像粗鲁、随便，实际上却很审慎、细心。

六、混乱动荡时代中的杰出人物。

七、制造谣言，攻击陷害别人。

八、白白耗费心思。

047 难易程度：★★★★
时间限制：5分钟

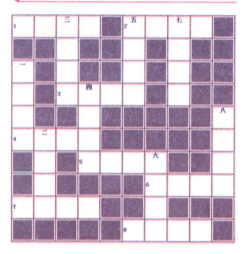

横向：

1.比喻为统治者效劳的人事成后被抛弃或杀掉。

2.指向人民强行征收苛捐杂税，进行残酷剥削。

3.形容说话做事很有条理。

4.哪里值得挂在嘴上。不值一提的意思。

5.从黑暗狭窄变得宽敞明亮。比喻突然领悟了一个道理。

6.指东西多，眼睛都看不过来。

7.形容相差很远，很明显不一样。

8.形容神情鬼鬼祟祟。

纵向：

一、指感到没有办法，只能这样了。

二、原指长期住在荒凉冷清的地方，对别人的突然来访感到欣悦。后常比喻难得的来客。

三、形容言辞刻毒，大肆辱骂。也形容骂得痛快淋漓。

四、头顶秃了，牙齿稀了。形容人衰老的状态。

五、依仗权势为非作歹。

六、明亮的双目和疏朗的眉毛。形容眉目清秀。

七、形容又急又怒，好像打雷一样猛烈。

八、比喻人才或物力前后接不上。

048 难易程度：★★★★
时间限制：5分钟

横向：

1.形容跑跳时动作矫健有力。也比喻奋起行动，有所作为。

2.形容说得有理有据。

3.比喻只知道守约，而不懂得权衡利害关系。出自《庄子·盗跖》："尾生与女子期于梁下，女子不来，水至不去，抱梁柱而死。"

4.指妇女打扮。也比喻为遮掩丑恶的本质而粉饰打扮。

5.比喻在别人急需时给予物质上或精神上的帮助、鼓励。

6.比喻协定或盟约刚刚签订不久（多用于指责对方违背诺言）。

7.指遇到机会，偶尔凑凑热闹。

8.比喻能够独力担当天下重任。也泛指山势雄拔。

纵向：

一、比喻尊敬师长。也比喻求学心切和对有学问长者的尊敬。

二、比喻坚强独立的人能在动荡艰难的环境中起支柱作用。

三、比喻开始时声势很大，到后来劲头很小，有始无终。

四、人民陷在泥塘和火坑里。形容政治混乱时期，人民百姓处于极端困苦的境地。

五、说话不算数，没有信用。

六、原指演员化装上台演戏。比喻坏人经过一番打扮，登上政治舞台。

七、有确实的证据。

八、形容人幼稚不懂事理，对年轻人表示轻蔑的说法。

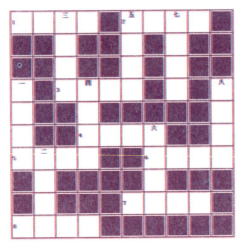

049 难易程度：★★★★
时间限制：5分钟

横向：

1.将映在酒杯里的弓影误认为蛇。比喻因疑神疑鬼而引起恐惧。

2.指有一种事物，就会有另一种事物来制伏它。

3.柴虽烧尽，火种仍留传。比喻师父传业于弟子，一代代地传下去。

4.用尽心思，使出全力。形容做事十分努力。

5.多指要进行的事情因刮风下雨而受到了影响。

6.不怕艰难困苦，坚持英勇斗争。

7.指福祸互为因果，互相转化。

8.比喻虚假的恭敬或过分的客气。

纵向：

一、比喻不必要的或缺乏根据的忧虑和担心。

二、比喻力量太小，解决不了问题。

三、原意是只有君王才能独揽权威，行赏行罚。后泛指凭借职位，滥用权力。

四、极其完善，极其美好。指完美到没有一点儿缺点。

五、指某种思想、行为或学说之间有继承关系。

六、指财物来之不易。

七、比喻平时没有特殊表现，却一下子做出了惊人的成绩。

八、为微薄的俸禄而对上级卑躬屈膝。

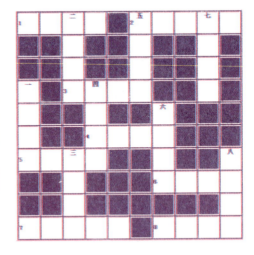

050 难易程度：★★★★
时间限制：5分钟

横向：

1.比喻追随某人行动。

2.比喻初到一个地方各方面都很陌生。

3.指捣毁敌人的巢穴。

4.旧时指官职提升。

5.比喻具有受过正规教育或训练的资格。

6.比喻退让和回避，避免冲突。

7.比没有要好一点。出自东晋陶潜《和刘柴桑》。

8.脱下军装，回家种地。指战士退伍还乡。

纵向：

一、看一下马的牙齿有多少，就可以知道它的年龄有多大。比喻自己的年岁白白地增加了，学业或事业没有什么成就。出自《穀梁传·僖公二年》："譬则犹是也，而马齿加长矣。"

二、正确还是不正确，有理还是无理。

三、忽而出现，忽而隐没，没有一定规律，使人无法捉摸。

四、五代后周时，赵匡胤在陈桥发动兵变，部下诸将给他披上黄袍，拥立他为天子。后指发动政变获得成功。

五、比喻人中豪杰，出类拔萃的人。

六、只有前进，没有后退。

七、指不敢匆忙地或鲁莽地从事。

八、只知道置产业。形容没有远大的志向。

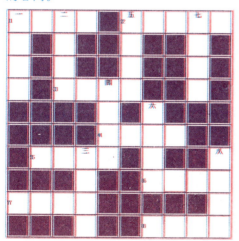

051
难易程度：★★★★
时间限制：5分钟

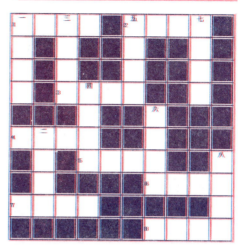

横向：

1.比喻好人落入坏人的手中，处境极端危险。

2.比喻受人蒙蔽，对有关的事情一点儿也不知道。

3.指生死存亡的关键。

4.形容非常懊丧，或非常悲痛。

5.指不轻易动笔。

6.旧指儿孙同时显贵发达。

7.命中注定的灾祸难以逃脱。

8.拿着功劳去请求奖赏。

纵向：

一、形容山路狭窄，曲折而险峻。

二、指对情况有清楚的了解，心里有底。

三、比喻英雄人物顺应时代潮流而出现，并且对社会产生极大的影响；亦指豪杰奋起，大展宏图。

四、形容不怕死或死得没有价值。

五、用欺骗的手段逃过关口。

六、比喻朋友交情深厚。

七、外面攻打，里面接应。

八、把自己比作仅有的香花而自我欣赏。比喻自命清高。

052 难易程度：★★★★
时间限制：5分钟

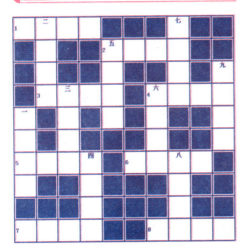

053 难易程度：★★★★
时间限制：5分钟

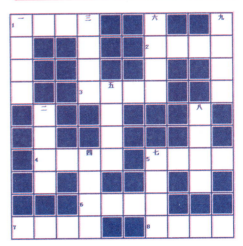

横向：

1.泛指未来的岁月。

2.指把少有的货物囤积起来，等待高价出售。也比喻拿某种专长或独占的东西作为资本，等待时机，以捞取名利、地位。

3.指很少见，很奇异，不同一般。

4.比喻作恶的人决心改过。

5.丧失主权，使国家蒙受耻辱。

6.指写文章、说话时的用词立意。

7.指艺术形象非常逼真，如同活的一样。

8.比喻无缘无故地遭受祸害。

纵向：

一、形容因失败或不顺利而情绪低落、萎靡不振的样子。

二、指年龄已超过70岁。

三、极大的耻辱。

四、国家经济和人民生活。

五、不同一般的、奇奇怪怪的形状。

六、指无拘无束地说话或写文章。

七、现指处境或职务长期处于他人之下。

八、指事出意外，一时无法应付。

九、比喻坚决断绝关系。

横向：

1.鸡叫时就起床。形容勤奋不息。

2.形容事物在一个时期里极为盛行，像风吹倒草木一样。

3.形容黑暗没有灯光。

4.形容建筑物装饰华丽，光彩夺目。

5.比喻事物迅速大量地涌现出来。

6.日月每天都经过天空。比喻光明正大，历久不衰。

7.剔除旧文化的糟粕，吸取其精华，创造出新的文化。

8.比喻突然发生意外的、令人震惊的事件。

纵向：

一、形容事物零碎细小，不成系统。

二、形容让人沉迷的奢侈繁华环境。

三、形容辛勤劳动。

四、常指一个人在道德、文学、艺术等方面日有长进。

五、形容夜晚灯光明亮的繁华景象。

六、比喻煽动别人闹事。

七、雨天后放晴。也比喻政治上由黑暗到光明。

八、形容初春的寒冷。

九、观察分析时势，估计情况的变化。

054 难易程度：★★★★
时间限制：5分钟

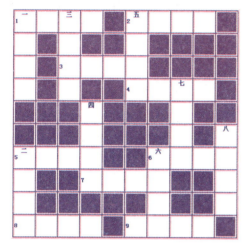

横向：

1.比喻坏人在走投无路时豁出去，不顾一切地捣乱。

2.两眼充满泪水。

3.比喻气量狭小，只考虑小事，不顾全大局。

4.指食物粗简微薄。形容贫苦力学。

5.排挤、清除和自己意见不同或不属于自己集团派系的人。

6.形容要求很迫切，好像饿了急着要吃饭，渴了急着要喝水一样。

7.见人钱财，动起歹念。

8.古时以阴阳五行解释季节，秋为金。秋风带来了凉意。

9.比喻全都讲出来，毫不保留。

纵向：

一、比喻坏人依靠某种势力欺侮人。

二、拨开沙子来挑选金子。比喻从大量的东西中选取精华。

三、比喻猖狂捣乱而成不了大气候的坏人。

四、各人充分发表自己的意见。

五、形容伤心到极点。

六、比喻考虑问题时从主观愿望出发，只从好的方面着想打算。

七、比喻用空想来安慰自己。

八、比喻事先没有准备，临时才想办法。

055 难易程度：★★★★
时间限制：5分钟

横向：

1.比喻好吃懒做、不务正业的坏朋友。

2.形容体态肥胖，有时指小孩可爱。

3.出兵有正当理由，军队就气壮，有战斗力。现指为正义而战的军队斗志昂扬，所向无敌。

4.比喻有些许长处。这是认为自己有才能的谦虚说法。

5.形容随随便便，不拘小节。现形容不注意衣着或容貌的整洁。

6.作文时不须避讳。

7.暗中勾结外国，阴谋叛国。

8.窃取名誉，欺骗世人。

9.比喻团结一致，力量无比强大。

纵向：

一、形容人格低下，品行极坏。

二、自己仿佛亲自到了那个境地。

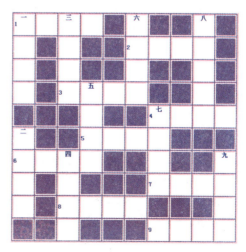

三、比喻爱给人出主意而主意又不高明的人。也比喻专门出坏主意的人。

四、比喻为人廉洁。

五、说话坦率，毫无顾忌。

六、形容牲畜肥壮结实。

七、比喻外形虽小，包含的内容很多。

八、比喻自己欺骗自己，明明掩盖不住的事情偏要想法子掩盖。

九、原指因女色而亡国。后多形容妇女容貌极美。

056 难易程度：★★★★
时间限制：5分钟

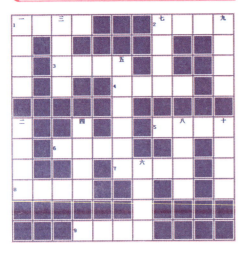

横向：

1.旧指大规模出兵。现多指动用很多人力做某件事。

2.形容不负责任地胡乱议论。

3.心里高兴得像花儿盛开一样。形容极其高兴。

4.长一声、短一声地不住叹气。形容发愁的神情。

5.为了私人关系而用欺骗的方法做违法乱纪的事。

6.比喻人无知而又狂妄自大。

7.比喻坏人和好人混在一起。

8.形容精神和身体极度疲劳。

9.比喻模仿别人不到家，反而把原来自己会的东西忘了。

纵向：

一、形容兴头很足。

二、好了还求更好。

三、把心比作琴，拨动了心中的琴弦。形容事物激动人心。

四、比喻才情减退。

五、比喻做事从长远打算，虽然不能立刻收效，但将来能得到更大的好处。

六、像龙马昂首，如老虎迈步。形容气概威武雄壮。

七、议论别人的好坏是非。

八、为个人利益打算的种种想法。

九、形容不完整、不集中、不团结、不统一。

十、比喻东西不好，自己却很珍惜。

057 难易程度：★★★★
时间限制：5分钟

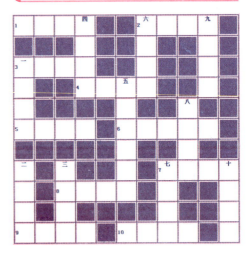

横向：

1.形容满脸笑容，十分高兴的样子。

2.比喻完全按照原样，一点不加变动。

3.鼓起勇气，赶在最前面。

4.锐气和才华全都显露出来。多指人好表现自己。

5.追究事情发生的根源。

6.下了足够的功夫，事情自然就会取得成效。

7.形容处境尴尬或既令人难受又令人发笑的行为。

8.一个人做两件事。

9.为数众多、威武雄壮的军队。

10.因害怕、有所顾虑而不敢说话。

纵向：

一、振作起来，紧紧赶上去。

二、处死一个人，借以警戒许多人。

三、指较量一下胜败高低。

四、现比喻进行某项工作的先遣人员。

五、把应该分成几步做的事一次做完。亦形容急于求成。

六、本来面目完全暴露。指伪装被彻底揭开。

七、因为饥饿寒冷而哭叫。形容挨饿受冻的悲惨生活。

八、形容女子笑得很美。

九、动不动就受到指责或责难。

十、不是长期蛰居池塘中的小动物。比喻有远大抱负的人终究要做大事。

058 难易程度：★★★★
时间限制：5分钟

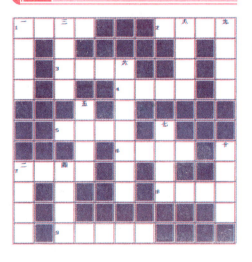

横向：

1.迎着风举着蜡烛。比喻身陷危险境地。

2.比喻除去祸根，以免后患。

3.比喻时间一拖长，情况可能发生不利的变化。

4.指人在紧急关头态度镇定，毫不慌乱。有时也指对坏人坏事听之任之，满不在乎。

5.指为正义而牺牲生命。

6.敌对双方非争夺不可的战略要地。

7.比喻能轻而易举地办成某件事。

8.像恒河里的沙粒一样，无法计算。形容数量极多。

9.人民以粮食为自己生活所系。指民食的重要性。

纵向：

一、比喻严厉警告，促使人猛醒过来。

二、形容鬼鬼祟祟地探望。

三、旧时比喻及时行乐。

四、取得人民的信任。

五、指容貌艳丽的女子。

六、坏事干多了，结果是自己找死。

七、长久坚持下去。

八、草率地把事情结束了。

九、比喻基础牢固，就会兴旺发达。

十、形容非常突出。

059 难易程度：★★★★
时间限制：5分钟

横向：

1.精美的衣食。形容豪华奢侈的生活。

2.形容江河奔流直下，流得又快又远。也比喻文笔或乐曲气势奔放。也形容价格猛跌不止。

3.形容创作艺术品时的苦心刻画。也比喻认真细致地加工。

4.一般人通常有的感情。

5.形容极端挥霍浪费。

6.现多形容敌人在行动前频繁活动。

7.指各式各样，种类很多。

8.指与某人或某集团没有关系或关系不近的人，即局外人。

9.原指偏僻的地方，中央的权力达不到。现泛指机构离领导机关远，遇事自作主张，不受约束。

10.好像有鬼神在支使着一样，不自觉地做了原先没想到要做的事。

11.比喻学习应该持之以恒，不要半途而废。

纵向：

一、比喻多年刻苦磨炼。

二、形容非常多疑。

三、形容富丽堂皇的建筑物。

四、指滥用金钱，没有节制。

五、形容时间非常宝贵。

六、比喻口是心非。

七、迷信的人认为好人会得到天的帮助。多用作对别人得病或遇到困难、不幸的安慰话。

八、原指战国时代楚国民间流行的一种歌曲。比喻通俗的文学艺术。

九、动作匆忙，神色慌张。

十、比喻子女长大奉养父母，报答恩情。

十一、形容不怕路途遥远。

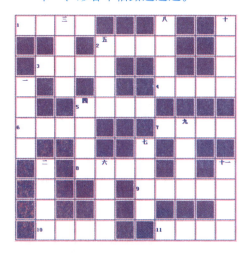

060 难易程度：★★★★
时间限制：5分钟

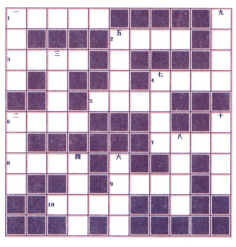

横向：

1.一去就不再回来了。现在形容事物已成过去，不能重现。

2.比喻马马虎虎、急急忙忙地把事情结束了。

3.形容痛苦、忧虑、愁闷已经到了极点。

4.比喻先前的失败可以作为以后的教训。

5.旧时指官职步步上升，态度也愈加谦虚。

6.用口袋装萤火虫，照着读书。形容家境贫寒，勤苦读书。

7.依赖别人的呼吸来生存。比喻依赖别人，不能自主。

8.比喻充耳不闻或言无效果。

9.形容诚实直爽。

10.比喻事情多而杂乱。也可形容文章辞藻华丽。

纵向：

一、比喻官职升得极快。

二、形容口袋里一点钱也没有。

三、比喻人死前精神突然兴奋。也比喻事物灭亡前夕的表面兴旺。

四、原形容箜篌的声音忽而高亢，忽而低沉，出人意料。后多比喻文章议论新奇惊人。

五、把人命看作野草。比喻反动统治者随意杀害人民。

六、原指宫室建筑结构的交错和精巧。后比喻费尽心机，明争暗斗。

七、形容大笑或困倦得直不起腰的样子。

八、人人拿着一本（书）。多形容书的读者多。

九、天公、众人皆可审察。表示诚实无欺。

十、无原则地宽容，只会助长坏人作恶。

061 难易程度：★★★★
时间限制：5分钟

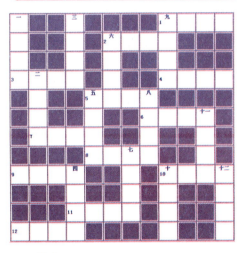

横向：

1.比喻说话或写文章的开头部分。也比喻一个事件的开头。

2.用作结婚的祝福词或吉祥语。

3.指文章是为了说明道理的。

4.军粮充足，士气旺盛。

5.比喻女子对爱情的忠贞。

6.形容文思敏捷，写作迅速。

7.能治各种病的灵药。比喻一种能

解决各种疑难问题的办法。

8.心里想的和嘴里说的一样。

9.比喻一个人或单方面的力量难以办事。

10.比喻用假象迷惑人、欺骗人。

11.朋友间以兄弟相称。形容关系亲密。

12.做事不要使自己人痛心，使敌人高兴。指某种举动只利于敌人，不利于自己。

纵向：

一、指演练武艺，修习文章

二、形容抓住关键，可以控制全局。

三、指儒家学说。

四、多指正义得到伸张或事情的结局使人感到满意。

五、满腔正义的热血，一颗赤诚的红心。形容十分忠诚坚定。

六、指全国各地，有时也指世界各地。现有时也比喻广泛的团结。

七、比喻彼此感情好，关系密切。

八、形容没有人能比得上。

九、指旧时举行科举考试以选取优异的士人。

十、比喻自己欺骗自己，明明掩盖不住的事情偏要想法子掩盖。

十一、说的话还在耳边。比喻说的话还清楚地记得。

十二、两眼明亮有神。

062 难易程度：★★★★
时间限制：5分钟

横向：

1.铺陈珍品，待人选用。旧指有才能的人等待受聘用。

2.指肥美的土地或肥沃富饶的地区。

3.沙土飞扬，石块滚动。形容风势狂暴。

4.冷眼旁观人家的成功或失败。

5.形容壮丽华美的祖国山河。

6.比喻思想麻痹，丧失警惕。

7.指精美珍贵的东西。也比喻巧妙的计策。

8.时间长，日子久。

9.带着罪过建立功劳，以争取减免处罚。

10.国家经济和人民生活。

11.指做坏事而遭到彻底失败。

12.比喻做官的人在得意时为了避祸而及时引退。

纵向：

一、比喻陷入困境，怎么也逃不了。

二、比喻好东西不易得。也比喻从大量的材料里选择精华。

三、像大石头一样坚固。比喻不可动摇。

四、指大功告成之后，自行隐退，不再复出。

五、形容房屋或其他环境布置得十分美观华丽。

六、形容富贵人家衣食精美的奢华生活。

七、像天塌下、地裂开那样。比喻重大的事变。

八、原比喻人的风范或声誉像高山

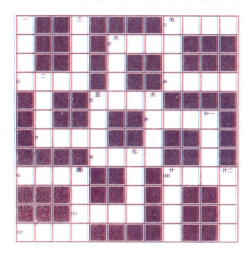

一样永远存在。现比喻恩德深厚。

九、泛指在地上坐。

十、国家富有，民众富裕。

十一、为国家的前途和人民的命运而担忧。

十二、比喻生硬地接受或机械地搬用经验、理论等。也指生拉硬扯。

063 难易程度 ★★★★
时间限制：5分钟

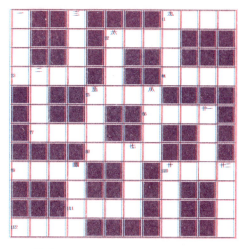

横向：

1.名声败坏到了极点。

2.形容数量很多。

3.一面推辞，一面靠拢上去。形容装腔作势假意推辞的样子。

4.大祸落到头上。

5.形容年迈苍老，仍然怀有一颗赤诚之心。

6.恩情深厚，比泰山还重。

7.非常小心谨慎以至达到害怕不安的程度。

8.对于一个地方的气候条件或饮食习惯不能适应。

9.说不出其中的奥妙。指事情很奇怪，说不出道理来。

10.形容言谈举止洒脱的青年男子。

11.死亡的别称。

12．手不动就能得到。形容毫不费力。

纵向：

一、说坏话的和说好话的各占一半。表示对人的评价没有一致的意见。

二、对于恩惠和仇恨的界限分得十分清楚，毫不含糊。

三、功绩取得了，名声也有了。

四、形容文学素养很深的人，出于灵感，即可偶然间得到妙语佳作。

五、长白山和黑龙江。泛指我国东北地区。

六、当地生长的。

七、能治各种病的灵药。比喻一种能解决各种疑难问题的办法。

八、由衷地高兴，真心地服气。指真心地佩服或服从。

九、声威和气势非常壮大。

十、形容轻快地跳起舞来。

十一、遇到危难，一点也不惧怕。

十二、指年龄已超过70岁。

064 难易程度：★★★★
时间限制：5分钟

横向：

1．指适宜于草木生长的风雨。比喻良好的熏陶和教育。

2．封建社会用来赞誉妇女的贞烈。

3．形容在一个时期里到处传播，影响很大。

4．所有的本领，全部的权术手腕。

5．旧时俗指皇帝说的话。现在指说出口不能改变的话。

6．比喻暂时经手大量钱财的人。

7．指人说话或写文章不能针对主题。

8．名声或名义和实际相符。

9．比喻把心里的话全都讲出来。

10．比喻按照实际情况办事。

11．比喻有限的一点本领也已经用完了。

12．形容竭尽忠诚，任何牺牲都在所不惜。

纵向：

一、形容非常贫穷。

二、浑身受伤，伤痕像鱼鳞一样密。形容受伤很重。

三、使对方的力量分裂离散。

四、古代指一般百姓。出自《史记·李斯列传》："夫斯乃上蔡布衣，闾巷之黔首。"

五、指科举得中。

六、形容说话谨慎。现在也用来形容不肯或不敢开口。

七、指进行某一工作，感到乐在其中。

八、指话说得过分，超过了实际情况。

九、形容事业的兴旺。也形容声势浩大，气魄宏伟。出自宋文天祥《沁园春·至元间留燕山作》。

十、形容不劳而食的人吃得饱饱的，养得胖胖的。

十一、指忧和喜的表情。

十二、精神恍惚，颠三倒四，失去常态。形容对人或事入迷着魔。

065
难易程度：★★★☆
时间限制：5分钟

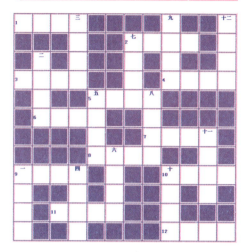

横向：

1.统一筹划，全面照顾。

2.泛指清淡无味。亦形容说话、写文章内容平淡，无趣味。

3.重视或优待一方，轻视或怠慢另一方。比喻对两方面的待遇不同。

4.调兵遣将如同神人。形容善于指挥作战。

5.永久的好合。指男女结为夫妇。

6.放眼远眺，可以见到很远之处。形容视野广阔辽远。

7.不能当作凭证或根据。

8.没有一点儿专长。

9.形容政府的使节或官员往来不绝。

10.形容理屈词穷，或因紧张害怕而发愣。

11.根据当时的兴致和感受而写成的作品。

12.处理事情从容不迫。常用来称赞人有办事的才能和经验。

纵向：

一、帽子和鞋的位置换了。比喻上下位置颠倒，尊卑不分。

二、指事情的成败就决定于这一次行动。

三、顾了这个，丢了那个。形容忙乱或慌张的情景。

四、原指在伟大事物面前感叹自己的渺小。现多比喻做事时因力不胜任或没有条件而感到无可奈何。

五、形容人才出众。

六、没有哪件坏事不干的。指干尽了坏事。

七、很冷淡地放在一旁。形容毫不在意。

八、美好的光景不能永远存在。

九、形容毫无用处。

十、惊慌得不知怎么办才好。

十一、驾车奔走，不绝于道。出自《子华子·晏子问党》

十二、振作起精神。

066
难易程度：★★★★
时间限制：5分钟

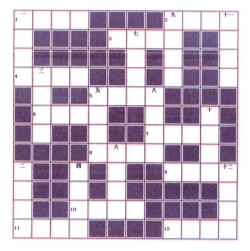

横向：

1.旧指道德高尚者能承担重大任务。

2.指门前警卫戒备很严密。

3.指单独成立家庭。也指学术上不依赖前人而另立一派。现也指离开某一集体，自己另搞一套。

4.官位很低，职务也小。

5.原指禹治水成功而使天之生物得以有成。后常比喻一切安排妥帖。

6.地位高的人降低身份，迁就地位低的人。

7.处处平安无事。指大治之世。

8.原指手握双笔同时作画。后比喻做一件事两个方面同时进行或两种方法同时使用。

9.指巧言辩饰或挑拨是非。

10.形容人的眼光锐利，能够识别真伪。

11.莫名的烦恼极多。形容思想空虚，多愁善感。

12.形容声音很大，耳朵都快震聋了。

纵向：

一、泛指职位高，待遇优。

二、在忙碌中抽出一点时间来做别的不重要的事，或者消遣。

三、形容没有骨气，低声下气地讨好奉承。

四、古时一种耕种方法，把地上的草烧成灰做肥料，就地挖坑下种。

五、形容出类拔萃，独一无二。

六、比喻情谊深厚，相知相悉。出自《史记·管晏列传》。

七、形容极小的一块地方。也指极小的安身之处。

八、治理国家，使天下太平。

九、因派别不同而产生的成见。

十、指受到委屈和压迫就要发出不满和反抗的呼声。

十一、指缝隙严密闭合。

十二、讲的人舌头破了，听的人耳朵聋了。形容议论多而杂，别人不予理睬。

067 难易程度：★★★★
时间限制：5分钟

横向：

1.指过于性急图快，反而不能达到目的。

2.比喻事物不相合。

3.官位很低，职务也小。

4.众人已听到和看到，十分明显。形容被众人了解得清清楚楚，无法藏匿。

5.原指人的才德高过所得俸禄的等级。后指工作中人员过多或人多事少。

6.有时记在心里，有时则忘掉。用以形容若有若无，难以捉摸。

7.再也忍受不下去了。

8.指有没有都无关紧要。

9.形容记忆深刻，永远不忘。

10.形容高兴而满足的样子。

纵向：

一、听过就能背出来。形容记忆力很强。

二、心境开阔，精神愉快。

三、形容真相全部暴露，一切都明明白白。

四、想掩盖坏事的真相，结果反而更明显地暴露出来。

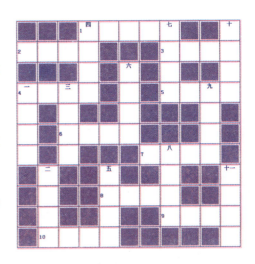

五、形容非常稀少，很难得到。

六、形容局势或斗争的发展已到最后关头。

七、指地位高的大官和出身侯门身份显赫的人。

八、时时刻刻。表示毫不间断。

九、怎能忍心。即内心不忍。

十、胆子非常小，怕事情落在自己头上，怕惹麻烦。

十一、心怦怦地跳动。

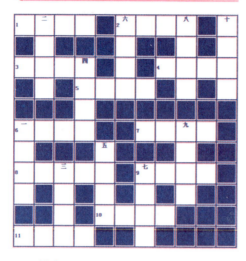

横向：

1.道德高尚，名望很大。

2.千万人一条心。形容团结一致。

3.眼泪流了一脸。形容极度悲伤。

4.指事物轻微，或者理所当然，不值得一提。

5.形容不甘心被冷落或急于参与某件事情。

6.本指心情不好，脸色难看。后多比喻相形之下很有差距，远远不如。

7.原为道家语，指神道居住的名山胜地。后多比喻风景优美的地方。

8.要成就大事业必须手段毒辣，技高一筹。

9.指职位不断上升。

10.一个祖先的直到最远一代的后裔。

11.指拜访亲朋好友。

纵向：

一、形容失去光彩。

二、比喻知己或知音。也比喻乐曲高妙。

三、乐于向学问或地位比自己低的人学习，而不觉得不好意思。

四、脸色不变。形容从容镇静的样子。

五、泛指平庸的人。

六、形容周围环境非常安静，一点儿声响都没有。

七、比喻追随模仿，学人家的样子，没有创造性。

八、心思不在这里。指思想不集中。

九、形容人很幸运，有福气。

十、表示真心佩服，自认不如。出自清朝李汝珍的《镜花缘》。

069 难易程度：★★★★
时间限制：5分钟

横向：

1.由于灾荒或战乱而流转离散。形容生活艰难，四处流浪。

2.加强树干，削弱枝叶。比喻削减地方势力，加强中央权力。

3.干一百件事，也没有做对一件。形容全都做错了，一无是处。

4.衣食不足，指贫穷。

5.绕了不少圈子，最后又还原了。

6.形容名气很大。

7.不能告诉别人。指见不得人。

8.比喻生命垂危。出自《后汉书·邓训传》。

9.形容说话或歌唱的声音洪亮，如同敲击大钟似的。

10.比喻人的精神健旺。

11.敞开上衣，露出胸部、背部。

纵向：

一、无论怎样摔打都破不了。比喻理论学说完全正确，不会被驳倒或推翻。

二、自以为不平凡，比别人高明。

三、好的名声永远流传下去。

四、比喻到了危险的边缘及时清醒回头。

五、同千钧一发，比喻非常危急。

六、一句话抵得上九鼎重。比喻说话分量重，能起很大作用。

七、指言行没有规矩，不成样子。

八、少一样也不行。

九、形容人很瘦弱，连衣服都承受不起。

十、比喻人生短促。

十一、人民以粮食为自己生活所系。指民食的重要性。

十二、旧指男女之间一见面就产生了爱情。也指对事物一见就产生了感情。

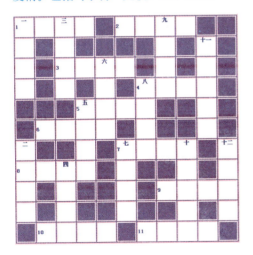

横向：

1.指聚集山林的强盗。

2.指不是公开的给予和接受。

3.喜欢当别人的老师。形容不谦虚，自以为是，爱摆老资格。

4.心里老是想着。指想做某件事或得到某种东西。

5.丝得一根一根地抽，茧得一层一层地剥。形容分析事物极为细致，而且一步一步很有层次。

6.十分固执自信，不考虑别人的意见。

7.形势就像劈竹子，头上几节破开以后，下面各节顺着刀势就分开了。比喻节节胜利，毫无阻碍。

8.认为当代的人都不行。形容目空一切，狂妄自大到了极点。

9.形容事情做起来非常容易，不花一点儿力气。

10.指没有什么要求或需要。

11.喜事从天上掉下来。比喻突然遇到意想不到的喜事。

纵向：

一、指聚集山林反抗封建统治阶级的人们。旧时也指聚众行动的群盗股匪。

二、刚强正直，不逢迎，无偏私。

三、指坏人坏事受到惩罚或打击，使大家非常痛快。

四、只有一个心眼儿，没有别的考虑。

五、形容自以为是，不肯接受别人的正确意见。

六、为个人利益打算的种种念头。

七、吹开皮上的毛寻疤痕。比喻故意挑剔别人的缺点，寻找差错。

八、原指心境淡漠，毫无情感。现也形容意志消沉，态度冷漠到极点。

九、形容管弦乐声的悲壮动人。

十、心里想做，可是力量够不上。

十一、手上脚上长满了层层老茧。形容长期劳累。

十二、指表面上升官，而实际上被削去权力。

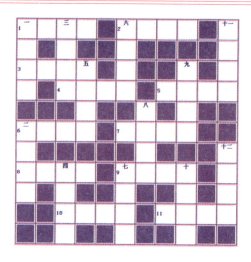

071 难易程度：★★★★
时间限制：5分钟

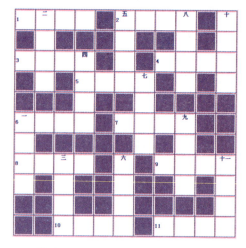

横向：

1.指情况严重或事情重要，不能轻视。

2.被眼前的景物所触动而引起伤感。

3.不愿和仇敌在一个天底下并存。形容仇恨极深。

4.为了维护正义，对犯了罪的亲属不徇私情，使其受到应有的惩罚。

5.指做了坏事怕人知道，心里老是不安。

6.事先没有商量过，意见或行动却完全一致。

7.因伤感郁闷或悲痛而叹息。

8.欺骗自己，也欺骗别人。

9.指符合道义者则能得到多数人的帮助。

10.原形容军中正忙于准备的状态。后来形容消息传遍，议论纷纷。现多指反动言论十分嚣张。

11.寻求欢快，设法取乐。形容追求享乐。

纵向：

一、比喻做了坏事或有坏的意图自我暴露出来。

二、生死与共，形容情谊极深。

三、欺负人太过分了，令人不能容忍。

四、好像是上天给予安排，很完美地配合到一起。祝人婚姻美满的话。

五、看见某种严重情况而内心震惊。形容事态严重，引起震动。

六、形容上升很快或指仕途得志。

七、假装出强大的气势。

八、指情感深远、恩义厚重。

九、形容人的风骨神采与众不同。

十、众人反对，亲人背离。形容完全孤立。

十一、帮助别人就是快乐。

072 难易程度：★★★★
时间限制：5分钟

横向：

1.法术广大无边。形容本领高超，无所不能。

2.重视男子，看轻女性。指轻视妇女的封建思想。

3.无法用言语形容。出自晋朝葛洪《神仙传·王远》。

4.形容双方思想感情融洽，合得来。

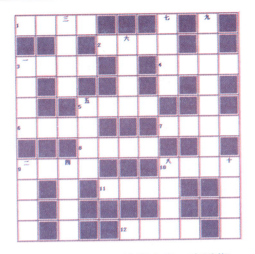

5.比喻分居两地的夫妻。也泛指一对恋人。出自《古诗十九首》。

6.这也怀疑，那也怀疑。形容非常多疑。

7.形容顽皮娇痴、单纯幼稚的样子，招人喜爱。

8.蛇想吞下大象。比喻贪欲极大。

9.原指君臣协力，集思广益。后形容精神高度集中。

10.在山谷里叫喊一声，立刻听到回声。比喻反应极快。

11.小小的蚂蚁窝，能够使堤岸溃决。比喻小事不注意，就会出大乱子。

12.一声呼喊、怒喝，可以使风云翻腾起来。形容威力极大。

纵向：

一、不允许有什么怀疑。表示论证严密，无可怀疑。

二、许多蚊子聚到一起，声音会像雷声那样大。比喻说坏话的人多了，会使人受到很大的损害。

三、指尽量给下属创造发表意见的条件。

四、原指恰巧走到那儿了。现指正巧碰上了那件事。

五、封建社会中的小农经济，一家一户经营，男的种田，女的织布。指全家分工劳动。

六、指过分看重爱情。出自南朝梁钟嵘《诗品》。

七、比喻消息和谣言的传播不是完全没有原因的。也比喻流言乘机会传开来。

八、只能用心去揣摩体会，没法用语言具体地表达出来。指道理奥妙难以说明或情况微妙，不便明说。

九、名声败坏到了极点。出自《史记·蒙恬列传》："言其恶声狼藉，布于诸国。"

073 难易程度：★★★★
时间限制：5分钟

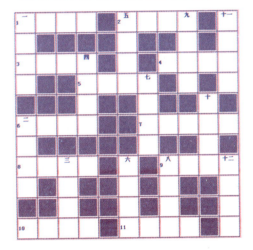

横向：

1.原指佛教徒所遵守的规则和戒条。现比喻束缚人的烦琐不合理的规章制度。

2.下定决心，努力追求进步。

3.像花和玉那样美好。形容女子姿容出众。

4.很不愉快地分手。出自明冯梦龙《醒世恒言·黄秀才徼灵玉马坠》。

5.石头沉到海底。比喻从此没有

消息。

6.玩火的必定会烧了自己。比喻干冒险或害人的勾当，最后受害的还是自己。

7.表达对远方友人的情谊。出自唐王勃《送杜少府之任蜀州》。

8.没有一点儿良心。形容恶毒到了极点。

9.故意把正确的说成错误的，把错误的说成正确的。

10.指西楚霸王和宠妾虞姬的一段故事。形容英雄末路的悲壮情景。

11.比喻空谈理论，不能解决实际问题。也比喻空谈不能成为现实。

纵向：

一、穷得像用水洗过似的，什么都没有。形容十分贫穷。

二、指迷恋于所玩赏的事物而消磨了积极进取的志气。

三、天和地，一极在上，一极在下。比喻差别极大。

四、美玉和石头一同烧毁。比喻好坏不分，同归于尽。

五、使好的作风、传统等得到延续和发展。

六、指写字或作画。出自唐代杜甫的《饮中八仙歌》。

七、像大海一样辽阔，像天空一样无边无际，形容大自然的广阔。也比喻言谈议论等漫无边际，没有中心。

八、把不同的事物混在一起，当作同样的事物谈论。

九、心里不畅快，但脸上勉强装出欢笑的样子。

十、到处都是，形容极其常见。

十一、比喻力量分散，没有组织起来。

十二、妄想得到本分以外的好处。

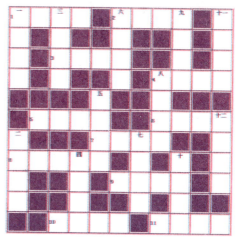

074 难易程度：★★★★
时间限制：5分钟

横向：

1.军队每向前推进一步就设下一道营垒。形容防守严密，行动谨慎。

2.形容年老体衰，行动不灵便。

3.故意先放开他，使他放松戒备，充分暴露，然后再把他抓住。

4.挖空心思，想尽办法。

5.形容为了逃避灾祸而到处躲藏。

6.工作与休息相结合。

7.使国家受害，百姓遭殃。

8.日子长了，就可以看出一个人的为人怎样。

9.指刻苦练习书法。出自《后汉书·张芝传》。

10.像沸腾的水一样喧闹。形容人声喧闹。

11.比喻自己没有主见，只是跟着别人说。

纵向：

一、形容走路腿脚不方便，歪歪倒倒的样子。

二、随着时间一天天增长。形容不断增长。

三、本指做自己想做的事。后指想

干什么就干什么。

四、形容人群的声音吵吵嚷嚷，就像水在锅里沸腾一样。

五、心里怀着害人的恶意。出自《左传·昭公元年》。

六、老人泪流满面，形容极度悲伤或激动。出自唐杜甫《羌村三首》。

七、比喻无缘无故地遭受祸害。

八、耗费财物，劳苦百姓。出自《晏子春秋·内篇谏下》。

九、晨钟已经敲响，漏壶的水也将滴完。比喻年老力衰，已到晚年。也指深夜。

十、焚毁典籍，坑杀书生。

十一、形容话说不到一起。

十二、指将两者合为一个整体。

075 难易程度：★★★★　时间限制：5分钟

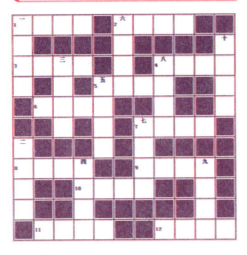

横向：

1.指说话的人能使自己的论点或谎话没有漏洞。出自清方玉润《星烈日记》。

2.全都暴露出来。

3.指为了达到目的，什么手段都使得出来。

4.涤除私心杂念，比喻彻底改悔。出自宋苏轼《策略二》：“而天下皆洗心涤滤，以听朝廷之所为。”

5.响亮得像雷声传进耳朵里。形容人的名声大。

6.什么东西都没有获得。

7.耳朵同时察听各方面来的声音。形容人很机警。

8.衣食无着，又饿又冷。形容生活极端贫困。

9.指保持心地清静，减少欲念。

10.指不洁净，肮脏。也指因忌讳而感觉不洁净。也可形容语言不文明。

11.有利的形势已经丧失，前途已经没有希望。

12.比喻不畏困难，意志坚决。

纵向：

一、自己惭愧不如别人。

二、形容要求很迫切，好像饿了急着要吃饭，渴了急着要喝水一样。

三、手脚不知放到哪儿好。形容举动慌张，或无法应付。

四、被逼得没有办法，不得不这样。

五、好像得到极珍贵的宝物。形容对所得到的东西非常珍视喜爱。

六、急怒叫跳，像打雷一样猛烈。形容又急又怒，大发脾气的样子。

七、耳边无事聒噪。指无事打扰。

八、洗干净耳朵恭恭敬敬听别人讲话。请人讲话时的客气话。指专心地听。

九、指欲望好像沟壑一样，难以填满。

十、形容顾虑极多，难于放手行事。

076 难易程度：★★★★　时间限制：5分钟

横向：

1.指年轻人只要有志向，成就不可限量，不在年纪大。也指只要有志向，岁数大了，也可以干出一番事业。

2.喜欢得舍不得放手。

3.凭自己的力量不能做到。

4.比喻侍奉尊亲的孝心。

5.自身有所成就，也要使自身以外的一切有所成就。

6.摒绝杂念，使心神平静，是佛门修养之法。比喻这里面的奥妙之处。

7.使人很向往。

8.没有得到辩白或洗刷的冤屈。

9.指同时占有或具有几种事物。

10.嘴上说的很甜美，心里却怀着害人的主意。形容两面派的狡猾阴险。

11.指常在谈话中议论别人。

纵向：

一、只要有决心，有毅力，事情终究会成功。

二、指美味人人爱吃。比喻好的诗文受到人们的称赞和传诵。

三、不冷而发抖。形容非常恐惧。

四、让人捂着肚子。形容笑得很厉害。

五、看见死去或离别的人留下的东西就想起了这个人。

六、年纪轻，体力强。

七、长期这样下去。

八、因为爱上一个人而连带爱他（她）屋上的乌鸦。比喻爱一个人而连带地关心到与他（她）有关的人或物。

九、比喻能说会辩的口才。

十、下手的时候留点情面。比喻处理事情不要太苛刻。

十一、表示又爱又恨的意思。小说戏曲中多用作对情人或儿女的亲热称呼。

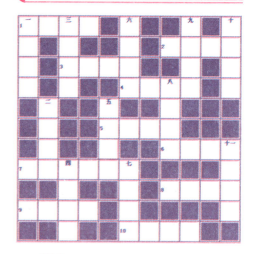

077 难易程度：★★★★
时间限制：5分钟

横向：

1.形容说话做事爽快、干脆。

2.泛指有一定地位的人代表百姓向当权者陈述困难、提出要求。

3.形容说话时用手脚示意，也比喻瞎指挥，乱加指点批评。

4.旧指不守君臣、父子之道的人。后泛指心怀异志的人。

5.比喻假慈悲。

6.形容做事机警敏捷。

7.比喻以好的名义做幌子，实际上名不副实或做坏事。

8.既后悔又怨恨。形容非常懊悔痛心。

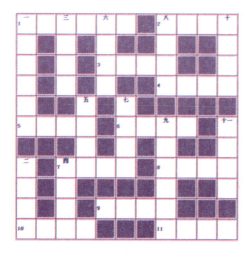

9.比喻从别人那里分享一分利益。

10.被弓箭吓怕了的鸟不容易安定。比喻受过惊吓的人碰到一点动静就非常害怕。

纵向：

一、说话坦率，毫无顾忌。

二、因岔路太多无法追寻而丢失了羊。比喻事物复杂多变，没有正确的方向就会误入歧途。

三、形容对事物了解得非常清楚，像把东西放在手掌里给人家看一样。

四、头伏在酒杯和桌子间。比喻尽情欢乐，不拘形迹。

五、旧时人们常用的小名。引申为任何轻贱的、不值得重视的人或著作。

六、形容遇事慌张，不知如何是好。

七、形容担心祸事临头或遇到非常可怕的事，十分害怕不安。

八、形容神情鬼鬼祟祟。

九、旧时称赞某些统治者爱护百姓，就像爱护自己的子女一样。

十、是命令就服从。形容完全服从命令。

十一、跑得很快的马再加上一鞭子而跑得更快。比喻快上加快，加速前进。

078 难易程度：★★★★
时间限制：5分钟

横向：

1.开发水源，节制水流。比喻增加收入，节省开支。

2.形容感情炽烈，难舍难分。多指夫妻恩爱。

3.旧指贫寒老友。

4.形容一个字也不认得。

5.请人讲话时的客气话。指专心地听。

6.比喻十分清白。亦比喻非常清楚。

7.除掉坏人，改革弊端。

8.泛指人的喜怒哀乐和嗜欲等。

纵向：

一、指以诚心待人，坦白无私。

二、排挤、清除和自己意见不同或不属于自己集团派系的人。

三、清除旧思想，改变旧面貌。比喻彻底悔改。

四、形容两个人凑近低声交谈。

五、闭上眼睛不看，堵住耳朵不听。形容对外界事物不闻不问。

六、好像曾经见过。形容见过的事物再度出现。

七、保持心地清净，减少欲念。

八、丁卯合位，一丝不差。形容确实、牢靠。

九、比喻有确凿的文字凭证，不容抵赖或反悔。

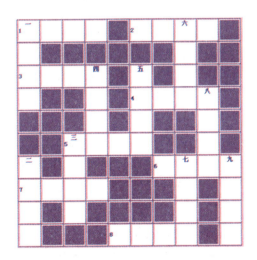

079 难易程度：★★★★
时间限制：5分钟

横向：

1.比喻事物有连带关系。也形容两人关系亲密，很少分开。

2.处处平安无事。指大治之世。

3．另有一种独特的风格。

4．看不起别人，满足于自己已有的成绩。

5．一个接着一个，接连不断。

6．抑制着呼吸使不出声音。形容恭敬畏惧的神态。

7．比喻彼此一样，不相上下。

8．万道河，千重山。形容路途艰难遥远。

9．比喻悍妒的妻子对丈夫大吵大闹。

纵向：

一、原指强盛的北方少数民族，后也指为父母溺爱、放肆不受管束的儿子。

二、形容注意力高度集中，一心一意。

三、自觉地努力向上，永不松懈。

四、指做买卖规矩，不缺斤少两。

五、形容景象或事物壮丽而多变。

六、分离前后惜别、相思的愁苦情绪。

七、指国土的一部或大部分。

八、说怎么样就怎么样。形容说话算数。

九、指意外的灾祸或事故。特指人的死亡。

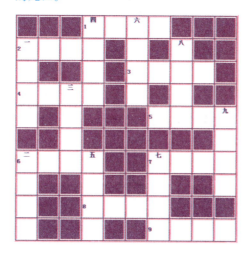

080 难易程度：★★★★
时间限制：5分钟

横向：

1．船挂着满帆顺风行驶。比喻非常顺利，没有任何阻碍。

2．旧时比喻为女子所爱慕的美男子。

3．该有的全都有。形容很齐全。

4．依仗某种权势欺压人。

5．指造成要攻打东边的声势，实际上却攻打西边，使对方产生错觉以出奇制胜的一种战术。

6．制伏敌人，取得胜利。

7．形容步子跨得大，走得快。

8．形容对人物刻画非常生动逼真。

纵向：

一、约束自己，小心做事。

二、双方力量相等，不分高低。

三、顺应天命，合乎人心。旧时常用于颂扬建立新的朝代。

四、许多良友聚集一处。

五、比喻文章文辞优美，语言铿锵有力。

六、指坏人坏事受到惩罚或打击，使大家非常痛快。

七、比喻立志奋发图强。

八、常比喻新生事物开始时力量虽然很小，但有旺盛的生命力，前途无限。

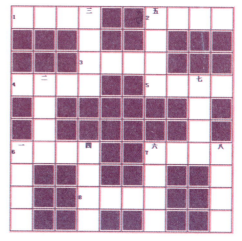

081 难易程度：★★★★
时间限制：5分钟

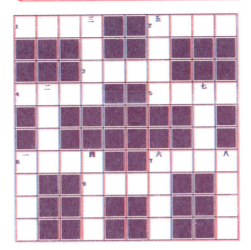

七、掌握运用或驾驭得心应手，毫无阻碍。

八、如神鬼所做的一般。形容诗文十分精妙。

082 难易程度：★★★★
时间限制：5分钟

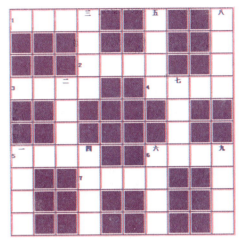

横向：

1.比喻只要两个人一条心，就能发挥很大的力量。

2.泛指一个人冒险赴约。有赞扬赴会者的智略和胆识之意。

3.比喻生活在好的环境里，得到健康成长。

4.形容态度冷静，考虑周全，指挥起来就像一切都事先规定好了似的。

5.到他的屋里去，拿起他的武器攻击他。比喻引用对方的论点反驳对方。

6.形容文章空洞，毫无内容。

7.形容变化迅速而神奇。

8.极其高超的境界。形容文学艺术达到极高的成就。

纵向：

一、形容人极有才干和智谋。

二、指写字或作画。

三、心里烦躁，神情不安。

四、指法令一经公布就严格执行，如有违反就依法处理。

五、原比喻认定目标，勇猛精进。后比喻说话直截了当，不绕弯子。

六、形容不断变化，没有止境。

横向：

1.三世都很幸运。比喻非常幸运。

2.高兴到极点时，发生令人悲伤的事。

3.自然的灾害和人为的祸患。

4.精美的衣食。形容豪华奢侈的生活。

5.比喻诗文清新不俗。也形容天然艳丽的女子。

6.使对方的力量分裂离散。

7.形容十分公平合理。

纵向：

一、比喻夫妻相亲相爱。也比喻两者可以相媲美。

二、形容有才能的人不断涌现。

三、指人缺乏善意，在别人遇到灾祸时感到高兴。

四、形容水天相接的辽阔景象。

五、旧时比喻贤父生贤子。

六、比喻目标不同，各走各的路或

各干各的事。

七、指对所学的古代知识理解得不深不透，不善于按现在的情况来运用，跟吃东西不消化一样。

八、形容人很瘦弱，连衣服都承受不起。

九、比喻谁惹出来的麻烦，还得由谁去解决。

083 难易程度：★★★★
时间限制：5分钟

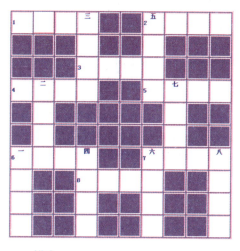

横向：

1.形容交通极便利。也形容通向各方。

2.紧急的时候，猛然想出办法。

3.分工合作，互通有无，拿多余的换没有的。

4.比喻一提到自己害怕的事就情绪紧张起来。

5.所取得的功绩，抵不过所带来的祸患。

6.比喻停滞不前的沉闷局面。

7.指适宜于草木生长的风雨。比喻良好的熏陶和教育。

8.打扫房屋和道路。指准备迎接贵宾到来。

纵向：

一、泛指记事论人，用字措辞严谨有分寸。

二、比喻极险恶的地方。

三、做事能适应客观情况的变化，懂得变通，不死守常规。

四、对人要求太苛刻，没有人能当他的伙伴。比喻过分计较人的小缺点，不能团结人。

五、指做事急于求成。

六、指主人的情谊。

七、不正当的社会风气。

八、风口处吃饭，雨地里住宿。形容生活漂泊不定。

084 难易程度：★★★★
时间限制：5分钟

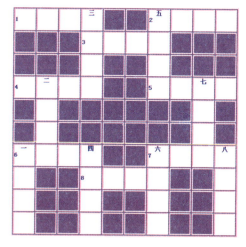

横向：

1.原指五行阵和八门阵。这是古代两种战术变化很多的阵势。比喻变化多端或花样繁多。

2.不知头绪。

3.不把常规、惯例当作永远不变的模式。

4.像对待尊贵的客人那样敬重某人。

5.指生了儿子可以使家世一代一代传下去。

6.长时期地享有好的名声。

7.从开始到结束。表示一贯到底。

8.眼睛不往旁边看。比喻人行为端正。也形容只朝一个方向看。

纵向:

一、比喻经过长期艰难困苦的磨炼。

二、像放下重担那样轻松。形容紧张心情过去以后的轻松愉快。

三、形容殷勤地接待客人。

四、指事物的花样或名称非常多。

五、指对某些事理只能揣摩领悟、不能用言语来表达。

六、把自己看得很高（多指身份、学识等）。

七、指人们前脚跟着后脚，接连不断地来。形容来者很多，络绎不绝。

八、指追求名利的最近的门路。也比喻达到目的的便捷途径。

5.庸俗得使人受不了。

6.左边牵绊，右边轻拭。比喻对手容易收拾。

7.身边好像没有人，形容神情态度自然，也形容高傲。

8.把手放在袖子里，在一旁观看。比喻置身事外，既不过问，也不协助别人。

纵向:

一、原指知识广博，应付自如。后也比喻做事得心应手，非常顺利。

二、形容万分思念。

三、比喻事物轻重大小颠倒了位置。

四、形容生了气，一甩袖子就走了。

五、到一个地方，就顺从当地的习俗。

六、用冷眼或冷淡的态度在一旁瞧着。

七、指有没有都无关紧要。

八、形容人群的声音吵吵嚷嚷，就像水在锅里沸腾一样。

085 难易程度：★★★★ 时间限制：5分钟

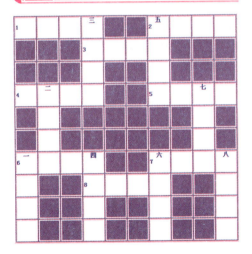

横向:

1.形容惊慌失措，没了主意，不知如何是好。

2.合乎常情和道理。

3.死在离家乡很遥远的地方。

4.形容对人或事入迷着魔。

2

单词填字游戏

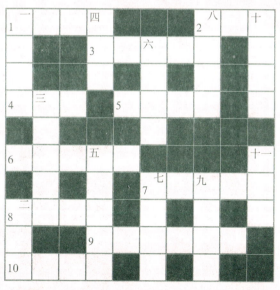

086 难易程度：★★★★★
时间限制：5分钟

横向：

1.n.算盘；（圆柱）顶板

2.vt.& vi.获得，赢得；n.利润

3.adj.难看的，丑陋的

4.n.婴儿；adj.小孩似的

5.prep.靠，通过

6.n.（日、月）食，消失；vt.使黯然失色

7.adj.厉害的，强烈的；vi.恸哭，哀号

8.n.步态，（走、跑等的）速度

9.adj.别的，其他的

10.adj.原子的，原子能的

11.vt.擦掉，抹去

12.n.呼叫者，打电话者

纵向：

一、vt.& vi.（与……）邻接，（与……）毗连

二、adj.东方的，朝东的

三、adj.年幼的，有朝气的

四、n.轻松，容易；vt.减轻

五、n.紫貂皮，暗夜

六、n.手段，策略

七、vt.& vi.急促地说，含混不清

地说

八、adj.宫殿（似）的，宏伟的

九、vt.捉住，逮住

十、vt.屈服，生产；n.产量

087 难易程度：★★★★
时间限制：5分钟

横向：

1.vt.含糊不清地说，泄露

2.n.纪元，年代，历史时期

3.n.罐子，（啤酒）杯

4.vt.让给，割让，放弃

5.vt.将……译成电码，编码；n.编码，代号

6.n.门，闸门

7.n.对手，反对者

8.vt.放逐，流放；n.流放

9.adj.口头的，口服的

纵向：

一、n.背部，背面;vi.后退，倒退

二、n.失礼，出丑

三、n.灰尘;vt.&vi.拂（一拂），掸（一掸）

四、vt.驱逐，赶走

五、vt.喷出，驱逐；vi.弹射出

六、adv.不

七、vt.& vi.侵蚀，腐蚀

八、n.齿轮，装置；vi.接上

九、n.骚乱，暴动

088 难易程度：★★★
时间限制：5分钟

横向：

1.n.小木屋，客舱

2.n.演说者，演讲家

3.n.警卫，狱吏

4.adv.其他，否则；adj.别的

5.conj.或，或者，还是

6.vt.& vi.嘲笑，戏弄

7.n.年，年纪

8.n.头发，毛发

9.vt.加标签于，附加；n.标签

10.n.钉子，指甲

纵向：

一、n.雪茄，叶卷烟

二、n.笑话，戏谑

三、vt.& vi.自大，吹嘘

四、n.地球，地表

五、vi.点头，打瞌睡

六、vi.说，讲

七、n.表，目录，桌子

八、vt.& vi.赚得，获得

九、pron.我们的

十、n.错误，过失

089 难易程度：★★★★
时间限制：5分钟

横向：

1.adj.每日的，日常的；n.日报

2.vt.忍耐，容忍

3.n.缺口，分歧；vi.豁开，张开

4.adj.反常的，不规则的

5.adv.在家，进入；adj.在内的

6.n.少许，能手

7.n.动物园

8.vt.使用

9.n.叔叔，伯父

10.vt.& vi.放宽，（使）变宽

纵向：

一、n.公狗；vt.跟踪

二、adv.在上面，在高处

三、vt.放弃，抛弃

四、n.公牛，股市看涨的人

五、adj.黄色的，黄皮肤的

六、n.习语，成语，方言

七、vi.丰富，盛产，非常多

八、n.眼泪，撕

九、n.日工，雇农

090

难易程度：★★★★
时间限制：5分钟

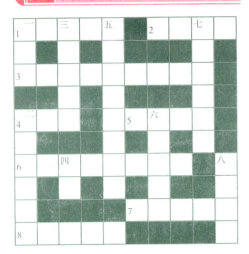

横向：

1.adj.渴望的，热切的

2.vt.& vi.(使)安静下来；n.安静，寂静

3.adj.热情奔放的，精力充沛的，沸腾的

4.adj.坏的，严重的

5.n.稳定的进程，要旨；adj.男高音的

6.adj.经济的，经济学的

7.vt.谢谢，感谢

8.n.积聚，密窖

纵向：

一、n.眼睛，视力

二、n.呼吸，一口气

三、n.葫芦

四、prep.关于，属于……的

五、n.联系，亲戚(关系)，说话

六、n.马嘶声

七、n.讽刺，讽刺文学

八、vi.醒来，苏醒

091

难易程度：★★★★
时间限制：5分钟

横向：

1.adj.满的，完全的

2.n.冰，雪糕

3.adv.相隔，分开地，成部分

4.vt.抢劫，抢夺

5.n.接缝

6.n.规模，比例(尺)，鱼鳞

7.n.护士，保姆

8.vt.& vi.抢先，抢占

9.vt.获得，得到，流行

10.vi.高飞，飞腾，猛增

纵向：

一、n.害怕，可能性

二、n.气体，[矿业]瓦斯，汽油

三、vi.发生，出现，闪现

四、n.实验室，研究室

五、n.劳动，努力，工作

六、vt.教唆(犯罪)，煽动

七、n.注意，笔记

八、n.条，条款，项目

九、n.围栏，轨道，钢轨

十、adj.每，各自的

十一、n.海，海洋，许多

092
难易程度：★★★★
时间限制：5分钟

横向：

1.vi.嘲笑，嘲弄

2.adj.地方的，当地的

3.n.面容，表面

4.adj.沉思的，深思的

5.vt.使脱粒，猛烈摆动

6.adj.早的，早期的

7.vt.减少，减轻

8.adj.憔悴的，骨瘦如柴的

9.n.民族精神，社会思潮

纵向：

一、n.赠品，礼物，天赋

二、n.习惯，习性，气质

三、n.象，大象

四、n.偶像，图标

五、pron.他

六、adv.离开，在远处

七、vi.（在公共场所）走走停停，闲逛

八、n.陆地，国家，地产

九、n.风筝，鸢

093
难易程度：★★★★
时间限制：5分钟

横向：

1.n.习惯，习性，气质

2.vt.憎恶，（厌恶地）回避，拒绝

3.vt.把……关在小屋里，使受拘束

4.n.降落，下降，摔倒

5.adj.欲睡的，困乏的，安静的

6.n.猫，猫科动物

7.n.实验室，研究室

8.n.青少年，伤害，损坏，痛苦

9.n.叫喊，大声叫

10.adv.但是，还，已经，又

纵向：

一、n.劈，砍，干咳

二、adj.含盐的，咸的，辛辣的

三、n.胡言乱语，含糊不清的话

四、n.强烈的味道或气味，柄脚；vt.使声尖锐

五、n.条约，公约

六、n.擦伤；vt.& vi.擦热（尤指皮肤），擦痛，发怒

七、adj.精明的，狡猾的，俭约的

八、adj.口头的，口述的，口服的

九、n.门闩，弹簧锁；vt.& vi.闩上，抓住，占有

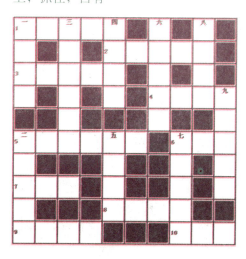

094 难易程度：★★★★
时间限制：5分钟

横向：

1.n.想法，主意，概念

2.n.呆子，白痴，畸形儿

3.n.澡盆，桶，矿车

4.vt.废除，废止，取消

5.vt.校订，修改

6.n.节约，经济，理财

7.vt.刺，n.尝试

8.n.关键，线索，秘诀，钥匙；vt.键入，锁上

9.vt.& vi.服从，听从；vt.遵守，遵循

10.n.铁器，铁制品，熨斗，烙铁，坚强

11.vt.授予，赋予（特性、才能等）

12.n.外出，出路，出口，运出

13.n.职责，责任，义务

纵向：

一、n.影像，肖像；vt.反映

二、n.刀，匕首；vi.劈开，划过

三、n.生态学，社会生态学

四、n.桨，橹，划手

五、prep.向，在……上

六、n.千克

七、vt.做，制造；vi.开始

八、pron.他/她/它们，人们，大家

九、adv.是

十、n.物体，目标；vi.不赞成，反对

十一、vt.& vi.（改变……以）适应，调整，校正

十二、n.食物，食品，粮食，养料

095 难易程度：★★★★
时间限制：5分钟

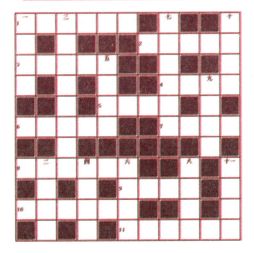

横向：

1.n.短上衣，夹克

2.adj.贫穷的，贫困的

3.n.技能，技巧

4.vt.隐藏；vi.隐瞒，遮住，n.兽皮

5.n.数字零，零位；vi.瞄准

6.vt.想像，设想；adj.（构思者）奇特的；n.想像力

7.n.黄昏，傍晚；v.变暗

8.n.黄色，黄种人，黄色颜料

9.n.汽车；vi.乘汽车

10.n.岛，岛屿；vt.使孤立

11.n.影响，效果；vt.使发生

纵向：

一、n.笑话，玩笑；vi.开玩笑，打趣

二、adv.其他，否则，另外

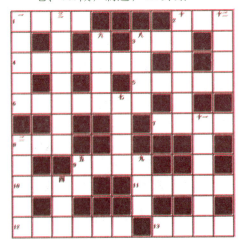

三、n.罪犯，犯人

四、vt.领导，引导，指挥

五、adj.懒惰的，没精打采的，慢吞吞的

六、vt.& vi.（从水、泥等）走过，跋涉

七、n.方法，条理

八、n.声调，语调，色调，色泽，明暗，乐音，全音，全音程

九、n.书桌，办公桌，服务台，部门

十、n.大堆可燃物，（尤指火葬用的）柴堆

十一、n.末尾，最后，上个，鞋楦（做鞋的模型）

昏迷中

10.n.海滨，海边

纵向：

一、n.刀，匕首，刃部，手术刀

二、adj.立方体的

三、n.领袖，领导者，负责人，指挥者

四、n.一星期，周

五、n.混乱，食堂，肮脏

六、adj.不必要的，没有用处的

七、n.草，青草，草地，草坪，告密者

八、n.V形夹子，火钳，吊钳，钳子

九、n.彩虹；

十、n.神经，勇气，胆量

096 难易程度：★★★★
时间限制：5分钟

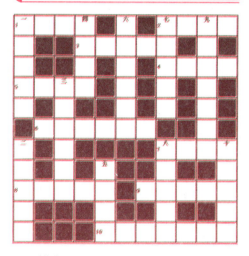

横向：

1.vt.认识，确信，认识到，能认出

2.n.女孩，姑娘，未婚女子

3.vt.& vi.进入，开始，参加，登记

4.adj.同族的，相似的，同源的

5.n.民族，人们

6.n.梯子，阶梯，梯状物，途径

7.n.城镇，市镇，小村庄，城镇居民

8.n.驳船，游艇，游览汽车

9.adv.在下面，少于，在水下，在

097 难易程度：★★★★
时间限制：5分钟

横向：

1.vi.潜伏，埋伏，潜藏，潜在

2.n.法令，告示

3.n.授权证，许可证，正当理由

4.n.负荷，负担，装载，工作量

5.vi.后退，减弱

6.n.挑战，对抗

7.adj.超自然的，神秘的，隐藏的

8.n.夜，晚上

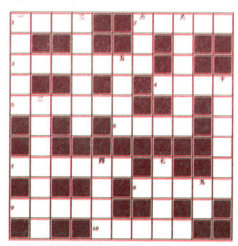

9.n.小路，小道，痕迹，踪迹

10.vt.使高兴，使得意

纵向：

一、vt.削弱，削减，减少

二、n.讲究饮食的人

三、n.核心，要点，谷粒，核

四、n.湖，深红色颜料，胭脂红；

五、vt.需要，必须

六、vt.& vi.吃，喝

七、n.（刀剑、匕首等的）柄，全力（支持某人等），彻底

八、n.极度的愚蠢，愚蠢的行为，白痴状态

九、pron.他

十、n.文摘，摘要，法律汇编

098 难易程度：★★★★
时间限制：5分钟

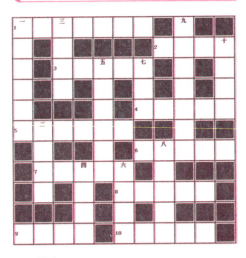

横向：

1.n.机器，机械，机械般的人

2.n.山峰，最高点，尖端

3.n.模型，模特，模式，典型

4.n.阶段，阶级，等级，级别；vt.安排

5.n.影响，效果，印象；vt.使发生，引起

6.n.原则，信条，教义

7.n.惊恐，警报，闹铃

8.adj.盛怒的

9.n.笑话，玩笑，戏谑，诙谐

10.n.外甥女，侄女

纵向：

一、n.中部，中间，腰部，中央

二、n.害怕，可能性，（对神等的）敬畏

三、n.营地，工地宿舍；vt.& vi.宿营，露营

四、vt.教唆（犯罪），煽动，怂恿

五、n.跳舞者，舞蹈演员，舞女，舞蹈家

六、n.仪表，神态，风采，样子

七、vi.走得极慢，落后

八、vt.擦掉，抹去，清除

九、n.地形，地势，地面，地带

十、n.膝，膝盖

099 难易程度：★★★★
时间限制：5分钟

横向：

1.adj.幼稚的，天真的，单纯的

2.n.嫉妒，妒忌，羡慕

3.n.循环，周期，自行车，时代

4.adv.离开，远离，在远处，消失

5.n.（烧水用的）壶，小汽锅

6.n.散文，随笔，杂文；vt.尝试，试验

7.n.视野，知识范围，理解范围

8.n.牛棚，牛栏

9.n.类型，铅字；vt.按类型把……归类

10.解析，从语法上分析

11.n.钙

12.n.盘，餐具，一盘食物

纵向：

一、n.颈，脖子，衣领，海峡

二、n.蟾蜍，癞蛤蟆，讨厌的家伙

三、n.哀歌，挽歌

四、n.海滩，海滨

五、n.生态学，社会生态学

六、n.叙事诗，史诗，史诗般的作品

七、vi.消逝，时间过去

八、adj.新的，崭新的，新鲜的

九、vt.打垮，赶跑，挖掘出；n.溃败，暴动

十、n.乡下佬，土包子

11.n.红色，红衣服，红颜料

12.n.耳朵，听觉，听力

13.vt.赎回，挽回，履行，偿还

纵向：

一、vt.& vi.运转，操作，经营

二、vi.赌博，投机，冒风险

三、adj.玉制的，翡翠色的，绿玉色的

四、vt.施行报复，惩罚，发泄

五、n.边，优势

六、n.机智，机敏，老练，圆滑

七、n.岛，小岛

八、vi.突然袭击；vt.劫掠

九、vi.害怕，忧虑

十、n.瘤

十一、n.阅读，读物，读书

十二、n.小气的人，吝啬鬼

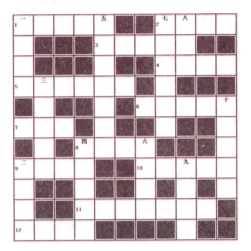

100 难易程度：★★★★
时间限制：5分钟

横向：

1.n.物体，目标，宾语，客体

2.n.乐趣，娱乐活动，嬉戏，嬉闹

3.n.滥用，恶习，侮辱

4.n.（水、烟等的）漩涡，涡流

5.vi.苏醒，奋起；n.搅动，骚乱，激动

6.vt.嘲笑，捉弄，糟蹋，欺负，指责

7.n.（用于筛撒粉状食物的）筛具，撒粉器，滤器

8.n.外出，出路，出口

9.vi.开始，尝试，行进，增大

10.n.滋味，气味，食欲

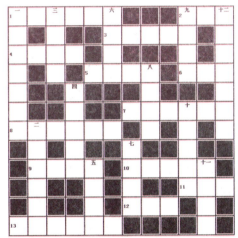

101 难易程度：★★★★
时间限制：5分钟

横向：

1.n.赞歌，凯歌

2.n.顶，顶部；adj.最高的，顶上的，头等的

3.vt.憎恶，（厌恶地）回避，拒绝

4.n.资产，财产，有价值的人或物

5.n.行为，动作；vt.饰，演（戏）

6.n.橄榄，橄榄树；adj.橄榄色的，黄褐色的，淡褐色的

7.vt.剪辑（影片、录音等），编辑，校订

8.vi.成为，开始；vt.& vi.到达，来

9.n.冰柱

10.n.贬低，屈辱

11.adj.幼稚的，天真的，单纯的

12.n.耳朵，听觉，听力

纵向：

一、vt.擦掉，抹去，超越

二、n.无价值，无意义；adj.荒谬的，荒唐的

三、adj.不必要的，没有用处的

四、adj.出生的，出生时具有的，先天的

五、pron.谁，什么人

六、n.空缺，空虚，空白

七、n.圈套，（对付人的）计谋；vt.诱骗

八、adj.和蔼的，亲切的，温暖的，温和的

九、n.专利，专利品，专利权

十、n.叶子，页；vt.& vi.翻书（报）

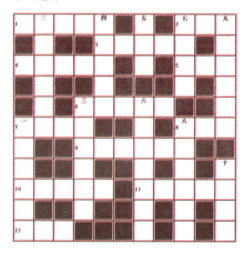

102 难易程度：★★★★
时间限制：5分钟

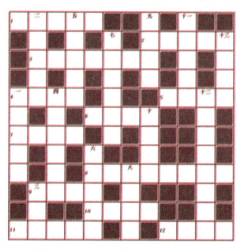

横向：

1.n.女王，王后，重要的事物

2.n.理想，典范，典型，目标

3.n.天花板，最高限度，云幕高度，隔板

4.n.帐篷，帐篷状物，塞子

5.n.原子，原子能，微粒

6.n.嘲讽，讥笑的言语

7.adj.聋的，不愿听的

8.adj.经济的，经济学的，合算的

9.n.类型，铅字

10.n.日常饮食，规定饮食

11.n.延迟，拖延，耽搁

12.vt.使充分满足于（尤指坏事），使餍足

纵向：

一、n.今天，现今

二、n.叔叔，伯父，伯伯

三、n.领带，平局，鞋带

四、adv.附近地，不远地

五、n.法令，告示

六、adj.贫穷的，贫困的

七、n.姜，生姜，姜黄色，精力

八、vt.& vi.服从，听从

九、adj.高的，高级的

十、n.雨，雨天

十一、n.心，心脏，感情，要点

十二、adj.顺从的，服从的，忠顺的

十三、n.壤土，沃土，肥土

103 难易程度：★★★★
时间限制：5分钟

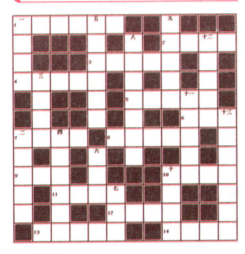

横向：

1.n.定量，配给量，口粮

2.n.（刀、剑等的）柄；vt.给……装上把手

3.vi.补偿，弥补，赎回

4.adj.合法的，准许的

5.adj.清洁的，整齐的，新的

6.n.颂诗，颂歌

7.adv.只，仅仅，结果却，不料

8.n.稳定的进程，要旨，男高音

9.n.退潮，落潮，衰退

10.n.[法律]保释金，保释人，保释

11.n.偶像，崇拜物，幽灵，谬论

12.adj.酸味的，尖刻的，酸的

13.n.胡须

14.adj.容易的，舒适的，宽裕的

纵向：

一、n.实在，现实，实数

二、adj.极为肥胖的，肥大的

三、n.偶像，崇拜对象，图标，图符

四、adj.易变的，不稳定的，不安定的

五、n.演说者，演讲家

六、adv.也，太，很，非常

七、n.少年，小伙子，伙伴，老朋友

八、n.偷猎者，偷猎者成了猎物保护人

九、adv.在那里，那里

十、vt.& vi.预兆，预告

十一、n.主动脉

十二、n.恶魔，魔鬼

十三、n.生态学，社会生态学，个体生态学

104 难易程度：★★★★
时间限制：5分钟

横向：

1.adj.平滑的，有礼貌的，老于世故的

2.n.气味，名声

3.adj.紧的，牢固的，绷紧的，不漏的

4.n.禁忌，忌讳，戒律

5.n.秋波，媚眼

6.n.（剪金属板的）铁剪，铁铗，一点点

7.n.伤痕，精神上的创伤，有损外观的地方，矽岩；vi.结疤，留下疤痕

8.n.大型褐藻，巨藻，海带

9.n.爱好者，嗜好者，情人，情妇，情夫

10.n.地图集，身负重担的人

11.n.气味，光环，气氛

12.n.出租车，驾驶室，vi.乘出租车

13.n.小平面，侧面，方面；vt.在……上琢面

14.n.地球，地表，大地，世界

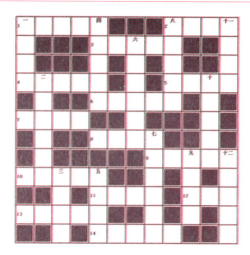

纵向：

一、n.宗派，教派，学派，党派

二、vi.承认，同意，承兑

三、n.蕾丝，透孔织品，鞋带，系带

四、n.民族精神，社会思潮，气质

五、vt.使充分满足于（尤指坏事），使餍足

六、adj.和蔼的，亲切的，温暖的，温和的，宜人的

七、adj.易弯的，柔韧的，能适应的

八、adj.不必要的，没有用处的

九、n.恶习，不道德行为，（肉体的）缺陷，疾病

十、adv.大大地，夸大地，详细地

十一、n.种，种族，（速度）比赛，（事件等的）进行；vi.运转过快，空转

十二、n.画谜，组字画

105 难易程度：★★★★
时间限制：5分钟

横向：

1.vt.使变质，使污染，败坏

2.adj.悲哀的，糟糕的，可悲的

3.n.影响，效果，印象；vt.使发生，引起

4.n.冰，雪糕，冷淡，冰状物；vi.结冰

5.vi.为小事操心，吹毛求疵，不断地烦扰

6.n.稻，稻米，大米；vt.筛选

7.n.动态，动力，推动变化的力量，动力学，活力

8.vt.引用，引证，传讯，表扬

9.n.悲叹，悔恨；vt.对……感到后悔

10.vt.校订，修改

11.adv.其他，否则，另外；adj.别的，其他的

12.adj.可怕的，危害极大的；n.可怕的人

纵向：

一、n.瘤

二、vt.剪辑（影片、录音等），编辑，校订

三、n.习语，成语，方言，土语

四、n.极度的愚蠢，愚蠢的行为，白痴状态

五、vt.危及，使遭受危险

六、vi.充满，富于，倾注

七、n.退潮，落潮，衰退，减少

八、n.发烧友，对某事物有特别爱好的人，空想家

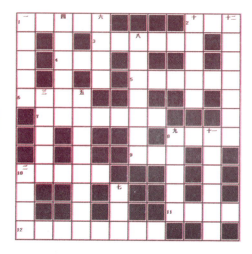

九、vt.停止，终止，结束

十、n.阶段，舞台，戏剧，驿站；vt.举行，展现，上演

十一、vi.渴望，口渴

十二、v.欺诈，误导

106 难易程度：★★★★
时间限制：5分钟

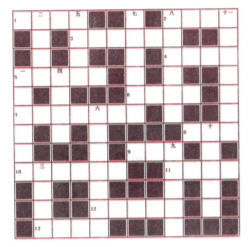

横向：

1.adj.难看的，丑陋的，有敌意的，不祥的

2.n.麻袋，洗劫；vt.解雇，把……装进袋里，掠夺

3.vt.强制，强迫，使负债务，使感激，施惠于

4.vt.教唆(犯罪)，煽动，怂恿，支持

5.n.宝石，宝石饰物，受珍视的人（物），宝贝

6.n.缺乏，不足，没有，缺少的东西

7.n.文化，（微生物等的)培养，修养，养殖

8.n.亲戚，家族，门第，亲属关系

9.n.实验室，研究室，分析室

10.n.学说，理论，原理，推测

11.vi.突然袭击；进行奇袭；n.突然袭击，劫掠，劫夺

12.n.警卫，狱吏，看守，护卫队，

13.vt.给（书、讲话等）润色，给（鞋、靴等）系鞋带，使编织（或交织、缠绕）在一起

纵向：

一、n.短上衣，夹克，土豆皮

二、n.大风，暴风，（突发的）一阵

三、n.冰雹，一阵；vt.致敬，打招呼

四、n.墙，屏障，隔阂，壁垒

五、n.轭，架，座，偏转线圈，奴役，羁绊，束缚，统治

六、n.生气，（常指无故）不快，树荫，愤怒

七、adj.（爱情、友谊等）易变的，无常的，薄情的，浮躁的

八、n.（招魂术士搞的）降神会

九、n.新娘，即将（或刚刚）结婚的女子，姑娘

十、n.傻瓜，笨蛋，白痴

十一、n.厨房，厨师

107 难易程度：★★★★
时间限制：5分钟

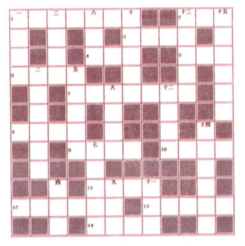

横向：

1.n.空缺，空虚，空白，空位

2.n.无谓的忙乱，纷扰，麻烦

3.n.编辑；vt.剪辑（影片、录音等），校订

4.n.茶水，茶，茶树

5.n.呆子，畸形儿

6.n.名字，名声，著名的人物

7.n.富豪，权贵，巨头，大资本家

8.n.打猎，狩猎旅行，参加狩猎旅行的人

9.n.（因痛苦、气愤、兴奋等而发出的）短而尖的叫声

10.n.阿姨，姨妈，姑妈，舅妈

11.n.背，背部，背面，反面，后面；adj.背部的，后面的，以前的

12.n.海港，海湾，避难所

13.vt.&vi.暗示，意味，隐含，说明，表明

14.n.西，西部，西方

纵向：

一、n.静脉，矿脉，岩脉，叶脉，气质

二、vt.劫持，诱拐，使外展

三、n.蚌，蛤，沉默寡言的人，钳子

四、vt.使烦恼，激怒

五、n.空车，空的东西；adj.空的，空虚的，空洞的，空闲的

六、n.螺母，螺帽，坚果，坚果果仁

七、n.肘部，弯头，扶手，肘形管，弯管

八、n.胆汁，五倍子，怨恨，苦物，苦味

九、vi.是

十、vi.渴望，盼望，向往，想念

十一、n.衣物和装备，成套用品，配套元件

十二、n.宽外袍，参议员的职位

十三、vi.补偿，弥补，赎回

十四、vt.使能够，提供做……的权利，使可能

十五、adj.痴呆的，笨手笨脚的

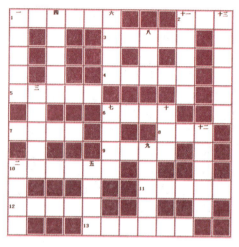

108 难易程度：★★★★
时间限制：5分钟

横向：

1.n.华夫饼，无聊、含糊的话；vt.唠叨

2.n.地图，天体图，类似地图的事物

3.n.狂躁，狂热，热衷，狂爱

4.n.表，目录，桌子，手术台

5.n.事件，大事，活动，经历，结果

6.vt.遗失，失去，错过

7.adj.唯一的，仅有的，最好的

8.n.是、行等肯定的回答，同意，答应

9.n.日期，日子，约会，时代

10.n.（肌肉等）不结实，松弛

11.adj.裸体的，裸露的，率直的，赤裸裸的

12.adj.指定的；v.决定，给……取名

13.n.努力，尝试，工作，成就

纵向：

一、n.（一段）时间；vt.消磨，打发（时间）

二、n.惊恐，沮丧，懦夫

三、adj.贪污的，用金钱买得的，

贿赂的，贪赃枉法的

四、n.寓言，无稽之谈；vi.编寓言，虚构

五、vt.预示，为……的兆头；v.停留，继续

六、vt.发出，发射，颁布，发表

七、n.女士，夫人，小姐，妻子

八、n.钢笔尖，嘴，鹅管笔的尖端；vt.装尖头，削尖，插入

九、n.探戈舞，探戈舞曲

十、n.眼睛，视力，眼状物

十一、成双的，成对的

十二、vt.分离或分开，切制；vi.切开，打开

十三、vt.使（某人）安静，息怒，抚慰

109 难易程度：★★★★
时间限制：5分钟

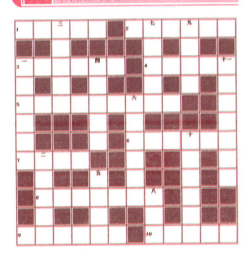

横向：

1.n.复印，影印，复印件，影印本

2.vt.劫持，诱拐，使外展

3.vt.装饰，打扮某物或某人

4.n.滑行，滑翔，滑音，延音，流逝

5.vi.合作，配合，协助

6.n.脚本，手迹，书写体铅字，剧本

7.adj.近的，亲密的，近似

8.vi.射出，发散，发光

9.n.旁道，支路，迂回管道；vt.疏通，忽视

10.n.跳舞，舞会，舞蹈艺术，舞曲

纵向：

一、vt.& vi.（用头或手的动作）示意，召唤

二、adj.早的，早期的，早日的

三、n.无线电，收音机，无线电广播台

四、adj.便宜的，廉价的，劣质的，低劣的

五、n.吻，轻触，小糖果，蛋白甜饼

六、adj.缺席的，不在场的，缺少的，缺乏的

七、vt.为……之父，产生，引起

八、n.结果，端，终止，最后部分

九、n.单位，单元，装置，个体

十、vt.非难，指摘，对……有怀疑

十一、adj.有弹力的，可伸缩的，灵活的；n.松紧带，橡皮圈

110 难易程度：★★★★
时间限制：5分钟

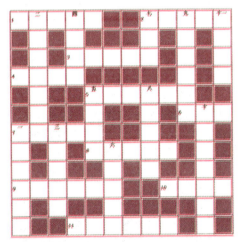

横向：

1.vi.渴望，向往，想念，怀念

2.v.疲倦，疲乏，厌倦，厌烦，渴望

3.n.失礼，出丑

4.n.一次，一回

5.adj.率直的，坦白的，公正的

6.vt.(如酸)腐蚀，吃完，吃得使

7.adj.古板的，保守的，一本正经的

8.n.精华，精锐，精英，上层集团

9.n.自然，天性，天理，类型

10.vt.松开，解开，取消，废除

11.adv.在远处，在更远处；prep.超过，越过，那一边

纵向：

一、adj.坚固的，坚定的，可靠的；vt.使(伤口)止血

二、n.热心，认真，定钱，保证金

三、n.减轻，折扣

四、n.愤怒，激烈，猛烈，渴望

五、vt.让给，割让，放弃

六、adj.留神的，猜疑的，机敏的，机警的

七、n.悲哀，悲伤，灾难，灾殃

八、n.深度，深处，深海，深奥

九、vt.刮擦，消磨(意志、精神等)；vi.经受磨损，受擦伤

十、n.放任，放纵，完全屈从于压制

十一、n.年，年纪，一年期间

横向：

1.n.热心，热情，奋发

2.n.漫步，闲逛，混日子，闲荡

3.n.(网球等的)球拍，喧嚣，吵闹；v.嚷闹，吵闹，纵情欢闹

4.n.盎司，少量，一点儿，雪豹

5.n.想，想法；vt.想，思索，以为

6.n.线，线索，线状物，螺纹；vt.穿成串

7.adj.肮脏的，下流的，令人讨厌的，恶劣的，艰险的

8.adj.极为肥胖的，肥大的

9.adv.真，真正，实在，果真，实际上

10.n.轻松，舒适，容易，安逸

11.vt.解除，使自由，解决，使解脱

12.n.选择(的自由)，选项，选择权，选择能力

纵向：

一、n.嘲弄，奚落，讥讽，嘲弄的对象

二、n.地球，地表，陆地，尘事

三、n.上升，登高，上坡，追溯

四、n.倾斜，(下层社会的)黑话，斜面；vt.使具有斜面，使倾斜

五、vi.(液体)渗，渗透，渗出，漏出

六、n.学说，理论，原理，推测

七、n.自然，天性，天理，类型

八、vt.喷出，驱逐，强制离开；vi.弹射出

九、vt.& vi.乞讨，乞得，索取

十、n.愤怒，激烈，猛烈，渴望

十一、adj.敏锐的，敏捷的，渴望的；n.痛哭

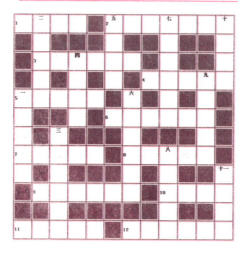

111 难易程度：★★★★
时间限制：5分钟

3

专科知识

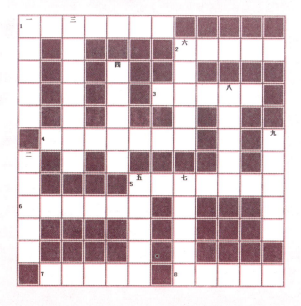

112 难易程度：★★★★
时间限制：5分钟

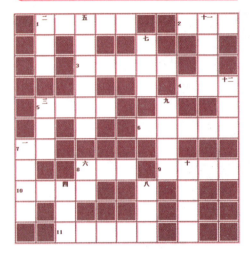

横向：

1.土耳其内海，世界上最小的海。

2.中国北部边疆，矿产资源丰富，省会为呼和浩特。

3.世界上最大的平原。

4.芬兰历史最悠久的城市，曾是芬兰的首都。

5.中国最大的海峡。

6.伏尔加格勒的别称，俄罗斯的"南部粮仓"。

7.国际著名港口城市，有"中国品牌之都""世界啤酒之城"等美称。

8.美国的首都。

9.美国三大高地城市之一，美国民权运动的中心，并举办了1996年夏季奥林匹克运动会。

10.亚洲和欧洲的地理分界线，欧洲第一高峰。

11.巴西第二大城市，获得2016年第31届夏季奥林匹克运动会举办权。

纵向：

一、中国最大、世界上海拔最高的高原，有"世界屋脊"和"第三极"之称。

二、西班牙首都，该国第一大城市。

三、中国最大的岛屿。

四、非洲国家，首都是摩加迪沙。这里是各国货轮出入苏伊士运河的必经海路。

五、世界上最深的海沟。

六、我国著名的五岳之一，古称"西岳"。

七、世界上最大、最深、边缘海和岛屿最多的大洋。

八、莱索托的首都，南部非洲历史悠久的城市之一。

九、多种矿产出口量全球第一的国家，首都是堪培拉。

十、以色列第二大城市，人口最稠密的地带，也是以色列的经济枢纽。

十一、加拿大第二大城市、魁北克省最大城市，被认为是北美的"浪漫之都"，有"小巴黎"之誉。

十二、新疆的第二大城市，有"梨城"之称。

113 难易程度：★★★★
时间限制：6分钟

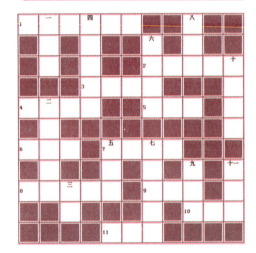

横向：

1. 世界上高峰最多、最高大的山脉。

2. 美国经济最发达、人口最多的州，别称"黄金州"。

3. 比利时首都。

4. 中国黑龙江支流，中国与俄罗斯的界河。

5. 高等院校数量位居全国第二，省会是武汉。

6. 日本第一高峰，世界上最大的活火山之一。

7. 1929年～2003年建于南欧巴尔干半岛上的国家。

8. 世界上最大的三角洲。

9. 奥地利的首都，有"音乐之都""文化之都""装饰之都"等美誉。

10. 瑞典第二大城市，也是瑞典最国际化的城市，有"小伦敦"之称。

11. 世界上唯一没有汽车的城市，有"水上都市""百岛城""桥城"之称。

纵向：

一、菲律宾的首都，被称为"亚洲的纽约"。

二、亚洲与非洲的分界线，世界上使用最频繁的航线之一。

三、中国最南部的滨海旅游城市，有"东方夏威夷"之称。

四、中国最高的大河，被藏族人民视为"摇篮"和"母亲河"。

五、排名第四的大洲。

六、世界上最深、容量最大的淡水湖，被称为"西伯利亚的蓝眼睛"。

七、美国内华达州的最大城市，拥有"世界娱乐之都""赌城"的称号。

八、美国加利福尼亚州的一个城市，这里有美国面积第二大的大学。

九、世界第二小的国家，国家与首都同名。

十、埃及的第二大城市，也是最大的海港。

十一、欧洲大陆仅存的大公国，有"袖珍王国""千堡之国"的称呼。

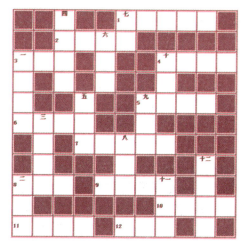

114 难易程度：★★★★
时间限制：7分钟

横向：

1. 世界第一高峰，中国最美的、令人震撼的十大名山之一。

2. 世界上最大的内海，也是沿岸国家最多的大海，位于大西洋西部边缘。

3. 世界上最热的地方。

4. 美国西南部四州之一，"迷人之地"是它的别名，首府是圣菲。铀和钾碱的产量均居美国首位。

5. 德国最大的航空站、铁路枢纽和金融中心，在欧洲最重要城市的排名中位居第三。

6. 位于非洲东部、赤道以南的国家，首都是多多马。

7. 太平洋三大群岛之一，名字源于希腊语，意为"黑人群岛"，包括俾斯麦群岛、所罗门群岛、斐济群岛等。

8. 有"北国冰城""天鹅项下的珍珠""东方莫斯科""东方小巴黎"等美称的我国东北城市。

9.新疆西北边缘的一个自治州，有"中国西部第一门户"之称，是"丝绸之路"新北道的枢纽地段。

10.中国面积最大的地区级自治州，堪称"华夏第一州"，政府驻地库尔勒市。

11.意大利的第三大城市，该城风光绮丽，是地中海最著名的风景胜地之一，被人们称颂为"阳光和快乐之城"。

12.波斯湾西北部的君主制国家，该国首都与该国名称同名，石油、天然气工业为国民经济的支柱。

纵向：

一、英联邦成员国，位于南亚，现在首都位于伊斯兰堡。

二、古巴共和国的首都。

三、坦桑尼亚的一部分。经济以农业为主，盛产丁香与椰子，素称"丁香之岛"，是世界最大丁香出口港。

四、世界第一大海湾。

五、非洲中西部尼日尔共和国的首都和最大城市，堪称"沙漠绿洲"和观光城市。

六、世界十大商品进出口国之一，首都是布鲁塞尔。

七、中国的五个经济特区之一，有"百岛之市"的美誉。

八、喜马拉雅山脉是该国和中国的天然国界，首都是加德满都。

九、欧洲的一个国家，首都为巴黎。

十、一个岛屿国家，首都惠灵顿。鹿茸、羊肉、奶制品和粗羊毛的出口值皆为世界第一。

十一、摩洛哥首都。

十二、位于中国的正北方，内蒙古自治区的中部，驻地锡林浩特市。素有畜牧业王国之称，褐煤总储量在全国居第一位。

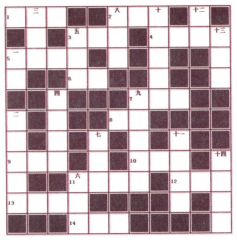

115 难易程度：★★★★
时间限制：7分钟

横向：

1.美国仅次于纽约和洛杉矶的第三大城市。

2.位于北美洲的一个国家，有"仙人掌王国"的美誉。

3.世界上唯一的非矩形国旗的国家。

4.印度洋上的岛国，首都是科伦坡。

5.多种矿产出口量全球第一的国家。

6.绰号叫"山姆大叔"的国家。

7.东南亚第一大城市，又名椰城。

8.南美洲西部的一个国家，首都被誉为"世界不雨城"。

9.唯一一个黄河穿越市区的省会。

10.捷克共和国的首都和最大的城市。

11.中国与俄罗斯的一条重要界河。

12.一个国家的首都，欧洲大陆最西端的城市。

13.布隆迪共和国最大城市和首都。

14.南美洲唯一以英语为官方语言的国家，首都乔治敦。

纵向：

一、世界第一大赌城。

二、新西兰最大的瀑布。

三、北美洲一个国家，有"枫叶之国"的美誉。

四、新中国开国第一城，国家重要交通枢纽，被誉为火车拉来的城市。

五、尼日尔共和国的首都和最大城市。

六、南美洲国家，被誉为"南美瑞士"和"钻石之国"。

七、新疆的一座城市，有"塞外江南"的美誉。

八、澳大利亚的第二大城市。

九、西藏地区第一大河。

十、世界上第一个不设军队的国家，首都圣何塞。

十一、云南省一个举世闻名的"三江并流"风景区。

十二、一个中欧国家，首都华沙。

十三、亚洲西南部的一个阿拉伯国家，首都多哈。

十四、北欧最大城市，丹麦最大港口。

116 难易程度：★★★
时间限制：6分钟

横向：

1.盛唐诗人高适《别董大》中"莫愁前路无知己"的下一句。

2.贾岛《题李凝幽居》中"鸟宿池边树"的下一句。

3.南宋诗人陆游的《书愤·其一》中"铁马秋风大散关"的上一句。

4.杜甫《春夜喜雨》中"好雨知时节"的下一句。

5.王维《归嵩山作》中"流水如有意"的下一句。

6.白居易《观刈麦》中"力尽不知热"的下一句。

7.唐代诗人李益《江南曲》中"早知潮有信"的下一句。

8.李白《长相思·其一》中"梦魂不到关山难"的上一句。

9.李白《望庐山瀑布》中"疑是银河落九天"的上一句。

10.杜甫《佳人》中"出山泉水浊"的上一句。

纵向：

一、杜甫《对雪》中"急雪舞回风"的上一句。

二、唐代诗人岑参《寄左省杜拾遗》中"白发悲花落"的下一句。

三、唐代诗人张籍《节妇吟》中"还君明珠双泪垂"的下一句。

四、王昌龄《从军行七首·其四》中"黄沙百战穿金甲"的下一句。

五、韩愈《左迁至蓝关示侄孙湘》中"一封朝奏九重天"的下一句。

六、白居易《夜雪》中"时闻折竹声"的上一句。

七、王昌龄《出塞》中"不教胡马度阴山"的上一句。

八、李商隐《晚晴》中"深居俯夹城"的下一句。

九、孟浩然《望洞庭湖赠张丞相》中"八月湖水平"的下一句。

十、王维《老将行》中"路旁时卖故侯瓜"的下一句。

117
难易程度：★★★
时间限制：6分钟

横向：

1. 晏殊《浣溪沙》中"似曾相识燕归来"的上一句。

2. 陈子昂《春夜别友人》中"悠悠洛阳道"的下一句。

3. 孟浩然《夏日南亭怀辛大》中"中宵劳梦想"的上一句。

4. 王昌龄《塞上曲》中"矜夸紫骝好"的上一句。

5. 李白《子夜吴歌·秋歌》中"万户捣衣声"的上一句。

6. 张继《清明日自西午桥至瓜岩村有怀》中"晚霁龙门雨"的下一句。

7. 欧阳修《春日西湖寄谢法曹歌》中"雪消门外千山绿"的下一句。

8. 卢纶《塞下曲四首·其三》中"欲将轻骑逐"的下一句。

9. 杜牧《题宣州开元寺水阁阁下宛溪夹溪居人》"鸟去鸟来山色里"的下一句。

纵向：

一、唐代诗人元稹《菊花》中"不是花中偏爱菊"的下一句。

二、李白《落日忆山中》中"东风随春归"的下一句。

三、东晋诗人陶渊明《饮酒二十首·其五》中"而无车马喧"的上一句。

四、杜甫《丽人行》中"三月三日天气新"的下一句。

五、杜甫《江梅》中"梅蕊腊前破"的下一句。

六、张九龄《赋得自君之出矣》中"夜夜减清辉"的上一句。

七、崔颢《行经华阴》中"借问路旁名利客"的下一句。

八、李白《宫中行乐词八首·其七》"春风柳上归"的上一句。

九、岑参《走马川行奉送封大夫出师西征》中"将军金甲夜不脱，半夜军行戈相拨"的下一句。

118
难易程度：★★★★
时间限制：7分钟

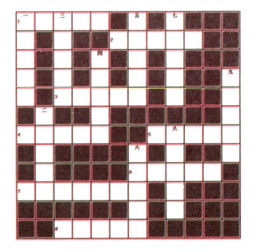

横向：

1. 温庭筠《送人东游》中"荒戍落黄叶"的下一句。

2. 贾岛《寻隐者不遇》中"云深不知处"的上一句。

3. 邱为《寻西山隐者不遇》中"松声晚窗里"的前一句。

4.钱起《谷口书斋寄杨补阙》中"山爱夕阳时"的前一句。

5.王维《渭川田家》中"倚杖候荆扉"的前一句。

6.李白《关山月》中"由来征战地"的后一句。

7.李白《清平调》中"会向瑶台月下逢"的前一句。

8.孟浩然《望洞庭湖赠张丞相》中"徒有羡鱼情"的前一句。

纵向:

一、韦应物《夕次盱眙县》中"冥冥日沉夕"的前一句。

二、王维《西施咏》中"君宠益娇态"的后一句。

三、白居易《赋得古原草送别》中"一岁一枯荣"的前一句。

四、王维《山居秋暝》中"天气晚来秋"的前一句。

五、卢纶《塞下曲》中"平明寻白羽"的后一句。

六、陈子昂《登幽州台歌》中"前不见古人"的后一句。

七、王维《鹿柴》中"但闻人语响"的前一句。

八、杜甫《登岳阳楼》中"亲朋无一字"的后一句。

九、贾岛《寻隐者不遇》中"言师采药去"的前一句。

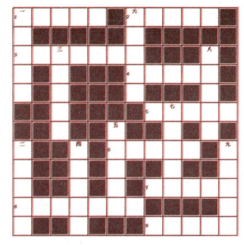

119 难易程度:★★★★
时间限制:5分钟

横向:

1.孟浩然《留别王维》中"惜与故人违"的前一句。

2.李白《关山月》中"苍茫云海间"的前一句。

3.白居易《琵琶行》中"犹抱琵琶半遮面"的前一句。

4.李白《月下独酌四首·其一》中"永结无情游"的后一句。

5.韦应物《长安遇冯著》中"采山因买斧"的前一句。

6.王维《过香积寺》中"泉声咽危石"的后一句。

7.李频《渡汉江》中"经冬复立春"的前一句。

8.李白《将进酒》中"莫使金樽空对月"的前一句。

9.元结《贼退示官吏》中"岂不如贼焉"的前一句。

纵向:

一、王之涣《登鹳雀楼》中"更上一层楼"的前一句。

二、杜甫《佳人》中"那闻旧人哭"的前一句。

三、王维《酬张少府》中"晚年惟好静"的后一句。

四、杜甫《赠卫八处士》中"十觞亦不醉"的后一句。

五、王之涣《登鹳雀楼》中"黄河入海流"的前一句。

六、王维《竹里馆》中"深林人不知"的后一句。

七、王湾《次北固山下》中"行舟

绿水前"的前一句。

八、韦应物《淮上喜会梁州故人》中"相逢每醉还"的前一句。

九、元结《贼退示官吏》中"以作时世贤"的前一句。

120 难易程度：★★★
时间限制：6分钟

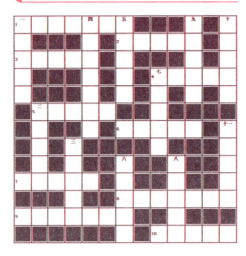

横向：

1.王维《九月九日忆山东兄弟》的第一句。

2.刘长卿《新年作》中"已似长沙傅"的后一句。

3.马戴《灞上秋居》中"落叶他乡树"的后一句。

4.杜牧《旅宿》中"门系钓鱼船"的前一句。

5.李白《子夜秋歌》中"长安一片月"的后一句。

6.卢纶《塞下曲》中"林暗草惊风"的后一句。

7.孟浩然《留别王维》中"朝朝空自归"的前一句。

8.杜甫《登高》中"不尽长江滚滚来"的前一句。

9.杜牧《赠别》中"唯觉樽前笑不

成"的前一句。

10.柳宗元《江雪》中"纵向一"的前一句。

纵向：

一、柳宗元《江雪》的最后一句。

二、常建《题破山寺后禅院》中"但余钟磬音"的前一句。

三、杜甫《旅夜书怀》中"天地一沙鸥"的前一句。

四、秦韬玉的《贫女》中"苦恨年年压金线"的后一句。

五、韦应物《长安遇冯著》中"衣上灞陵雨"的前一句。

六、李白《月下独酌四首·其一》中"相期邈云汉"的前一句。

七、孟浩然《宿桐庐江寄广陵旧游》中"山暝听猿愁"的后一句。

八、马戴《楚江怀古》中"猿啼洞庭树"的后一句。

九、王维《酬张少府》中"万事不关心"的前一句。

十、李白《静夜思》的第一句。

十一、刘长卿《新年作》中"春归在客先"的前一句。

121 难易程度：★★★★
时间限制：5分钟

横向：

1.王维《竹里馆》中"深林人不知"的下一句。

2.孟浩然《过故人庄》中"故人具鸡黍"的下一句。

3.温庭筠《瑶瑟怨》中"十二楼中月自明"的上一句。

4.杜荀鹤《春宫怨》中"相忆采芙蓉"的上一句。

5.杜荀鹤《春宫怨》中"风暖鸟声碎"的下一句。

6.刘长卿《送李中丞归汉阳别业》

中"流落征南将"的下一句。

7.苏轼《卜算子·黄州定慧院寓居作》中"拣尽寒枝不肯栖"的下一句。

8.孟浩然《春中喜王九相寻》中"径草踏还生"的上一句。

9.李贺《致酒行》中"谁念幽寒坐呜呃"的上一句。

纵向：

一、王维《送别》中"山中相送罢"的下一句。

二、卢纶《塞下曲》中"单于夜遁逃"的上一句。

三、杜甫《客至》中"蓬门今始为君开"的上一句。

四、高适《送李侍御赴安西》中"心事一杯中"的上一句。

五、白居易《琵琶行》中"谪居卧病浔阳城"的上一句。

六、杜甫《梦李白·其二》中"千秋万岁名"的下一句。

七、柳永词《夜半乐·冻云黯淡天气》中"渡万壑千岩"的下一句。

八、李商隐《霜月》中"月中霜里斗婵娟"的上一句。

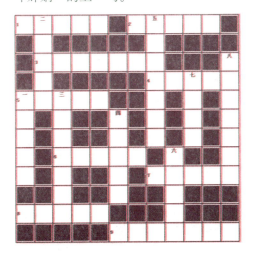

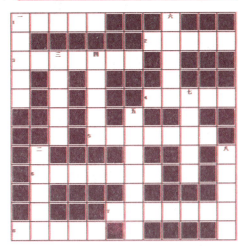

横向：

1.李白《月下独酌·其一》中"我歌月徘徊"的下一句。

2.王维《竹里馆》中的第一句，下一句是"弹琴复长啸"。

3.李益《夜上受降城闻笛》中"一夜征人尽望乡"的上一句。

4.杜甫《望岳》中"齐鲁青未了"的上一句。

5.李商隐《筹笔驿》中"管乐有才终不忝"的下一句。

6.王维《奉和圣制从蓬莱向兴庆阁道中留春雨中春望之》中"雨中春树万人家"的上一句。

7.徐俯《春游湖》中"夹岸桃花蘸水开"的上一句。

8.王维《山居秋暝》中"王孙自可留"的上一句。

纵向：

一、李白《行路难·其二》中"大道如青天"的下一句。

二、李白《送友人》中"落日故人情"的上一句。

三、李白《春思》中"春风不相

识"的下一句。

四、李白《关山月》中"长风几万里"的下一句。

五、李商隐《无题》中"心有灵犀一点通"的上一句。

六、元稹《行宫》中"白头宫女在"的下一句。

七、唐玄宗《经鲁祭孔子而叹之》中"栖栖一代中"的上一句。

八、王昌龄《同从弟南斋玩月忆山阴崔少府》中"微风吹兰杜"的上一句。

九、白居易《南浦别》中"一看肠一断"的下一句。

123 难易程度：★★★★
时间限制：5分钟

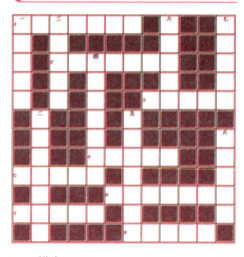

横向：

1.李白诗句"千金散尽还复来"的上一句。

2.张继《枫桥夜泊》的第一句。

3.孟浩然《过故人庄》"横向5"的上一句。

4.宋之问《题大庾岭北驿》中"传闻至此回"的上一句。

5.孟浩然《过故人庄》"横向3"的下一句。

6.白居易《琵琶行》中"门前冷落车马稀"的下一句。

7.杜甫《赠卫八处士》中"新炊间黄粱"的上一句。

8.王之涣《登鹳雀楼》的第二句。

纵向：

一、王勃的诗句，表达对远方友人的情谊。

二、李商隐《夜雨寄北》中"何当共剪西窗烛"的下一句。

三、李白《月下独酌·其一》中"我舞影零乱"的上一句。

四、刘禹锡《乌衣巷》中"朱雀桥边野草花"的下一句。

五、李颀《送陈章甫》中"枣花未落桐叶长"的上一句。

六、孟浩然《宿建德江》中"江清月近人"的上一句。

七、王维《终南山》中"青霭入看无"的上一句。

八、白居易《观刈麦》中"抱子在背傍"的上一句。

124 难易程度：★★★★
时间限制：5分钟

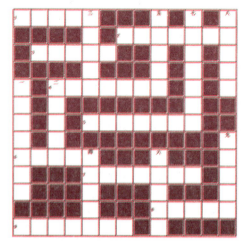

横向：

1.王维《相思》的第一句。

2.王昌龄《芙蓉楼送辛渐》中"一片冰心在玉壶"的上一句。

3.杜甫《望岳》中"会当凌绝顶"的下一句。

4.李白《宣州谢朓楼饯别校书叔云》中"明朝散发弄扁舟"的上一句。

5.岑参《白雪歌送武判官归京》中"北风卷地白草折"的下一句。

6.李白《梦游天姥吟留别》中"空中闻天鸡"的上一句。

7.杜甫《咏怀古迹·其一》中"庾信平生最萧瑟"的下一句。

8.王维《酬张少府》中"纵向八"的下一句。

9.王昌龄《春宫曲》中"帘外春寒赐锦袍"的上一句。

纵向：

一、刘方平《月夜》中"北斗阑干南斗斜"的上一句。

二、杜甫《赠卫八处士》中"动如参与商"的上一句。

三、杜甫《春望》中"城春草木深"的上一句。

四、孟浩然《宿建德江》中"移舟泊烟渚"的下一句。

五、杜甫《梦李白二首》中"三夜频梦君"的下一句。

六、王维《山居秋暝》中"竹喧归浣女"的下一句。

七、李白《将进酒》中"君不见高堂明镜悲白发"的下一句。

八、王维《酬张少府》中"横向8"的上一句。

九、常建《题破山寺后禅院》中"竹径通幽处"的下一句。

125 难易程度：★★★★
时间限制：6分钟

横向：

1.李白《秋浦歌》中"缘愁似个长"的上一句。

2.孟浩然《望洞庭湖赠张丞相》中"气蒸云梦泽"的下一句。

3.贺知章《回乡偶书二首·其一》中"乡音无改鬓毛衰"的上一句。

4.李商隐《蝉》中"五更疏欲断"的下一句。

5.李白《长干行》中"苔深不能扫"的下一句。

6.张籍《秋思》中"洛阳城里见秋风"的下一句。

7.张九龄《望月怀远》中"竟夕起相思"的上一句。

8.白居易《钱塘湖春行》中"乱花渐欲迷人眼"的下一句。

纵向：

一、岳飞《满江红》中"莫等闲"的下一句。

二、李白《送友人》中"浮云游子意"的下一句。

三、吴文英《唐多令·惜别》中"何处合成愁"的下一句。

81

四、李白《蜀道难》中"锦城虽云乐"的下一句。

五、吴文英词《齐天乐》中"华堂烛暗送客"的下一句。

六、李商隐《晚晴》中"人间重晚晴"的上一句。

七、王维《送梓州李使君》中"山中一夜雨"的下一句。

八、"断肠人在天涯"的上一句。

九、杜甫《前出塞》中"擒贼先擒王"的上一句。

十、梅尧臣《鲁山山行》中"千山高复低"的上一句。

126 难易程度：★★★★
时间限制：6分钟

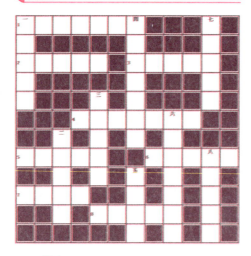

横向：

1.王维《九月九日忆山东兄弟》中"每逢佳节倍思亲"的前一句。

2.王维《杂诗》中"来日绮窗前"的后一句。

3.孟浩然《过故人庄》中"绿树村边合"的后一句。

4.唐代诗人刘方平《月夜》中"北斗阑干南斗斜"的前一句。

5.唐代诗人李商隐《凉思》中"天涯占梦数"的后一句。

6.唐代孟郊《游子吟》中"谁言寸草心"的后一句。

7.宋代辛弃疾《永遇乐·京口北固亭怀古》中"英雄无觅"的前一句。

8.王之涣《登鹳雀楼》中"黄河入海流"的前一句。

纵向：

一、柳宗元《江雪》中"孤舟蓑笠翁"的后一句。

二、柳永《八声甘州》中"无语东流"的前一句。

三、唐诗人贾岛《寻隐者不遇》的最后一句。

四、王维《送元二使安西》中"渭城朝雨浥轻尘"的后一句。

五、宋代赵令畤《清平乐》的首句。

六、李白《将进酒》中"莫使金樽空对月"的前一句。

七、范仲淹《苏幕遮》中"芳草无情"的后一句。

八、王维《相思》中"红豆生南国"的后一句。

127 难易程度：★★★★★
时间限制：5分钟

横向：

1.李白所作《清平调》三首里的第一首中"春风拂槛露华浓"的前一句。

2.唐代诗人祖咏《终南望余雪》中"终南阴岭秀"的后一句。

3.李白《关山月》中"由来征战地"的后一句。

4.唐代诗人卢纶《塞下曲》中"林暗草惊风"的后一句。

5.白居易《后宫词》的首句，该诗是他代宫人所作的怨词。

6.杜甫《登楼》中"万方多难此登临"的前一句。

7.李白《渡荆门送别》中"仍怜故乡水"的后一句。

8.岑参《白雪歌送武判官归京》中"山回路转不见君"的后一句。

纵向:

一、贾岛《寻隐者不遇》中"只在此山中"的后一句。

二、田为《江神子慢》中"铅素浅"的后一句。

三、唐诗人李颀《送陈章甫》中"醉卧不知白日暮"的后一句。

四、孟浩然《宿桐庐江寄广陵旧游》中"遥寄海西头"的前一句。

五、唐代诗人卢纶《塞下曲四首·其三》中"欲将轻骑逐"的后一句。

六、苏轼《水龙吟·次韵章质夫杨花词》中"寻郎去处,又还被莺呼起"的前一句。

七、杜甫《梦李白二首》中"游子久不至"的前一句。

八、孟浩然《望洞庭湖赠张丞相》中"端居耻圣明"的前一句。

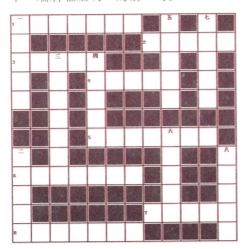

128 难易程度:★★★★
时间限制:5分钟

横向:

1.王昌龄《芙蓉楼送辛渐》中"洛

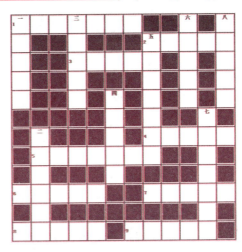

阳亲友如相问"的下一句。

2.李白《下终南山过斛斯山人宿置酒》中"陶然共忘机"的上一句。

3.唐代诗人沈如筠《闺怨》中"愁多梦不成"的上一句。

4.王维《山居秋暝》中"清泉石上流"的上一句。

5.岳飞《满江红》中"三十功名尘与土"的下一句。

6.南宋陆游《早发新都驿》中"河汉纵复横"的下一句。

7.白居易诗句"野火烧不尽"的下一句。

8.唐代诗人宋之问《渡江汉》中"经冬复历春"的上一句。

9.王维《杂咏》中"复闻啼鸟声"的上一句。

纵向:

一、白居易《买花》中"十户中人赋"的上一句。

二、辛弃疾《西江月·夜行黄沙道中》"两三点雨山前"的上一句。

三、孟浩然《秋登兰山寄张五》中"相望试登高"的下一句。

四、唐代诗人祖咏《终南望余雪》中"终南阴岭秀"的下一句。

五、李白《闻王昌龄左迁龙标遥有此寄》中"随风直到夜郎西"的上一句。

六、唐代诗人王勃《送杜少府之任蜀州》中"同是宦游人"的上一句。

七、李白《宣州谢朓楼饯别校书叔云》中"蓬莱文章建安骨"的下一句。

八、李白《月下独酌四首·其一》中"暂伴月将影"的下一句。

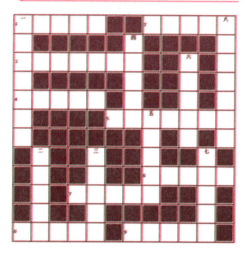

129 难易程度：★★★★
时间限制：5分钟

横向：

1.杜甫《绝句》中"迟日江山丽"的下一句。

2.杜甫《佳人》中"不得收骨肉"的上一句。

3.北宋秦观《鹊桥仙》中"两情若是久长时"的下一句。

4.苏轼《临江仙》中"小舟从此逝"的下一句。

5.晏殊《无题》中"鱼书欲寄何由达"的下一句。

6.骆宾王《在狱咏蝉》中"谁为表予心"的上一句。

7.高适《送李侍御赴安西》中"功名万里外"的下一句。

8.李白《子夜四时歌·秋歌》中"何日平胡虏"的下一句。

9.刘长卿《饯别王十一南游》中"落日五湖春"的上一句。

纵向：

一、北宋王安石《泊船瓜洲》中"明月何时照我还"的上一句。

二、陈子昂《登幽州台歌》中"后不见来者"的上一句。

三、唐代诗人李颀《古意》中"少小幽燕客"的上一句。

四、刘长卿《逢雪宿芙蓉山》中"天寒白屋贫"的上一句。

五、王维《汉江临眺》中"江流天地外"的下一句。

六、王维《过香积寺》中"古木无人径"的下一句。

七、唐代虞世南《蝉》中"非是藉秋风"的上一句。

八、杜甫《徒步归行》中"人生交契无老少"的下一句。

130 难易程度：★★★★
时间限制：5分钟

横向：

1.南宋杨万里《晓出净慈寺送林子方》中"接天莲叶无穷碧"的下一句。

2.孟浩然《早寒江上有怀》中"北风江上寒"的上一句。

3.李清照《醉花阴·薄雾浓云愁永昼》中"东篱把酒黄昏后"的下一句。

4.南宋僧志南《绝句》中"吹面不寒杨柳风"的上一句。

5.韦应物《滁州西涧》中"独怜幽草涧边生"的下一句。

6.孟浩然《夏日南亭怀辛大》中"池月渐东上"的上一句。

7.宋代寇准《春日登楼怀归》中"野水无人渡"的下一句。

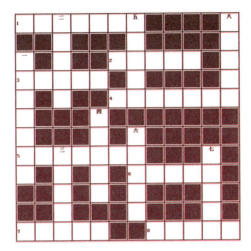

8.杜甫《春望》中"国破山河在"的下一句。

纵向：

一、杨万里《小池》中"小荷才露尖尖角"的下一句。

二、孟浩然《夏日南亭怀辛大》中"竹露滴清响"的上一句。

三、孟浩然《秦中寄远上人》中"壮志逐年衰"的上一句。

四、晚唐诗人齐己《早梅》中"昨夜一枝开"的上一句。

五、王维《山居即事》中"绿竹含新粉"的下一句。

六、南朝诗人王籍《入若耶溪》中"蝉噪林逾静"的下一句。

七、杜甫《佳人》中"自云良家子"的下一句。

八、杜甫《寄李十二白二十韵》中"诗成泣鬼神"的上一句。

131 难易程度：★★★
时间限制：5分钟

横向：

1.王安石《元日》中"春风送暖入屠苏"的上一句。

2.苏轼《念奴娇·赤壁怀古》中"一时多少豪杰"的上一句。

3.卢纶《送李端》中"路出寒云外"的下一句。

4.辛弃疾《摸鱼儿·更能消几番风雨》中"惜春长怕花开早"的下一句。

5.杜牧《泊秦淮》中"隔江犹唱后庭花"的上一句。

6.岑参《白雪歌送武判官归京》中"忽如一夜春风来"的下一句。

7.宋末词人刘辰翁《宝鼎现·春月》中"便当日亲见霓裳"的下一句。

8."润物细无声"的上一句。

9.王安石《桂枝香·金陵怀古》中"登临送目，正故国晚秋，天气初肃"的下一句。

纵向：

一、张九龄诗句"海上生明月"的下一句。

二、王维《山居秋暝》中"莲动下渔舟"的上一句。

三、李白《关山月》中"由来征战地"的下一句。

四、苏轼《水龙吟·次韵章质夫杨花词》中"寻郎去处，又还被莺呼起"的上一句。

五、唐代张祜《何满子》的第一

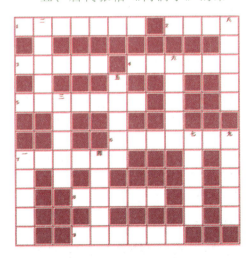

句，下一句是"深宫二十年"。

六、马戴《灞上秋居》中"寒灯独夜人"的上一句。

七、李白《宫中行乐词八首·其二》中"柳色黄金嫩"的下一句。

八、柳永《戚氏·晚秋天》中"漏箭移，稍觉轻寒。渐呜咽"的下一句。

九、孟浩然《过故人庄》中"把酒话桑麻"的上一句。

132 难易程度：★★★
时间限制：6分钟

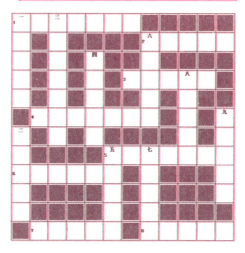

横向：

1.叶绍翁《春色满园》中"春色满园关不住"的下一句。

2.孟浩然《夏日南亭怀辛大》中"中宵劳梦想"的上一句。

3.李白《九月十日即事》中"遭此两重阳"的上一句。

4.杜甫《咏怀古迹》中"萧条异代不同时"的上一句。

5.苏轼《南乡子·重九涵辉楼呈徐君猷》中"休休，明日黄花蝶也愁"的上一句。

6.王沂孙《眉妩·新月》中"便有团圆意，深深拜"的下一句。

7.孟浩然《秋登兰山寄张五》中

"相望始登高"的下一句。

8.叶梦得《贺新郎》的第一句，意思是午睡醒来，只听见流莺在鸣啼。

纵向：

一、杜甫《望岳》中"会当凌绝顶"的下一句。

二、范仲淹词作《苏幕遮》中"酒入愁肠"的下一句。

三、李商隐《春雨》中"珠箔飘灯独自归"的上一句。

四、李白《观放白鹰·其一》中"孤飞一片雪"的下一句。

五、柳宗元《江雪》中"千山鸟飞绝"的下一句。

六、杜甫《春望》中"恨别鸟惊心"的上一句。

七、刘辰翁《宝鼎现·春月》中"等多时，春不归来"的下一句。

八、王维《终南山》中"连山到海隅"的上一句。

九、沈如筠《闺怨》中"雁尽书难寄"的下一句。

133 难易程度：★★★★
时间限制：5分钟

横向：

1."海内存知己"的下一句。

2.王湾《次北固山下》中"江春入旧年"的上一句。

3.李白《古风五十九首》中"朝日艳且鲜"的上一句。

4.毛泽东《水调歌头·游泳》中"又食武昌鱼"的上一句。

5.刘长卿《新年作》中"春归在客先"的上一句。

6.王维《汉江临泛》中"留醉与山翁"的上一句。

7.白居易《池上》中"小娃撑小艇"的下一句。

8.李商隐《落花》中"所得是沾衣"的上一句。

9.李商隐诗句"只是近黄昏"的上一句。

纵向：

一、李白的诗句，意思是老天既然生下我，我就必然是有用处的。

二、史达祖《东风第一枝·春雪》中"巧沁兰心"的下一句。

三、柳永《雨霖铃》中"寒蝉凄切"的下一句。

四、李白《嘲王历阳不肯饮酒》中"雪花大如手"的上一句。

五、李白诗句"天门中断楚江开"的下一句。

六、张九龄《望月怀远》中"天涯共此时"的上一句。

七、杜甫《闻官军收河南河北》中"即从巴峡穿巫峡"的下一句。

八、"花落知多少"的上一句。

九、宋之问《题大庾岭北驿》中"我行殊未已"的下一句。

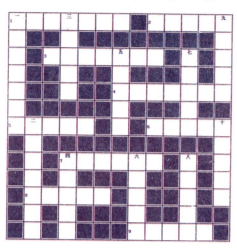

思"的下一句。

2.李商隐《忆梅》中"常作去年花"的上一句。

3.晚清龚自珍《己亥杂诗·浩荡离愁白日斜》中"化作春泥更护花"的上一句。

4.北宋李之仪《卜算子》中"定不负相思意"的上一句。

5.王维《归嵩山作》中"暮禽相与还"的上一句。

6.北宋李之仪《卜算子》中"日日思君不见君"的下一句。

7.宋代范成大《喜晴》中"一晴方觉夏深"的上一句。

8.白居易《赋得古原草送别》中"远芳侵古道"的下一句。

9.李白《赠钱征君少阳》中"白玉一杯酒"的下一句。

纵向：

一、李白《黄鹤楼送孟浩然之广陵》中"孤帆远影碧空尽"的下一句。

二、苏轼《饮湖上初晴后雨》中"山色空蒙雨亦奇"的上一句。

三、王维《山中》"荆溪白石出"的下一句。

四、王维《终南山》中"太乙近天

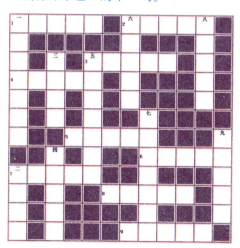

134 难易程度：★★★★★
时间限制：6分钟

横向：

1.韩愈《晚春》中"杨花榆荚无才

都"的下一句。

五、李白《塞下曲·其一》中"五月天山雪"的下一句。

六、王维《山中送别》中"王孙归不归"的上一句。

七、李白《秋浦歌》中"白发三千丈"的下一句。

八、李白《朗月行》中"呼作白玉盘"的上一句。

九、杜甫《春望》中"感时花溅泪"的下一句。

十、王昌龄《塞下曲》中"饮马渡秋水"的下一句。

135 难易程度：★★★★★
时间限制：6分钟

横向：

1.孟郊《登科后》中"一日看尽长安花"的上一句。

2.刘长卿《秋日登吴公台上寺远眺》中"惆怅南朝事"的下一句。

3.李商隐《无题·飒飒东风细雨来》中"春心莫共花争发"的下一句。

4.李白《劳劳亭》中"不遣柳条青"的上一句。

5.贾岛《题诗后》中"两句三年得"的下一句。

6.白居易《长恨歌》中"两处茫茫皆不见"的上一句。

7.唐代诗人史青《应诏赋得除夜》中"寒随一夜去"的下一句。

8.苏轼《水调歌头》中"明月几时有"的下一句。

9.晚唐诗人崔涂的《除夜有怀》中"孤烛异乡人"的上一句。

10.杜牧《秋夕》中"轻罗小扇扑流萤"的上一句。

纵向：

一、李白《宫中行乐词八首·其七》中"寒雪梅中尽"的下一句。

二、杜甫《偶题》中"文章千古事"的下一句。

三、李白《庐山谣寄卢侍御虚舟》中"屏风九叠云锦张"的下一句。

四、李白《古风五十九首·之一》中"愿衔众禽翼"的下一句。

五、欧阳修《生查子元夕》中"不见去年人"的下一句。

六、李白《渡荆门送别》中"山随平野尽"的下一句。

七、李白《塞下曲·其一》中"无花只有寒"的上一句。

八、王维《杂诗》中"应知故乡事"的上一句。

九、刘禹锡《秋风引》中"孤客最先闻"的上一句。

4

综合百科

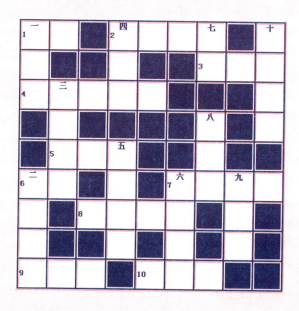

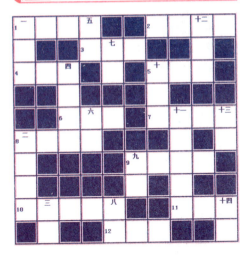

解、回忆过去的目的。

纵向：

一、男明星，曾被喻为亚洲第一小生，电影代表作有《十面埋伏》《如果·爱》《伤城》《投名状》等。

二、一本全方位的女性时尚刊物，追踪都市流行，给出自己的解读和实用性的建议，广受中国年轻白领女性的青睐。

三、一个人出生的日子。

四、应用大气变化的规律，根据当前及近期的天气形势，对未来一定时期内的天气状况进行预测。

五、即妻子，湖南方言，湖南人对结了婚的女子的叫法。

六、胎儿娩出的通道。

七、在生活、工作或社会实践中供人们坐、卧或支撑与贮存物品的一类器具。

八、当事人或当事双方之间设立、变更、终止民事关系的协议。

九、监督和管理财务的工作，主要内容有填制各种记账凭证，处理账务，编制各种报表等。

十、眼睛类型的一种，其典型特征是内眼角朝下，外眼角朝上，极具美感。

十一、台湾近代流行歌曲史上最成功的公益单曲，由台湾地区乐坛众多巨星合唱。"轻轻敲醒沉睡的心灵，慢慢张开你的眼睛"是其中的一句歌词。

十二、一种折纸法，为祈祷某事情的成功而折叠。

十三、又名速递，兼有邮递功能的门对门物流活动。

十四、原名《夕阳》，中国现代长篇小说，约30万字。茅盾于1931年10月开始创作，至1932年12月5日完稿，共十九章。

横向：

1.一部40集电视剧，由欧阳震华、郭晋安主演，讲述皇家御厨的喜剧故事。

2.成语，形容路途艰难遥远。

3.又称为客家民系，是一个具有显著特征的汉族民系，也是汉族在世界上分布范围最广阔、影响最深远的民系之一。

4.中国历史上唯一一个正统的女皇帝。

5.鹤类中的一种，因头顶有"红肉冠"而得名。

6.即孕妇预计生产的日期。

7.成语，看得准、动作敏捷。

8.以都市人群为主要传播对象，以社会新闻为主干，融影视、娱乐、资讯于一体的综合性省级地面频道。

9.友立公司出品，是一个功能强大的视频编辑软件。

10.唐代诗人杜甫《垂老别》里"岂择衰盛端"的前一句。

11.宋祖英演唱的歌曲，也指喜庆的日子，幸福美满的生活。

12.记录一个班级同学的家庭地址、联系方式、电话号码、个性语言等，以达到同学之间方便联系、相互了

137 难易程度：★★★★★ 时间限制：6分钟

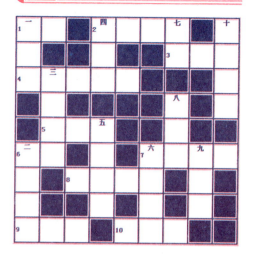

横向：

1．一位享誉世界影坛的著名导演，两次获奥斯卡金像奖，曾获金球奖最佳导演奖，担任威尼斯国际电影节评委会主席。第一部作品是《推手》。

2．中国第一家完全由企业法人持股的股份制商业银行，总行设在深圳。

3．书生气很浓，不谙世故。一般指只读书而不会将书上的知识变通的人。

4．南北朝时期诗人陆凯《赠范晔》中"聊赠一枝春"的上一句。

5．著名电影演员兼导演，曾与吴孟达是"黄金搭档"，主演作品有《九品芝麻官》《大话西游》等。

6．农历一年的最后时期。

7．电视剧《狂爱龙卷风》的主题曲，徐若瑄演唱，"爱你不需要原因，只要有一颗真心"是歌曲中的一句歌词。

8．伯努瓦·马吉梅、科洛维斯·科尔尼拉主演的冒险动作片。影片讲述了在英国法保罗夫航空展上，由一架幻影2000在飞行表演时突然在北海上空神秘失踪而引发的故事。

9．为了增进友谊、交流经验、提高技术而举行的体育比赛。

10．英国作家查尔斯·狄更斯所著的描述法国大革命的一部大时代长篇历史小说。

纵向：

一、中国杰出男高音歌唱家，声乐教育家。代表作有《我爱五指山，我爱万泉河》《红星照我去战斗》等。

二、指松、竹、梅三种植物。

三、第一个获得国际营销大奖的中国报纸，发行量很大的新闻周报。

四、对内开放服务的，用来接待本单位贵宾及有业务联系的商人，以及职工的亲人、家属、客人、朋友。

五、名声传播到国内和国外，形容传播得极远。

六、由要玩独家代理，紫霞游戏、陪游网页游戏平台等联合运营的一款注重PK竞技的即时战斗网页游戏。其中有三大个性鲜明的职业：战士、道士、法师。

七、在楷书的基础上发展起来的，介于楷书、草书之间的一种字体。

八、指不能确定或不见得。

九、中国第一影视门户，创始人为龚宇博士，秉承"悦享品质"的品牌理念。

十、世界三大兵书之一。

138 难易程度：★★★★★ 时间限制：6分钟

横向：

1．中国四大古典名著之一，作者为罗贯中。

2．女歌手，选秀节目出身，福建福鼎人，代表作品有《心在跳》《后知后觉》《热情的沙漠》等。

3．《三字经》的第一句。

4．家庭伦理剧，又名《你是我的艳

阳天》，王瑞导演，李雪健、陶慧敏、刘佩琦主演。

5.电视多媒体导购。

6.工、商、戏剧等行业中传授技艺的人。

7.起源于美国，是一种非常特殊的环境，通过一群训练有素、专业热忱的工作人员精心架构出能培养孩子潜能的相关课程。

8.父亲离异后再娶的妻子。

9.位于右方肋骨下肝脏后方的梨形囊袋构造，有浓缩和储存胆汁之用。

10.又称彝陵之战，是三国时期蜀汉昭烈帝刘备对东吴发动的大规模战役，三国"三大战役"的最后一场。

11.网络流行词语，又穷又矮又多挫折的男人的称呼。

12.美国著名玩具公司。1923年在美国罗德岛由Henry与HelalHassenfeld兄弟创建，名字源自HassenfeldBrothers的缩写。

13.成语，指语句平淡，没有令人震惊的地方。

纵向：

一、出自《论语·述而》篇，指应该不耻下问，虚心向别人学习。

二、全国著名期刊，我国第一本专门研究说学理论和提高人们口语表达能力的专业期刊。

三、一个美国流行乐组合，其成员有：尼克·卡特、霍伊·多罗夫、布莱恩·利特尔、亚历山大·迈克林和凯文·理查德森。

四、现代家庭爱情片，又叫《加油妈妈2》，贺军翔、宗峰岩主演。

五、典故，出自《孟子》"齐人有一妻一妾而处室者，其良人出，则必餍酒肉而后反"。现指一夫一妻多妾的富贵生活。

六、国内领先的独立第三方支付平台，由阿里巴巴集团创办。

七、出自李白《长干行》，"折花门前剧"的前一句。

八、一种原产于大洋洲的树生坚果，也称澳洲坚果或火山豆，有"干果皇后"之称的美味食品。

九、一档融合了东北二人转、喜剧小品等的全新娱乐栏目剧。

十、韩国演员，代表作品有《神话》《悲伤恋歌》《再一次微笑》等。

十一、成语，形容非常害怕。

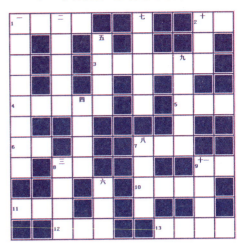

横向：

1.德国著名童话集《格林童话》中的一个童话故事，故事中有7个小矮人。

2.辽宁卫视播出的一档全新的新闻评论类节目，主持人是梁宏达。

3.由郭德纲、许绍洋、张馨予等主演的都市温情喜剧片。讲述四人在网络上团购了一辆车而引发了一系列的爆笑事。

4.省会是昆明的省份。

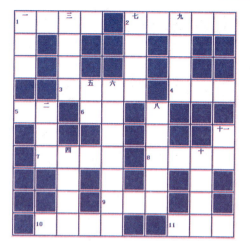

5.中国最杰出的现代舞舞蹈家之一,代表作有《半梦》《红与黑》《海上探戈》等。

6.也叫间谍,指为警察提供特殊情报的卧底或招募罪犯。

7.成语,三世都很幸运,形容极为难得的好机遇。

8.手里没有任何武器。

9.产品生产过程所经过的路线。

10.西藏第一部藏语情景系列喜剧。此片是三位年轻的藏族文艺爱好者自筹资金,贷款80余万元倾情打造的。

11.指机动车辆只能朝一个方向行驶的道路,可以有多条车道。

纵向:

一、陈忠实的代表作,小说描写了白姓和鹿姓两大家族祖孙三代的恩怨纷争。

二、一个工作周的中间一天。

三、指在城市道路上循固定路线、有或者无固定班次时刻、承载旅客出行的机动车辆。

四、刘若英演唱的一首歌,"仿佛你就在我身边,等待了一年又一年"是其中的一句歌词。

五、通常指人处在网络连接状态。

六、中国都市励志剧,由张博、关悦、贾青等主演。讲述一群年轻人为了实现自己的理想,尽管面临再囧的现实生活,也要努力奋斗的励志故事。

七、成语,老马认识路。比喻有经验的人对事情比较熟悉。

八、唐朝诗人孟郊《游子吟》中的首句。

九、观看的人就像行云一样密集。形容围看的人非常多。

十、形容走路困难。也比喻处境艰难。

十一、焊接电子元器件的工具。

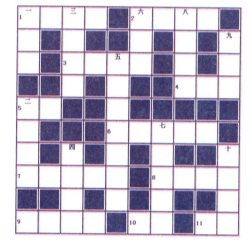

140　难易程度：★★★★★
　　　时间限制：6分钟

横向:

1.英格兰著名足球运动员,已退役,人称"万人迷"。

2.形容神通广大,很有办法。出自明朝吴承恩《西游记》第三十二回。

3.由徐峥、梅婷、张歆艺等主演的都市情感喜剧,讲述大龄人群寻爱、征婚的故事。

4.按表收费的交通工具,收费一般

比其他交通工具高。

5.代表刘德华人生的励志歌曲。

6.唐代诗人白居易《赋得古原草送别》中的第一句。

7.范云《别诗》里"今来花似雪"的前一句。

8.意大利作家亚米契斯的作品，是世界文学史上经久不衰的名著，被各国人民公认为最富爱心和教育性的读物。

9.文艺的基本创作方法之一，与现实主义同为文学艺术上的两大主要思潮。

10.遇到强敌时会以"喷墨"作为逃生方法的海洋动物。

11.旧指桃色新闻，现在通常是指娱乐界某明星与周围异性或同性之间的情色故事。

纵向：

一、德国作曲家、钢琴家、指挥家，维也纳古典乐派代表人物之一。

二、指现在不如过去，多表示对世事的感叹。

三、陈宝国、焦晃、归亚蕾主演的古装历史片。

四、德国著名童话集《格林童话》中的一个故事。

五、沙宝亮演唱的《暗香》歌词的第一句。

六、美国的婚姻纪念习俗，指结婚的第六十周年。

七、香港无线电视出品的时装警匪剧集，刘松仁、陈玉莲等主演，谱写了一段离异女子爱上贼党首领的爱情恋曲。

八、收入不够支出。

九、一种机动游戏设施。

十、中央电视台体育频道的一档名牌栏目，每晚18:00在央视五套播出。

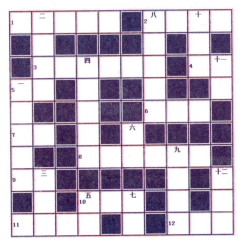

141 难易程度：★★★★★
时间限制：5分钟

横向：

1.一部2009年10月上映的台湾热门偶像剧，由吴建豪、安以轩、许玮宁、小小彬等主演。

2.由董勇、苏岩主演的电影，讲述郭怡敏和余强结婚七年的生活。

3.由吴奇隆、甘婷婷、王新、谢孟伟联袂主演的抗日偶像剧。

4.珠江三角洲南端的一个重要城市，是中国的五个经济特区之一。

5.简称赣，位于中国东南部，长江中下游南岸。

6.原创音乐人，因演唱《我的歌声里》而走红。

7.沙宝亮很出名的一首歌曲。

8.电影《魂断蓝桥》中的经典歌曲。

9.西域古国名，曾经为丝绸之路必经之地，现仅存遗迹。

10.台湾男歌手、影视演员，凭借《心太软》一歌迅速走红。

11.指有条不紊、做事有序、不杂乱、有条理的样子。

12.博客，又称为网络日志，是一

种通常由个人管理、不定期发布新文章的网站。

纵向：

一、杜甫的《九日登梓州城》中"湖风秋戍柳"的后一句。

二、黄茵所著小说，也是2012年由张建声、王李丹妮等主演的电影。

三、晋代书法家王羲之在绍兴撰写的"天下第一行书"。

四、由叶伟民导演，由赵薇、吴耀汉、郑伊健等主演的电影，讲述的是一个好莱坞式的城市爱情故事。

五、中国内地新生代女歌手，素有"才女"之称，代表作《我一点都不难过》《那年》，大受网友欢迎。

六、赛珍珠的诺贝尔文学奖获奖著作，该小说叙述的是旧中国的农民王龙从一无所有成为一个富户的故事。

七、歌手齐豫的弟弟。

八、德国作曲家门德尔松的著名作品，是婚礼入场音乐的首选之作。

九、著名作家金庸的武侠代表作。

十、日本的超人气动漫，是日本著名漫画家鸟山明的得意之作，也是目前全球漫画单行本销售最高纪录的保持者。

十一、褐藻的一种，形状像带子，含有大量的碘质，有"碱性食物之冠"之称。

十二、我国书法史上临帖写仿的一种界格，又叫"九方格"。

142 难易程度：★★★★
时间限制：5分钟

横向：

1.英文名为Stepping On the Rainy Street。

2.教育行业从业人员教师的许可证。

3.成立于1950年12月1日，是教育

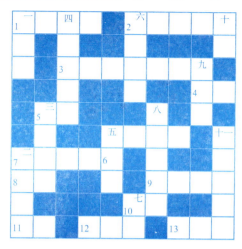

部直属的从事基础教育教材和教育图书的研究、编写、编辑、出版和发行的大型专业出版社。

4.地名，位于华北平原中部、河北省中部，与北京、天津构成黄金三角，是京津冀地区中心城市之一，素有"首都南大门"之称。

5.青藏铁路别称，韩红演唱歌曲。

6.非洲南部的内陆国家，1980年4月18日独立建国，首都是哈拉雷。

7.杜德伟、天心、金沛辰等主演的剧情片。

8.在汉字索引里为部首之一，或作数量词。

9.指非常了不起的一项工作。

10.广东方言，漂亮的小伙子。

11.对血液分类的方法，通常是指红细胞的分型，其依据是红细胞表面是否存在某些可遗传的抗原物质。

12.指在结婚典礼上新娘的装扮。

13.具有一定规模的现场音乐演出。

纵向：

一、一种天然玛瑙石，也称文石、观赏石。

二、由特德·科特切夫导演，西尔维斯特·史泰龙编剧并主演的电影，最

早上映于1982年。

三、著名作家金庸的武侠代表作。

四、台湾歌手邓丽君的第二张也是最后一张粤语专辑。

五、指渡口和驿站。

六、教师的天职，也是教师的基本使命和主要工作。

七、指打扮得很美丽，浓妆艳抹。

八、美国迪士尼公司出品的电视卡通片，是关于一只娇养的狗和一只容易兴奋且行为特异的兔子的谐剧。

九、社会劳动保险事业管理局的简称。

十、多种经济权益凭证的统称。

十一、证券业的自律性组织，是社会团体法人。

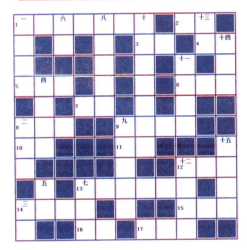

横向：

1.贺知章《回乡偶书·其一》的最后一句。

2.出自中国阴阳五行所得出的生辰星，也就是天干地支。

3.杜甫的五言律诗，是今存杜甫怀

念李白的最后一首诗，表达了对李白的同情、担忧和思念，并期待李白结束飘零生活，回到四川来。

4.给图片、表格、图表、公式等项目添加的名称和编号。

5.1948年加盟NBA，原来属于明尼阿波利斯，于1960年搬迁到了洛杉矶，别称"紫金军团"。

6.韩国著名演员，出演过《白色之恋》《火花》等多部电影电视作品。

7.中国内地男演员，张国立之子。

8.中国著名电影导演，"第五代导演"的代表人物之一，是北京奥运会开幕式、闭幕式总导演。

9.由英达导演，宋丹丹、文兴宇、杨立新等主演的家庭情景喜剧，是中国大陆第一部情景喜剧。

10.指中国传统武术。

11.范晓萱演唱的歌曲，"浴室有你用过的牙刷，冰箱有你吃剩的沙拉"是其中的一句歌词。

12.又名"扶桑""朱槿"，为著名观赏植物，花色大多为红色。

13.一部连载于有妖气原创漫画梦工厂的国产漫画，由一系列吐槽短篇组成。

14.伊达氏第十七代家督，江户时代仙台藩始祖，人称"独眼龙政宗"。

15.中国古典四大名著之一，作者吴承恩。

16.由柳国庆编剧、导演，由白凡、姚刚、杜敏赫主演的刑侦反腐片。

17.出自《庄子》，它是全书三十三篇之第一篇。

纵向：

一、作家金庸先生1967年写的一部武侠小说，属于金庸的后期作品，主人公是令狐冲。

二、著名歌手、演员和音乐人，代表作有《倩女幽魂》《沉默是金》等。

三、位于亚洲西南部，属于中东国家，首都是德黑兰，石油出口是该国的经济命脉。

四、有关人体的绘画、雕塑、摄影等艺术创作和行为。

五、国内知名的民营快递品牌企业。

六、也叫起居室，是主人与客人会面的地方。

七、本书根据真实案例改编而成，荣获2010年度十大网络小说排行榜第一名。

八、作者顾漫，是一部都市言情小说，讲述一段年少时的恋爱。

九、台湾著名歌手潘美辰众多代表作之一，1990年该歌曲获台湾第一届金曲奖。另有赵本山、黄晓娟表演的同名小品。

十、2010年钟汉良、李小冉等主演电视剧，改编自同名网络热门小说。

十一、成立于2005年6月，盛拓传媒旗下全球访问量最大的汽车网站之一。

十二、周星驰、朱茵主演的一部香港无厘头搞笑片。

十三、拟题，出题目。

十四、是Microsoft Windows中的一个重要数据库，用于存储系统和应用程序的设置信息。

十五、东晋陶渊明的代表作之一。

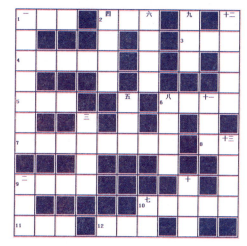

144 难易程度：★★★★
时间限制：5分钟

横向：

1.即嬴政。中国历史上著名的政治家、军事家。

2.甄妮演唱的一首儿歌。

3.一部台湾电视剧，陈美凤、倪齐民、王识贤、叶欢等主演的时装剧。

4.宋朝苏轼《水调歌头》的第一句。

5.西汉的第五位皇帝刘彻。

6.由著名导演李少红执导，归亚蕾、周迅、黄磊、寇世勋领衔主演的家庭伦理电视剧。

7.《诗经·国风·周南》中"窈窕淑女，君子好逑"的前一句。

8.睡眠中自行下床行动，而后再回床继续睡眠的怪异现象。

9.形容要求很迫切，好像饿了急着要吃饭，渴了急着要喝水一样。

10.白居易《赋得古原草送别》里"野火烧不尽"的后一句。

11.意大利文艺复兴三杰之一，代表作品有《蒙娜丽莎》等。

12.基督徒庆祝耶稣基督诞生的节日。

纵向：

一、王昌龄《出塞》中的第一句。

二、凡客诚品旗下全资自建的配送公司，专业经营最后一公里（门到门）B2C配送业务。

三、喝毒酒解渴，比喻用错误的办法来解决眼前的困难而不顾严重的后果。

四、明星访谈节目，首先在凤凰卫视播出，后在湖南卫视、安徽卫视播出。

五、一条流经非洲东部与北部的河流，是世界上最长的河流。

六、英国BBC出品的一档定位1至4岁的儿童电视节目。

七、辞旧迎新的日子，也是中华民

族最重要的传统节日。

八、位于湖南省长沙市岳麓区境内，是湘江的一个江心小岛。

九、谦虚礼貌地表达歉意用语。

十、一部网络小说，主要内容是盗墓寻宝，作者为天下霸唱。

十一、中国古代四大名著之一，章回体长篇小说。

十二、由邱泽、唐嫣、戚薇、徐正曦等主演的当代偶像励志电视剧，讲述几位主人公的爱情抉择。

十三、一款现代题材的游戏，是火石软件继《水浒Q传》《西游Q记》之后的又一款高度仿真现实生活的社区网游。

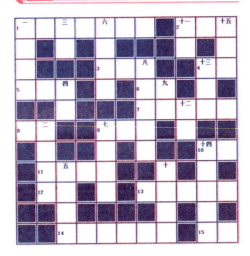

145 难易程度：★★★★★
时间限制：6分钟

横向：

1.今天有酒喝今天就喝醉。比喻过一天算一天。也形容人只顾眼前，没有长远打算。

2.2009年参演电视剧《我的青春谁做主》的演员。

3.以说明为主要表达方式来解说事物、阐明事理而给人知识的文章体裁。

4.蔷薇科植物，叶椭圆状披针形，核果近球形。

5.一家拥有IT、汽车和新能源三大产业群的高新技术民营企业，创始人是王传福。

6.研究物质的组成、结构、性质、变化规律的科学。

7.指抗日战争期间，中国共产党在其控制区域内发动的一场军队屯田和鼓励生产的群众运动。

8.差别，不相同。

9.一类外观、手感似皮革并可代替其使用的塑料制品。

10.一个人的整体精神面貌，即具有一定倾向性的心理特征的总和，是一个人共性中所凸显出的一部分。

11.石章鱼创作的一部网络小说，首发于起点中文网。

12.古人对某些特异的人、动植物的一种称谓，如借称官职清贵或风神超逸之士，鹿、鹤、琼花、桂花等也有此称。

13.杜甫《旅夜书怀》中"天地一沙鸥"的前一句。

14.很流行的国产少儿魔幻动漫片。

15.国家制定的用以调节国家与纳税人之间在纳税方面的权利及义务关系的法律规范的总称。

纵向：

一、现在不能和过去相比，形容变化大，且多指好的变化。

二、汉宝所写的玄幻类网络小说，连载于起点中文网。

三、指有德的人。或指政治清明，有德政。

四、阿拉伯联合酋长国最大的城市，也是中东地区的经济和金融中心。这里有全球最大的购物中心、世界最大的室内滑雪场。

五、一个专注于电子文档的在线分享

平台，用户在此平台上不但可以自由交换文档，还可以分享最新的行业资讯。

六、一档在中央电视台播出的法制节目。

七、王宝强、徐峥主演的喜剧片。

八、1966年5月至1976年10月在中国发生的政治运动。

九、指正在学校、学堂或其他地方受教育的人。

十、飘飞上升，像要超脱尘世而成仙。多指人的感受轻松爽快。

十一、中国著名女歌手、影视演员，代表作有《红豆》等。

十二、在职妇女产期前后的休假待遇。

十三、2008年葛优、范冰冰、郭涛、梅婷主演的喜剧片。

十四、以所得人为纳税人。

十五、原产于印度、巴基斯坦的粮食作物，中国早已引种并广泛种植。

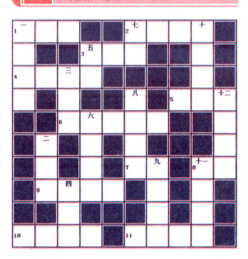

横向：

1.湖南卫视重点打造的一档生活类角色互换节目。

2.成语，一个人呼喊，马上有很多人响应。

3.具有保护皮肤功能的产品。

4.一款由金山网络技术有限公司出品，查杀木马能力强、检测漏洞快的免费安全软件。

5.韩国歌手、演员，代表作有电视剧《屋塔房王世子》《成均馆绯闻》等。

6.集塔防、策略战争、社区互动于一体的新一代休闲策略网页游戏。

7.著名网络作家梦入洪荒的代表作。

8.多年生菊科草本植物，其花瓣呈舌状或筒状。

9.成语，一般用来比喻势力强大，根基牢固。

10.由河南电视台主管主办的全国广电系统综合类都市报。

11.网易有道推出的与词典相关的服务与软件。

纵向：

一、美国著名电影导演迈克尔·贝2007年推出的科幻电影。

二、中央电视台少儿频道的一档面向3-6周岁的学龄前儿童的益智类节目。

三、中华人民共和国国务院主管卫生工作的部门。

四、池珍熙、李英爱主演的一部韩国大型励志剧。

五、指经执业注册取得执业证书，依照本条例规定从事护理活动，履行保护生命、减轻痛苦、增进健康职责的卫生技术人员。

六、成语，比喻事物有一定的归宿。

七、封建社会中官品的最高一级。

八、徐峥、陈好、唐国强等主演的古装喜剧。

九、指说话或做事很有条理。

十、成语，该有的全都有。形容很

齐全。

十一、艾乐米制作的风靡网络的搞笑小漫画，既反映了社会热点又有点小邪恶。

十二、成语，形容抛撒东西或大雪纷飞的样子。

147 难易程度：★★★
时间限制：4分钟

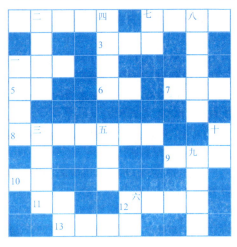

横向：

1.一部2009年10月上映的台湾热门偶像剧，由吴建豪、安以轩等主演。

2.中国四大名著之一。

3.一个位于北非的国家，首都是的黎波里。

4.作者蜘蛛根据真实案例改编而成，涉案地名、人名均为化名。

5.指造诣深、享有盛誉的学者、专家、艺术家、棋手等。

6.原意指公开出售电影或剧院门票的地方，现特指电影或戏剧的市场状况。

7.指一种观众聚集在一起讨论主持人提出的话题的广播或电视节目。

8.郭可盈、吴启华、吴美珩等主演的电视剧，吴启华饰演一位律师。

9.由梁朝伟、周迅、王学兵主演的

谍战传奇大片。

10.由脊髓灰质炎病毒引起的一种急性传染病。

11.女性统领，泛指在某一领域中的女能手。

12.指宇宙的崩溃或人类社会的灭亡。

13.腾讯公司继《洛克王国》之后推出的第二款绿色儿童社区。

纵向：

一、由王晶执导，张卫健、黄志忠领衔主演的古装探案喜剧。

二、由香港导演王家卫执导，梁朝伟、章子怡、宋慧乔等主演的电影，讲述的是叶问的传奇故事。

三、由宋丹丹、高亚麟、杨紫等主演的情景喜剧。

四、创办于1987年，以"扶老助残，济困救孤"为宗旨。

五、女性不能生育的病症。

六、社会风气。

七、位于海南岛最南端的旅游城市。

八、邵守义先生创办的专门研究说学理论和提高人们口语表达能力的专业期刊。

九、成语，形容晴朗暖和的天气。

十、日本自江户时代开始出现的一种特殊职业。

148 难易程度：★★★
时间限制：4分钟

横向：

1.英文名称为Note Book Computer。

2.约翰.Ｃ.赖利、萨拉·丝沃曼、简·林奇等主演的家庭喜剧片。

3.八一电影制片厂重大现实题材"三惊"系列的最后一部，由侯勇、童蕾、李幼斌等主演。

4.城市、厂区或村庄排除污水和雨

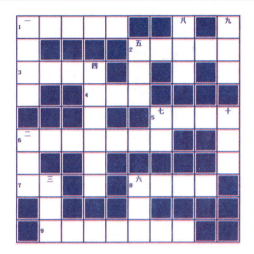

水的地下通道。

5.德国著名童话集《格林童话》中的一个故事。

6.由广东原创动力文化传播有限公司出品的幽默动画片。

7.对别人的一种问候，遇到认识的人或不认识的人都可以说。

8.一个通过"挖矿"获得积分并不断升级的小游戏，它可以锻炼人的反应能力。

9.买卖双方对于成交价格进行博弈，虽然买卖没有做成，彼此间的感情还存在，不会为这点事伤了和气。

纵向：

一、何杜娟、翟文斌、王一等主演的悬疑电影。

二、Beyond演唱的一首歌曲。

三、成立于2007年8月，由鲁明与李树斌联手创办的正品鞋购物网站。

四、韩国网络游戏公司NEOPLE开发的一款免费角色扮演2D游戏。

五、刘德华和梁朝伟主演的犯罪类电影。

六、电影《白毛女》中的一个主要反派角色。

七、小宋佳、邵兵等主演的电视剧。

八、一部警匪功夫片，由任达华、甄子丹、洪金宝、吴京等主演。

九、太阳系八大行星中距离太阳最远的一颗。

十、具有采、编、播、控等多种业务能力，在一个相对固定的节目，作为主持者和播出者，集编辑、记者、播音员于一身。

149 难易程度：★★★
时间限制：4分钟

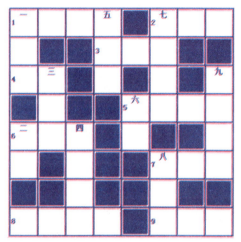

横向：

1.一个遍布全球的慈善救援组织。

2.在古代用于忠诚的象征，意思是加入一个组织前，以该组织认可的行为表示忠心。

3.俗称电脑。

4.以碳氢化合物为主要成分，有色可燃性油质液体矿物。

5.成语，形容东西小而精致。

6.流经黑龙江、内蒙古、吉林，是黑龙江右岸最大的支流。

7.中国各省、自治区、直辖市设立的综合性电力企业。

8.形容遇到危难时镇定自若，毫不畏惧。

9.一组侵犯关节、骨骼、肌肉、血管及相关软组织或结缔组织为主的疾病，其中多数为自身免疫性疾病。

纵向：

一、颜色呈红色、粉红色的刚玉，它是刚玉的一种，主要成分是氧化铝，红色来自铬。

二、日本著名电子产品制造商。

三、别名芸苔，属于一年生草本植物，十字花科。以长江流域及以南各地栽培最多。

四、"本性难移"的前一句。

五、企业、机关中会计人员的职务名称之一。

六、谷类，禾本科。也是手机品牌。

七、成语，指用不正当的手段谋取私利。也指靠小聪明占便宜。

八、美发工具。

九、《天龙八部》中逍遥派掌门无崖子所创立的棋。

150

难易程度：★★★★
时间限制：5分钟

横向：

1.中华人民共和国国歌。

2.一种面食，为陕西省关中地区民间传统风味小吃。

3.古代墓葬雕塑的一个类别。也是凤凰传奇演唱歌曲。

4.环绕地球运行的唯一卫星。

5.恋爱之后，可以导致癫狂、抑郁、迷茫、狂躁、妄想等症状的病症。

6.指60岁。

7.每四年举办一次的全国大型综合性体育盛会。

8.指用来进行科学研究和描述科研成果的文章。

9.对某个问题或某件事进行分析、评论，表明自己的观点、立场、态度、看法和主张的一种文体。

10.指采用明确具体的方式来翻译原文中较为概略化的表达。

纵向：

一、自愿保家卫国，不求利益的人民解放军。

二、关于时空和引力的基本理论，主要由阿尔伯特·爱因斯坦创立。

三、全世界无产阶级的伟大导师、科学社会主义的创始人，主要著作有《资本论》《共产党宣言》等。

四、笔、墨、纸、砚等文化用品的总称。

五、指农村人口转化为城镇人口的过程。

六、这一名称起源于法语，意思是牧羊人的棍杖，是奥运会项目中历史较为悠久和光辉的项目之一。

七、供开会用的房间。

八、寒冬开放，花瓣5片，有白、红、粉红等多种颜色。

九、表面和善，其实和老虎一样凶猛。比喻外貌和善而内心凶狠的人。

十、中国已发现的古代文字中时代最早、体系较为完整的文字。

151 难易程度：★★★
时间限制：4分钟

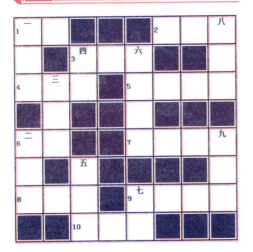

横向：

1.消化道的起始部分。

2.漫画中的超级英雄。

3.心里爱慕的异性（或同性），意中人，喜欢的人。

4.胰岛素绝对或相对不足而引起的代谢紊乱。

5.五大国有商业银行之一。

6.在数学和制图里，是用来绘制圆或弦的工具，常用于尺规作图。

7.作者风雨天下的一部经典力作，讲述一个身世凄苦的少年如何建立自己的帝国等等。

8.指用来记录文字的纸制本子。

9.指永远不会停止或没有边际。

10.以山川自然景观为主要描写对象的中国画。

纵向：

一、以天然树胶或甘油树脂为胶体的基础，加入糖浆、薄荷、甜味剂等调和压制而成的一种供人们放入口中嚼咬的糖。

二、一种书写文具。

三、医学检查三大常规之一。

四、心中之结，无法释解，终成一疾，非心脏病也。

五、著名笑星、喜剧表演艺术家。

六、人中豪杰。形容杰出的、非凡的人才。

七、用简单而夸张的手法来描绘生活或时事的图画。

八、金庸的一部武侠小说，主要叙述一个懵懂少年石破天的江湖经历。

九、细胞外液构成机体内部细胞生存的环境。

152 难易程度：★★★
时间限制：4分钟

横向：

1.属于呼吸系统的人体器官。

2.球面镜的一种。

3.基于信仰的一种追求。

4.学生毕业时，除校内毕业考试以外，会同他校毕业生参加教育行政机关所主持的一次考试。

5.下半月的"蛾眉月"。

6.形容学问贯通了中国和西方的种种知识。

7.比喻境遇完全不同，也是陈少华音乐专辑名。

8.韩国一部大型励志剧，池珍熙、李英爱主演。

9.社会中占统治地位的生产关系各方面的总和。

纵向：

一、党派团体内的基层组织，一般在委员会之下设立支部。

二、马马虎虎、大大咧咧、嘻嘻哈哈全无所谓，草率办事之人。

三、属于人文科学的领域，田野调查发掘工作。

四、在特定的环境下，对组织所拥有的资源进行有效的计划、组织、领导和控制，以便达成既定的组织目标的过程。

五、成语，把现在和古代联系起来。

六、唐僧、孙悟空、猪八戒、沙僧师徒四人历尽艰险的最终目标。

七、两个意思相反的词。

八、在心理、生理、人体结构上，某种组织、功能丧失或者不正常。

九、指镜中之花、水中之月，常用来比喻虚无缥缈的东西。

153 难易程度：★★★
时间限制：4分钟

横向：

1.位于欧、亚、非三大洲之间，世界上最大的陆间海；大西洋的附属海。

2.指电话管理部门为电话机设定的号码，包括固定号码和移动号码。

3.在极不稳定天气下由空气强烈对流运动而产生的一种伴随着高速旋转的漏斗状云柱的强风涡旋。

4.又称为省电灯泡、电子灯泡、紧凑型荧光灯及一体式荧光灯。

5.全家大小合拍的相片。

6.电视剧《神探狄仁杰》中的一个主要角色，在剧中是狄仁杰的保镖，也是其最得力的助手。

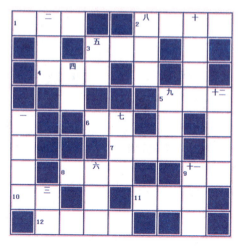

7.名号、爵位及财产等按照血统关系世代传承。

8.产于我国新疆的软玉。主要由透闪石、阳起石矿物组成，质地致密、细腻、温润、坚韧、光洁。

9.广西壮族自治区最重要的旅游城市，享有山水甲天下之美誉。

10.簧管乐器，也叫"把乌"，流行于云南彝、苗、哈尼等民族中。

11.两棵树的枝干合生在一起，比喻夫妻恩爱。

12.一则寓言故事，说明稳扎稳打终能胜利。

纵向：

一、形容说话不流利。也比喻凑合、勉强。

二、农历八月十五，我国的传统节日之一。

三、以甲壳为中心演化而来的爬行类动物，俗称"王八"。

四、度量物质运动的一种物理量。

五、仿龙形所制的灯，民间节日的文娱用具。

六、基本的体育比赛项目，以时间计算成绩的项目和以高度或远度计算成绩的项目的总称。

七、一个传说中生活于明末清初的武侠人物，"少林十虎"之一。

八、一种利用电动机驱动扇叶旋转，来达到使空气加速流通的家用电器。

九、一种全天候教学的体制。

十、中国移动推出的一个专业服务于移动电话用户的通讯录业务。

十一、词牌名，又名《疏帘淡月》，作者王安石。

十二、甲醛的水溶液，外观无色透明，具有腐蚀性。

154 难易程度：★★★★
时间限制：5分钟

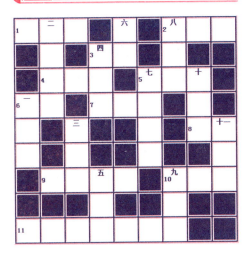

横向：

1.学校中全面负责一个班学生的思想、学习、健康和生活等工作的教师。

2.当月亮、地球、太阳完全在一条直线上的时候，整个月亮全部走进地球的影子里，月亮表面大都昏暗了。

3.用来区别一个经营者的品牌和其他经营者的商品的标记。

4.具有保护皮肤作用的产品。

5.从地下深处自然涌出或经人工挖掘的、未受污染的地下矿水，含有一定量的矿物盐、微量元素或二氧化碳气体。

6.一种职业，是在一般基督新教的教会中专职负责带领及照顾其他基督徒的人。

7.土地、建筑物及固着在土地、建筑物上不可分离的部分，及其附带的各种权益，又称不动产。

8.对寺院的最高领导者的称谓。

9.对除爱斯基摩人以外的所有美洲原住民的总称。

10.格林童话中塑造出的童话人物形象，讲述的是一个孝顺且心地善良的女孩子，长期受到继母和姐姐们的虐待的故事。

11.由张艺谋执导，周润发、巩俐、周杰伦、刘烨等主演的一部电影。

纵向：

一、克莱斯勒吉普系列的顶极版本。

二、护士职称评定中的中级职称。

三、提出电磁感应学说的英国物理学家、化学家。

四、在市场经济条件下，具有经营资格的房地产开发公司通过出让方式，取得土地使用权后经营的住宅。

五、作为汽车发生碰撞过程中保护驾乘人员的基本防护装置，它的诞生早于汽车。

六、记录音素的符号，是音素的标写符号。

七、经过地质成矿作用，使埋藏于地下或出露于地表、并具有开发利用价值的矿物或有用元素的含量达到具有工业利用价值的集合体。

八、古称沙井，自汉朝起即为"敦煌八景"之一，有"沙漠第一泉"之称。

九、指甲或趾甲最常患的甲真菌病。

十、国家游泳中心，2008年北京奥运会标志性建筑物之一。

十一、一种俗称，特指妻子的母亲。

155
难易程度：★★★★
时间限制：5分钟

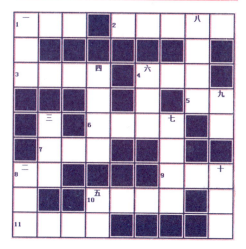

横向：

1.位于肩关节和臂上半部的外侧，主要作用是使肩关节外展。

2.成语，比喻一个人到处都有学生。

3.是指一个或多个国家的经济，或整个世界经济在一段比较长的时间内不断收缩（负经济增长率）。

4.圣诞前夕。

5.著名女青年歌唱家，国家一级演员，代表作有《在那东山顶上》《龙文》《远情》《世界》《天空》《康美之恋》等。

6.游乐场机动游戏的一种，也是张瑞希、金男珍主演的亲情伦理剧。

7.由视网膜动脉阻塞引起的一种病，与脑中风类似。

8.指对他人进行性骚扰的人。

9.中华人民共和国的主要缔造者和领导人。

10.成语，专门的学问和技能。形容在某一方面有专门知识或特殊才能。

11.成语，形容说话油滑，耍嘴皮子。

纵向：

一、与《百家姓》《千字文》并称为三大国学启蒙读物。

二、俗称凉拌油，是将毛油经过精炼加工而成的精制食品油，可用于生吃。

三、形容人无情无义，心地凶狠，是忘恩负义的代名词。

四、腾讯公司继《洛克王国》之后推出的第二款绿色儿童社区，以太空冒险为题材，机器人格斗为核心玩法的游戏。

五、指学别人说话。

六、竞技体操项目之一，需要运动员在一根横木上做出一连串的舞蹈与翻腾动作。

七、成语，比喻人穷志短。

八、又叫《一千零一夜》，是阿拉伯民间故事集。

九、属于斯柯达中的一款家用紧凑型轿车。

十、明代吴元泰的神话小说，记述了八位神仙修炼得道的过程。后被改编为30集电视连续剧。

156
难易程度：★★★★
时间限制：5分钟

横向：

1.位于消化道和呼吸道的交会处，此处的粘膜内含有大量淋巴组织，是经常接触抗原引起局部免疫应答的部位。

2.福州传统名菜，迄今有100多年历史，为聚春园菜馆老板郑春发研创。

3.基督教的主要宗派之一，自明朝时就沿用。

4.指用来写日记的工具，也是别人的隐私。

5.指高明的师傅一定能教出技艺高的徒弟。

6.不拘年岁、辈分的差异而交情深厚的朋友。

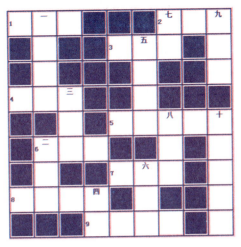

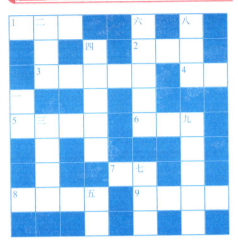

157 难易程度：★★★
时间限制：1分钟

7．指接载病员由伤病现场往医院，或用作接载病情严重者作转院服务的陆上紧急交通工具。

8．药学著作，五十二卷，由李时珍所撰。

9．指书面上用于标明句读和语气的符号。

纵向：

一、东晋陶渊明的代表作之一，描绘了一个世外桃源。

二、又叫黄花菜，是百合科萱草属草本植物，也是周华健演唱歌曲。

三、十二年一遇的农历属相所在的年份，俗称属相年。

四、指想要达到的境界或目的。

五、医生职称的一种，属于中级职称。

六、指道士或巫师等所画的符或念过咒的物件，随身佩戴，可以驱邪免灾。

七、最早的世界性宗教，由古印度的迦毗罗卫国（今尼泊尔境内）王子所创。

八、是按表收费的交通工具，收费一般比其他交通工具高。

九、比喻无主见、随风倒的人。

十、李商隐《蝉》中"本以高难饱"的下一句。

横向：

1．一个网络词汇，形容男人在身材、财富、相貌上的完美无缺。

2．位于河北临漳县境内，距县城18千米。这里古称邺，曹操所建邺三台之一。

3．一种重要的安全功能，它的工作主要在开放系统互联(OSI)模型的对话层，从而起到防火墙的作用，大多被用来连接国际互联网和局域网。

4．收集词汇按某种顺序排列并加以解释，供人检查参考的工具书。

5．由王晶导演，成龙、王祖贤、邱淑贞、理查德·诺顿等主演的动作喜剧片。改编自日本大受欢迎的同名漫画小说。

6．指为某种商品做广告宣传的一些明星或者知名人士，也指某一群体的代理人。

7．一个部落首领的称谓。

8．在国内划定一定范围，在对外经济活动中采取较国内其他地区更加开放和灵活的特殊政策的特定地区。

9．日语里的一个常见词汇，指日本的股份公司。

纵向：

一、广州市的别称，根据五羊的传

说而得名。

二、指20世纪80年代出生、继承上亿家产的富家子女。

三、一种经济体系，在这种体系下，产品和服务的生产及销售完全由自由市场的自由价格机制所引导，而不是像计划经济一样由政府所引导。

四、学校规定的统一样式的学生服装，中小学生的普遍着装。

五、世界各大城市所属行政区域的常用电话区划号码。

六、考古学分期法的一个时期，处于新石器时代和铁器时代之间的人类物质文化发展阶段。

七、位于湖南省中东部，沿湘江呈"品"字形分布的三个城市合称。

八、戏剧的台词中没有直接说出，但观众通过思考都能领悟出来的言语。也借指某种暗含的意思。

九、全国人民代表大会和全国人大常委会办公的地方。

158 难易程度：★★★★
时间限制：5分钟

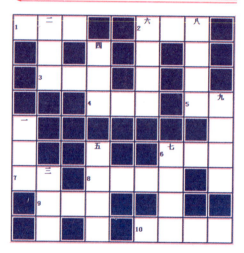

横向：

1．俗称平足，习惯上是指足部正常的内侧纵弓的丧失。

2．应试教育考试中的一种题型。题目中留出空格，使答题者填入相符合的内容。

3．刘恺威、袁姗姗、韩栋等主演的历史古装片，本片以孝庄文皇后的一生为线索，讲述了从皇太极征战天下到其孙康熙继位的历史。

4．中国地方戏曲剧种，代表作有《刘海砍樵》《打铜锣》《补锅》等。

5．又称守宫，体背腹扁平，身上排列着粒鳞或杂有疣鳞。

6．中国四大名著之一，以宋江领导的农民起义为题材。

7．指牛科动物黄牛或水牛的胆囊结石，别名丑宝。

8．澳洲坚果，属常绿乔木，双子叶植物，有"干果皇后""世界坚果之王"的美誉。

9．中国著名的散文家、学者、文学批评家、翻译家，研究莎士比亚的专家，代表作有《雅舍小品》《英国文学史》等。

10．美国杂志，在全球多个国家和地区都有发行，1922年创刊，现按月发行。2008年1月，首期在中国上市，由于杂志控制权为上海市新闻出版发展公司所有，杂志名称改为《普知》。

纵向：

一、出自《左传·哀公六年》中记载的一个典故，原意是表示父母对子女的过分疼爱。

二、位于河南省中南部，西靠伏牛山，东接黄淮平原，是河南省下属的一个地级市，中国煤炭工业城市。

三、中国古代著名典故，在唐朝沈既济《枕中记》中有记载。

四、中国词牌名称，分上下两阕，共60个字，一般用来填写多愁善感和缠绵悱恻的内容。

五、称为"四季"，是地球围绕太阳运行所产生的结果。

六、不少家庭的集体消遣，也是小孩子增加词汇量的游戏。

七、一款简单的休闲游戏，目的只有一个——砍水果。

八、苏轼游览庐山后写的七言绝句，它描写庐山变化多姿的面貌，并借景说理，从中揭示出一种生活哲理来启发读者的思考和领悟。

九、由杨幂和冯绍峰领衔主演的战国史诗传奇大剧，改编自战国著名历史故事——"窃符救赵"的传奇剧。

大家之一。传世文集有《王临川集》《临川集拾遗》等。

5.连接因特网中各局域网、广域网的设备。

6.从天空中一个所谓的辐射点发射出来的天文现象。也是F4首张专辑名称。

7.指20世纪80年代出生、继承上亿家产的富家子女。

8.又称云石，是重结晶的石灰岩，主要成分是碳酸钙。

9.位于欧洲西部的半议会制半总统制国家，隔英吉利海峡与英国隔海相望。

10.中国著名神魔小说，为明代江苏兴化人陆西星所作，塑造了姜子牙、哪吒等生动鲜明的形象。

11.相传是三国时期诸葛孔明根据鲁班的发明，结合八卦玄学的原理发明的一种玩具，曾广泛流传于民间。

纵向：

一、一款腾讯公司开发的模拟经营类游戏，玩家将打造一间充满魅力的夜店。

二、指遮蔽或转移别人视线的手法。另有蔡健雅的同名歌曲。

三、在山区或者其他沟谷深壑、地势险峻的地区，因为暴雨暴雪或其他自然灾害引发的山体滑坡，并携带大量泥沙及石块的特殊洪流。

四、位于欧洲、非洲、南极洲和美洲之间的世界第二大洋。

五、上海美术电影制片厂1986年出品的动画片，由姚忠礼、杨玉良、墨犊导演。

六、一种天然玛瑙石，也称文石、观赏石、幸运石，主要产于南京市六合区及仪征市月塘一带，有"石中皇后"之称。

七、始于中国古都长安（今西安），连接亚洲、非洲和欧洲的古代商业贸易路线。另有谭晶演唱的同名

159 难易程度：★★★★★
时间限制：6分钟

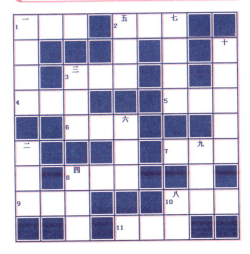

横向：

1.俗称"雀蒙眼"，视网膜杆状细胞缺乏合成视紫红质的原料或杆状细胞本身的病变。

2.云南少数民族簧管类乐器，主要流传于傣、彝、阿昌、德昂等民族中。

3.一首经典儿歌，其中一句是"也有那眉毛，也有那眼睛，眼睛不会眨"。

4.北宋抚州临川人，中国历史上杰出的政治家、思想家、改革家，唐宋八

歌曲。

八、张爱玲所著小说，写的是男女主角在公车上恋爱了，可是下车后就分手了。

九、《西游记》《封神演义》及戏剧《宝莲灯》中共同的角色。

十、考古学分期法的一个时期，处于新石器时代和铁器时代之间。

160 难易程度：★★★★
时间限制：5分钟

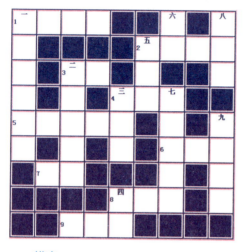

横向：

1. 西班牙文学大师塞万提斯的划时代巨著，是文艺复兴时期的现实主义巨作，也是世界文学史上一颗璀璨的明珠。

2. 历史典故，出自于《三国演义》，与关羽有关，后用来比喻意志坚强的人。

3. 网络语言中的流行词汇，用来形容激进的民族主义者。

4. 一国政府或议会正式发表的以白色封面装帧的重要文件或报告书的别称。

5. 一部电影，是导演张婉婷的"移民三部曲"中的第二部，由周润发、钟楚红等主演，曾获第七届香港电影金像

奖最佳电影奖。

6. 德国思想家、哲学家、革命家，全世界无产阶级和劳动人民的伟大导师，马克思主义的创始人之一。

7. 非洲一种体形巨大、不会飞但奔跑极快的鸟。

8. 一般在日常生活中用笔记录，在手机、电脑、电子字典等电子产品中也拥有这个功能。

9. 早期称月台票，最早于1830年产生于英国。

纵向：

一、1993年7月在香港首映的喜剧电影，由周星驰、巩俐、郑佩佩、朱咪咪等主演。

二、时下流行的一款益智小游戏，此款游戏在很短的时间内赢得了很高的人气，成为2012年最火爆的益智类游戏。

三、以现代汉语口语为基础、经过加工的书面语，又称语体文、俗语。

四、指全程票，由于乘坐列车不到达目的地需要经由中转地的一票制车票，需要中转签证任意通往目的地的列车。

五、民间用语，比喻贪官污吏千方百计地搜刮人民的财产。

六、在肩区的下方处，是爬行动物、鸟类和哺乳类动物肩胛带三骨之一。

七、金庸的首部长篇武侠小说，著于1955年。

八、慢性肾功能衰竭进入终末阶段时出现的一系列临床表现所组成的综合征。

九、世界顶级豪华轿车厂商，1906年成立于英国，是顶级汽车的杰出代表，以豪华而享誉全球。

161 难易程度：★★★★
时间限制：5分钟

横向：

1. 《西游记》中的主要人物之一。

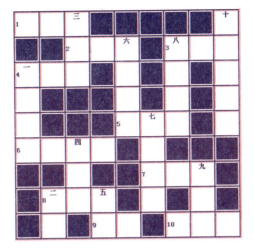

参数(温度、压力)和品质的蒸汽、热水或其他工质的设备。

三、武术名称，其前身是古代琉球的武术"琉球手"或"手"，融合了传入的中国武术后，被琉球人尊称为"唐手"；后来又接受了日本武士道的影响，形成现在的流派。

四、被称为西方五大快餐之一，现在已经成为畅销世界的方便主食之一。

五、施加于罪犯或犯过者的肉体的惩罚，包括死刑、鞭笞和监禁。

六、一种文学体裁，以文学手法及时反映和评论现实生活中的真人真事的新闻文体，具有及时性、纪实性、文学性的特征。

七、卖方向买方提供的一种贷款，买方在先支付一小部分货款后就可以获得所需商品或服务。

八、即"一个国家，两种制度"。

九、一种使用交换设备、传输设备，将地理上分散用户终端设备互连起来，实现通信和信息交换的系统。

十、工程上常被简称为钢筋砼，被广泛应用于建筑结构中。

2.一种可传阅、可观赏、也可张贴的报纸的另一种形式。

3.人们对某些性格偏执或固执、死板不开窍、认死理不知变通的人的形容。

4.著名词人，晏殊第七子，被誉为宋十大词人之一、宋词小令第一。

5.与班建制、导师制合称三大教育模式。

6.为象棋棋盘中的分界线。

7.上海的一家企业，也是中国首家且目前唯一已建成电子账单平台的公司。

8.一道东北风味菜，即将猪里脊肉切片腌入味，裹上炸浆下锅炸至金黄色捞起，再下锅拌炒勾芡而成。

9.司法者运用体罚手段施于案件当事人，以获取口供的审判方式。

10.居于眼球壁的内层，是一层透明的薄膜。

纵向：

一、一篇初中课文，表现出了主人公的凛然正气、爱国情怀和他高超的语言艺术。

二、利用燃料燃烧释放的热能或其他热能加热水或其他工质，以生产规定

162 难易程度：★★★★★
时间限制：6分钟

横向：

1.最初出现于温瑞安创作的武侠小说中，后多次翻拍成电影，2012年上映的该电影由邓超、刘亦菲、郑中基等主演，陈嘉上、秦小珍导演。

2.政党或政府高阶官职名称，在中国与日本的党政组织中都有这一职务

3.先秦重要古籍，是一部富于神话传说的古老地理书，全书共计十八篇，内容包罗万象。

4.东南亚的一个岛国，有"花园城市"的美称。

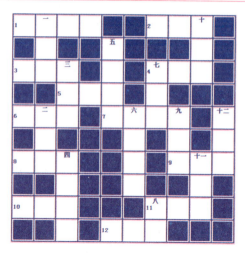

5.以展现真实为本质，并用真实引发人们思考的电影或电视艺术形式。

6.李煜所作的词，以"一江春水向东流"比喻愁思不尽，贴切感人。

7.成语，形容话讲得很乱，没有条理。

8.指以获取非法利益为目的，有一套与法律秩序相悖的非法地下秩序的有组织犯罪团伙。

9.古龙三大长篇武侠小说的代表人物之一，其他二位分别是李寻欢和楚留香。

10.最早起源于古希腊，包含多种体育运动项目的国际性运动会，每四年举行一次。

11.比喻胡扯或胡闹。

12.将宽度不等的多个黑条和空白按照一定的编码规则排列，用以表达一组信息的图形标识符。

纵向：

一、由王晶导演，由周润发、黄晓明、洪金宝、吴镇宇、袁泉等主演的历史战争影片，于2012年12月21日在国内公映。

二、简称，美国最大的通讯社，国际性通讯社之一。

三、专业人员，是为买卖双方介绍交易以获取佣金的中间商人。

四、简单好用的DV、HDV影片剪辑软件。

五、指个别词句或片断的话。

六、终端网络设备，不通过有线连接进行数据传输的终端。

七、品牌鞋，在美国及许多国家被誉为"总统慢跑鞋""慢跑鞋之王"，于2003年正式登陆中国。

八、电脑系统不能显示正确的字符，而显示其他无意义的字符或空白，如一堆ASCⅡ代码。

九、指一块大陆中相对独立的较小组成部分。

十、三国古战场，张飞与赵云拒曹于此地，"赵子龙单骑救主"的故事就发生在这里。

十一、一种四条弦的弓弦乐器，是现代管弦乐队弦乐组中最主要的乐器。

十二、词牌名，又名《折红英》，源自南宋陆游在绍兴沈园的一段诗词典故。

163 难易程度：★★★★★
时间限制：6分钟

横向：

1.一所位于美国马萨诸塞州波士顿剑桥城的私立大学，常春藤盟校成员之一，1636年成立。

2.加拿大共产党员，著名胸外科医师，1939年逝世。

3.对磁盘或磁盘中的分区进行初始化的一种操作，这种操作通常会导致现有的磁盘或分区中所有的文件被清除。

4.一款安卓手机网游，完美再现DNF式豪爽打击快感。

5.陈子昂《登幽州台歌》中的第三句。

6.宸妃，科尔沁博尔济吉特氏，孝

庄的亲姐姐。

7.指玉器和丝绸。古代典礼所用，泛指礼器。

8.又名锦兰，为龙舌兰科植物，地下茎无枝，叶簇生，下部筒形，中上部扁平，剑叶刚直立，表面乳白、淡黄、深绿相间，呈横带斑纹。

9.支付宝旗下的独资子公司，致力于实现不同积分的兑换，实现了购物抵现、缴费等功能。

10.全称《秋日登洪府滕王阁饯别序》，唐代王勃所作。

11.陈宝国、吴刚等主演的以冷江解放为主要背景，讲述了共产党人团结有识之士，与国民党特务、土匪等各方势力斗智斗勇的电视剧。

12.成立于1969年，总部设在新加坡，在纳斯达克上市的跨国公司，是目前全球第二大电子合约制造服务商(EMS)，世界500强企业之一。

纵向：

一、著名词牌名之一，得名于唐玄宗天宝年间的一个歌妓，名篇有苏轼的代表作。

二、广东省第三大城市，中国古代四大名镇之一。

三、一些童话故事如《白雪公主》和《灰姑娘》里的一种定型角色。

四、位于欧、亚、非三大洲之间，世界上最大的陆间海，大西洋的附属海。

五、出自《论语·学而》篇中的一句话。

六、王羲之为他的友人的诗写的序文手稿，是他中年时的得意之作。

七、中国内地著名男演员，代表作有《士兵突击》《人在囧途》等。

八、又称欧亚人种或高加索人种，是世界上人口最多的人种，占世界总人口的54%左右。

九、又称"巴山虎""常青藤"，葡萄科植物，常攀缘在墙壁或岩石上，广见于我国各地。

十、随着家庭和个人收入的增加，收入中用于食品方面的支出比例将逐渐减小的一条定律。

十一、著名笑星，小品、影视演员，代表作有《刘老根》《马大帅》《乡村爱情》等。

十二、中国区最大的，也是宝洁公司全球著名的护肤品牌。

十三、比喻使战争转变为和平、友好。

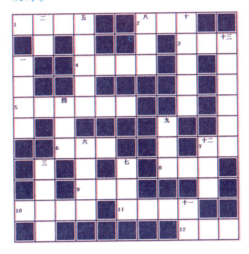

横向：

1.2009年央视春晚赵本山、小沈阳等表演的小品节目。

2.对有技艺的年纪较大的人的尊称。

3.由一国地方政府征收、管理和支配的一类税收。

4.成语，指做了许多坏事，罪恶累累。

5.北宋末南宋初诗人、词人，代表作有《登岳阳楼》《伤春》等。

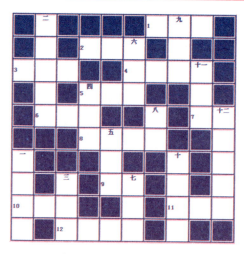

八、两个地区地方时之间的差别。

九、指几乎相同，过得去。

十、把自己比作仅有的香花而自我欣赏。比喻自命清高。

十一、中国的法定节假日，农历五月初五。

十二、"路遥知马力"的下一句。

6.明朝杰出的军事家、书法家、诗人和民族英雄。

7.一种民俗文化，是世界民俗文化的重要组成部分。

8.统计学名词，用以衡量数据值偏离算术平均值的程度。

9.柬埔寨的首都。

10.用来提升人体美丽程度的物质。

11.指尊重和维护自己的人格尊严，不容许别人侮辱和歧视的心理状态。

12.比喻姻缘的巧合。

纵向：

一、被称为全球变暖的元凶之一。

二、唐代诗人韦应物《送杨氏女》中"出行复悠悠"的上一句。

三、又名为圣诞花，在圣诞节用来摆设的红色花卉。

四、中国企业家、慈善家，被称为"中国首善"。

五、商业银行库存的现金和按比例存放在中央银行的存款。

六、一位抗日名将、追求进步的国民党员，新中国成立后担任水利部长22年。

七、以边疆地区军民生活和自然风光为题材的诗歌。

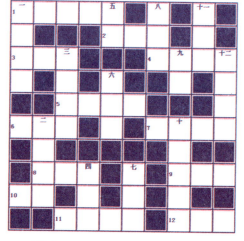

165 难易程度：★★★★
时间限制：5分钟

横向：

1.法国文学家雨果的著名长篇小说。

2.旧时指官吏或较有声望、地位的知识分子。

3.美国总统，被学者评为美国最伟大的三位总统之一，与华盛顿和林肯并列。

4.一款杀毒软件，其总部设在俄罗斯首都莫斯科，反病毒软件被评测为病毒防护的最佳产品。

5.13世纪意大利著名旅行家和商人，曾到达元朝大都（今北京）。

6.指信奉伊斯兰教的人。

7.布拉德·西尔伯林导演，杰克·吉伦希尔、达斯汀·霍夫曼、苏珊·萨兰登等主演的美国剧情片，讲述如何领悟生活的真谛。

8.一种以动脉血压持续升高为主要表现的慢性疾病，常引起心、脑、肾等重要器官的病变并出现相应的症状。

9.指擅长变戏法的人。

10.《圣经》中的人物，世界上第一个女人。

11.一种高分子透明材料，化学名称叫聚甲基丙烯酸甲酯，英文简称PMMA，是由甲基丙烯酸甲酯聚合而成的。

12.一种能攻能防的小型手投弹药，也是使用较广、用量较大的弹药。

纵向：

一、位于伊比利亚半岛东北部，濒临地中海，是西班牙第二大城市，素有"伊比利亚半岛的明珠"之称。

二、著名表演艺术家，香港电影金像奖历史上至今唯一一位两次荣获最佳女主角奖的大陆演员。代表作有《骆驼祥子》《大宅门》《康熙王朝》等。

三、甲醛的水溶液，具有防腐、消毒和漂白的功能。

四、低压气体提升为高压的一种从动的流体机械，是制冷系统的心脏。

五、某些国家所设立的科学技术方面的最高学术称号，一般为终身荣誉。

六、一种用微波加热食品的现代化烹调灶具。

七、一面平滑、一面粗糙的半透明玻璃。

八、奥地利著名小说家，代表作有《审判》《变形记》等。

九、中国当代文坛的巨匠，2003年获"人民作家"荣誉称号，代表作有《家》《春》《秋》等。

十、一种对数码照片画质进行改善及效果处理的软件，被多家权威媒体及网站评为2007年最佳图像处理软件。

十一、德国思想家、哲学家、革命家，全世界无产阶级和劳动人民的伟大导师，马克思主义的创始人之一。

十二、以分子遗传学为理论基础，以分子生物学和微生物学的现代方法为手段，将不同来源的基因按预先设计的蓝图在体外构建杂种DNA分子，然后导入活细胞，以改变生物原有的遗传特性，获得新品种，生产新产品。

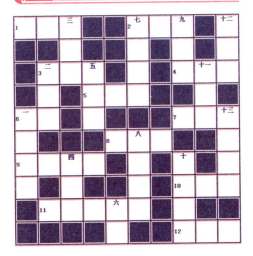

166 难易程度：★★★★★
时间限制：6分钟

横向：

1.美国历史上第一位非裔总统，也是首位拥有黑白血统的总统。

2.又叫"吞拿鱼"，是一种大型远洋性重要商品食用鱼，游泳速度快。

3.美国第37位总统，1972年2月访华，成为访问新中国的第一位美国总统。

4.以嫩梢、嫩叶为产品的尖叶型叶用莴苣，是生食蔬菜中的上品，有"凤尾"之称。

5.中国南北朝时期一个传说色彩极浓的巾帼英雄。

6.专门从事园艺的劳动者，通常用

来比喻教师。

7.女艺人，2010年担任上海世博会韩国馆形象大使，代表作品有《刁蛮公主》《明朗少女成功记》等。

8.韩国歌手、演员，代表作品有电视剧《屋塔房王世子》《成均馆绯闻》等。

9.对具有无污染的安全、优质、营养类食品的总称。

10.河口的冲积平原，是一种常见的地表形貌，有表面平坦、土质肥沃等特点。

11.比喻中举、升官等飞黄腾达之事。也比喻逆流前进，奋发向上。

12.又称地滚球，它是在木板道上滚球击柱的一种室内运动。

纵向：

一、运用工程技术和艺术手段，通过改造地形、种植树木花草、营造建筑和布置园路等美化环境的行为。

二、一种存在于茄科植物中的生物碱，也是烟草的重要成分。

三、在日常生活中，为了保护隐私，对照片或者图像的敏感部分进行的一种处理方式。

四、对一类分布于南美洲亚马逊河鱼类的统称，也称为水虎鱼。

五、用生石灰、纯碱、食盐、红茶、植物灰等加工出来的一种有白色花纹的蛋。

六、为了纪念爱国诗人屈原而兴起的，中国民间传统水上体育娱乐项目用到的竞赛用具。

七、一种兰花，是悬吊或摆放在橱顶或花架上最适宜的种类之一，其边叶为金黄色。

八、指与前后文有相关关系的部门或者中国的特殊部门。这一所指范围含糊的词语在2010年曾被网友评选为最为讨厌的神秘词语。

九、由海鱼类肝脏炼制的油脂。

十、武侠中护卫主人、武艺非凡的厮杀于江湖中的侠士。

十一、有"流行天后""摇滚女王"之称的美国最受欢迎的歌星之一。

十二、一种蔬菜，中国南方农村普遍栽培，开白色喇叭状花，其梗中心是空的，含丰富的维生素与微量元素。

十三、指称美国以南的美洲大片以罗曼语族语言为官方语言或者主要语言的地区。

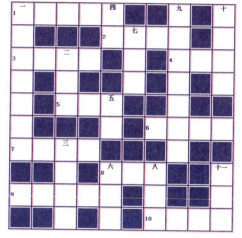

167　难易程度：★★★★★
　　　时间限制：6分钟

横向：

1.世界上海拔最高的山脉，位于中国与尼泊尔交界处。

2.韩国男子组合，隶属于著名经纪公司SEM　Entertainment，2004年2月6日正式出道。

3.中华人民共和国成立后创办的第一张大型综合性晚报，创刊于1957年10月1日。

4.2009年由杜淳、苗圃主演的52集电视剧，也是俞智先、廉越创作的同名历史小说。

5.指旅馆、饭店、KTV等场所里为客人提供服务的人员。

6.大白天做梦。比喻根本不可能实现的梦想。

7.姜东源、赵汉善、李清雅主演的韩国青春片，讲述的是一个身世凄苦的少女在首尔的各种遭遇。

8.法国亚历山大·小仲马的代表作，是一部世界文学经典，曾多次被搬上舞台银幕。

9.张婉婷"移民三部曲"中的第二部，讲述了一个在美国居住的华人的一段爱情故事，由周润发、钟楚红主演。

10.又称西洋棋，是一种二人对弈的战略棋盘游戏。

纵向：

一、国产原创系列电视动画片，自2005年6月推出后，最高收视率达17.3%。

二、晚上20：00以后穿的正式服装，常与披肩、外套、斗篷之类的衣服相配。

三、由林忆莲原唱、梁静茹翻唱的一首歌，首句是"这样深的夜下过雨的街"。

四、位于中国东部沿海、黄河下游、京杭大运河的中北段，古为齐鲁之地。

五、指古代时期官职的名称，曾被多个朝代所设置。

六、以清茶或茶点（包括水果、糕点等）招待客人的集会，有时也用于外交场合。

七、香港知名男歌手，代表作品有《爱爱爱》等。

八、《西游记》中唐僧师徒四人取经时路过的一个国家。

九、刘德华演唱的歌曲之一，发行于1991年。

十、一种儿童传染病，又名发疹性水疱性口腔炎，多传染于5岁以下儿童。

十一、一种两人对弈的纯策略型棋类游戏，棋具与围棋通用，起源于中国古代的传统黑白棋种之一。

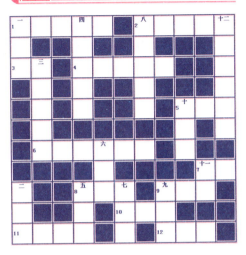

168 难易程度：★★★★
时间限制：5分钟

横向：

1.位于喜马拉雅山脉之上，终年积雪，高度8844.43米，为世界第一高峰。

2.卓文君《白头吟》中"白首不相离"的前一句。

3.民间的俗称，学术上的专业称谓叫预测。

4.古希腊斯吉塔拉人，世界古代史上伟大的哲学家、科学家和教育家之一，代表作有《工具论》《物理学》《形而上学》等。

5.指当年毕业的学生。

6.创建于1955年，是山东省重点大学，校训为"学而不厌，诲人不倦"。

7.指父母或其他监护人。

8.位于亚洲、欧洲和北美洲之间，地球最北端，且面积最小、最浅的大洋。

9.学名叫连环画，根据文学作品故事或取材于现实生活，编成简明的文字脚本，据此绘制多页生动的画幅而成。

10.学名叫大鲵，是世界上现存最大的也是最珍贵的两栖动物。

11.国内知名的快捷酒店品牌，创立于1996年。至今，旗下各品牌酒店总数已超550家，分布在全国31个省、自治区和直辖市的140多个城市。

12.一个节日，每年的6月1日。

纵向：

一、通过知觉、形象、记忆等过程，在大脑里完成珠算运算。

二、一种优秀的中国传统保健功法，形成于12世纪。

三、贝多芬最著名的作品之一，完成于1805年末至1808年初。

四、美国流行歌坛超级天后巨星，世界流行歌坛的神话，被誉为花蝴蝶。

五、北方天空的标志，是夜空能看到的亮度和位置较稳定的恒星。

六、中国著名女演员，因1998年出演琼瑶剧《还珠格格》而一举成名。

七、用布或塑胶制成的西方小孩形象的玩偶，是儿童的主要玩具之一。

八、王维《相思》中"此物最相思"的前一句。

九、古龙所著武侠小说《绝代双骄》的主人公。

十、台湾艺人，陈小春的妻子。

十一、家庭成员写的书信。

十二、一本优秀的、经典的心理学教科书，是美国斯坦福大学多年来使用的教材。

169 难易程度：★★★★
时间限制：5分钟

横向：

1.中华人民共和国首都。

2.宋代女词人，有"千古第一才

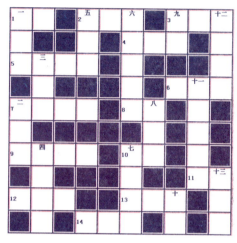

女"之称，代表作有《一剪梅·红藕香残玉簟秋》等

3.美国的第50个州，特征有：①全是火山岛；②属于热带气候；③美国的太平洋海空军基地。

4.上海美术电影制片厂1986年出品的动画片。

5.旭游网络开发的2D游戏，以欧洲五大联赛及欧冠联赛为故事背景。

6.持续时间较长的作战，是中国人民解放军在反对国内外敌人斗争中的一个重要战略指导方针。

7.形容度量大，能容人。

8.圆形突起的甲虫的通称，是体色鲜艳的小型昆虫，常具红、黑或黄色斑点。

9.出自小说《封神演义》，某派教主。

10.中国历史上著名军事家、抗金将领，代表作为《满江红》。

11.法国浪漫主义作家，代表作有《巴黎圣母院》《悲惨世界》等。

12.位于朝鲜半岛上北纬38度附近的一条军事分界线。

13.台湾著名作家，代表作有《七月七日晴》《风雪盟》《欠你的幸福》等。

14.明代吴元泰的神话小说，记述了八位神仙修炼得道的过程，后被改编为30集电视连续剧。

纵向：

一、赤道以北的半球。在这个半球，陆地面积占39.3%，海洋面积占60.7%。

二、北京金万维出品的一款动态域名解析软件，帮助客户方便快速地实现远程连接。

三、华语流行乐坛男歌手、音乐人，代表作有《唯一》《大城小爱》《龙的传人》等。

四、著名作家金庸的武侠代表作。

五、文学作品《说唐》和《兴唐传》中的虚构人物，其历史原型为唐太宗李世民之弟。

六、比喻照着样子模仿。

七、原文选自《范文正公集》，作者为北宋范仲淹，其中的一句为"先天下之忧而忧"。

八、李尚朝的诗歌，也有同名歌曲，首句是"黑黑的天空低垂"。

九、上帝取亚当身上的肋骨造成的女人。

十、琼瑶小说《还珠格格》中的人物，是裕亲王的女儿。

十一、形容盼望已久终于如愿的欣喜心情。

十二、三国时期蜀汉昭烈帝刘备对东吴发动的大规模战役，三国"三大战役"的最后一场。

十三、也叫花面狸，属灵猫科，有珍贵的毛皮的野生动物。

170 难易程度：★★★★
时间限制：5分钟

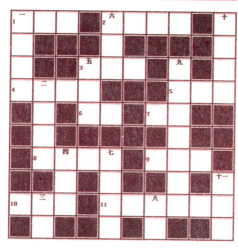

横向：

1.黑龙江省省会。

2.由陈小春、孙菲菲、何中华主演的神话电视剧，讲述了凡人和鲤鱼精动人的爱情故事。

3.流传在我国西北广大地区的一种民歌形式。

4.指相对于传统或常用的符号而言，使用频率较少且难以直接输入的符号，比如数学符号、单位符号、制表符等。

5.坐落在北京市中心，中华人民共和国的象征性建筑之一。

6.写在彩灯上面的谜语。

7.19世纪英国著名女作家夏洛蒂·勃朗特的代表作，讲述一位从小变成孤儿的英国女子，在各种磨难中不断追求自由与尊严，坚持自我，最终获得幸福的故事。

8.著名诗人陶渊明所作，一共5首诗歌，描写了诗人重归田园时的新鲜感受和由衷喜悦。

9.创作《命运交响曲》的德国作曲家、钢琴家、指挥家。

10.中国现存规模最大、保存最完

整的皇家园林，中国四大名园之一。

11.黄磊、陈数主演的现代家庭剧，该剧讲述了一对原本坚定的丁克夫妻，在"造人"之路上的酸甜苦辣。

纵向：

一、英国女作家J.K.罗琳的著名系列小说与同名电影中的主人公。

二、通过不同的途径，到达同一个目的地。比喻采取不同的方法而得到相同的结果。

三、清高宗乾隆皇帝的宠臣，以巨贪而出名。

四、为了举办中国国际园林花卉博览会所建成的园子。

五、俗称红绿灯。

六、琼瑶早期作品，讲述碧菡、依云、皓天三个年轻人之间凄凉的爱情故事。

七、著名的女性物理学家，两度获得诺贝尔奖，与丈夫共同发现了放射性元素镭。

八、中国著名女歌手，代表作有《征服》《心酸的浪漫》等。

九、张学友演唱的一首歌，首句"也曾追求也曾失落"。

十、成语，指两件喜事一起到来。

十一、抗日战争时期由宋庆龄创建的孤儿收养机构。

171 难易程度：★★★★★
时间限制：6分钟

横向：

1.吉林省省会。

2.一部以山路飙车为题材的日本少年漫画，也是周杰伦主演的首部电影。

3.一种奇特的地质现象，地球内部物质快速猛烈地以岩浆形式喷出地表的现象。

4.勒鲁于1911年发表的名著，讲述

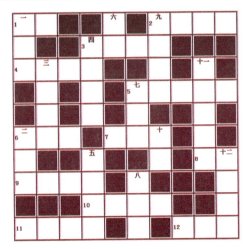

了发生在宏伟壮丽的巴黎歌剧院的一个"鬼故事"。

5.岳飞《满江红》中"莫等闲"的后一句。

6.美国马萨诸塞州的首府和最大城市，也是新英格兰地区的最大城市。

7.研究空间区域关系的数学分支。

8.中亚东部地区的一条大山脉，横贯中国新疆的中部，西端伸入哈萨克斯坦。

9.王之涣的一首诗，其中一句是"更上一层楼"。

10.中国最南的雪山，也是横断山脉的沙鲁里山南段的名山。

11.形容声威极盛。

12.具有汉字书写能力，并能将其推至艺术高度的人。

纵向：

一、唐朝诗人白居易的一首长篇叙事诗，叙述了唐玄宗与杨贵妃的爱情悲剧。

二、一种羽绒服的品牌。

三、"魔兽争霸3"游戏中天灾军团的一名敏捷型英雄，位于夜色酒馆。

四、日本漫画家岸本齐史的代表作，于1999年开始在《周刊少年JUMP》上连载。

五、指月中宫殿，仙界楼台。也形

容富丽堂皇的建筑物。

六、"五岳"之首。

七、中国女演员,代表作有《与青春有关的日子》《家的N次方》等。

八、名著《红楼梦》的作者。

九、孔琳、张嘉译、耿乐主演的电影。也有张学友的同名单曲。

十、有计划、有组织地进行系统教育的组织机构,名称起源于民国时期。

十一、中国古装电视连续剧系列,现已拍摄了3部125集,第一部由周杰、任泉、释小龙等主演。

十二、毕从义的作品,以农村实行土地联产承包责任制为背景,讲述了一个小山村里发生的故事。

5.李白五言绝句,表达思乡之情。

6.圣诞前夕。

7.盛唐诗人张九龄《感遇》中"池潢不敢顾"的前一句。

8.比喻追究底细。

9.金山软件公司下属游戏工作室西山居制作的中国第一款武侠类RPG游戏。

10.英国剧作家威廉·莎士比亚著名喜剧之一,讲述了有情人终成眷属的爱情故事。

11.北宋著名词人,代表作有《雨霖铃》等。

12.比喻人晚节高尚。

纵向:

一、九把刀作品《那些年,我们一起追的女孩》中的女主角。

二、小说家虚构的一种武学招数,出自金庸小说,为独孤求败所创。

三、首都北京的北大门,被称为"密迩王室,股肱重地"。

四、清末宦官,进宫后在咸丰帝身边为御前太监。

五、2月14日。

六、关喆演唱的歌曲,首句是"分手那天我看着你走远"。

七、植物,也叫杨花,属乔木,高可达18米,树冠开展疏散。

八、金牌娱乐访谈节目,主持人是李静。

九、王安石作品,收入《临川先生文集》。

十、青年导演、演员,代表作有《北京爱情故事》《士兵突击》等。

十一、比喻前来提出严厉责问的人。

十二、被西方尊为"医学之父"的古希腊著名医生,欧洲医学奠基人,他提出了"体液学说"。

172 难易程度:★★★★★
时间限制:6分钟

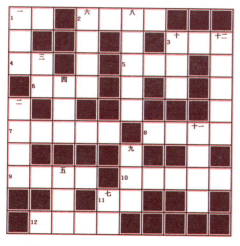

横向:

1.辽宁省省会。

2.比喻脱离实际,幻想不能实现的事情。

3.香港歌手、演员,曾出演《头文字D》《千机变》等影片。

4.湖北省的一个城市,是世界水电之都。

173 难易程度 ★★★★
时间限制：5分钟

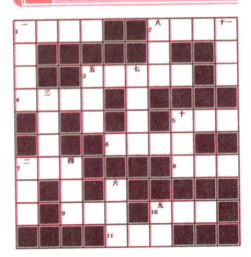

横向：

1. 内蒙古自治区的省会。

2. 中国第一部鼓乐大剧，也有同名电视剧。

3. 少儿频道从2010年6月1日起为中国"1～3岁婴幼儿"小朋友准备的一档节目。

4. 笔名为兰陵笑笑生所著的一部穿越类网络小说，主要人物有顾流芳、容遇、顾怀琛等。

5. 古琴的别称，中国最古老的弹拨乐器之一，在春秋时期就已盛行的乐器。

6. 指用不正当的手段谋取私利。也指靠小聪明占便宜。

7. 美国一位商人的姓，现已成为高级弹簧床的代名词。

8. 一种中药材，具有清热解毒、凉血消肿、利咽的功效。

9. 英国生物学家，进化论的奠基人，著有《物种起源》，提出了生物进化论学说。

10. 一种判别方位的简单仪器。

11. 指在人的眼角和鬓角之间出现的皱纹。

纵向：

一、英国女作家勃朗特姐妹之一艾米莉·勃朗特的作品，叙述了恩肖和林敦两家两代人的感情纠葛。

二、著名诗人、散文家、画家，代表作有《七里香》《有一首歌》《心灵的探索》等。

三、流传在民间的解梦之书。

四、一种药物，可治疗成人及儿童急慢性腹泻。

五、电视剧《还珠格格》中的女主角之一。

六、撒蒙鱼或萨门鱼，学名鲑鱼，世界名贵鱼类之一，也是西餐较常用的鱼类原料之一。

七、一种通信设备，具备无线接入互联网的能力，具有PDA的功能，开放性的操作系统，可以根据个人需要扩展机器功能，支持多种第三方软件。

八、毛泽东的第一任妻子。

九、人表皮上突起的纹线，人人皆有，但各不相同。

十、首任节目主持人为鞠萍，新版主持人为"月亮姐姐"，1984年在中央电视台开始播出的少儿节目。

十一、原是汉乐府短箫铙歌的曲调，题目意译即"劝酒歌"，李白曾用此题诗。

174 难易程度 ★★★★★
时间限制：6分钟

横向：

1. 中国第一大城市。

2. 由于和伟、许晴、殷桃、王伯昭主演的电视剧，另外有同名小说。

3. 搜集饲养各种动物，进行科学研究和科学普及并供群众观赏游览的场所。

4. 一般是厂家或代理商派往零售终

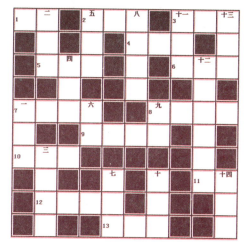

端的销售人员，在销售商品的过程中扮演着非常重要的角色。

5.全球信息资源的总汇。

6.陈绮贞演唱的一首歌曲，收录在专辑《让我想一想》中。

7.世界三大兵书之一。

8.比喻凭借荒唐的想象胡言乱语。

9.安徒生的著名童话，是最脍炙人口的名篇。

10.林东林的作品，主要内容是讲中国历史上谋国、谋身、谋天下的变局和困局。

11.秘密的计划。

12.南美洲国家联盟的成员国，首都加拉加斯。

13.现为黑龙江在中国境内的最大支流。

纵向：

一、三国时期吴国的开国皇帝。

二、来源于鸦片，是吗啡二乙酰的衍生物。

三、属于国家级领导人员，其级别高于部长，行政级别与副总理相同，地位略低于副总理。

四、一般由最高军事指挥机关直接指挥和领导的特殊兵种。

五、一种覆盖一座或几座大楼、一个校园或者一个厂区等地理区域的小范围的计算机网。

六、《新白娘子传奇》中的一个角色。

七、国际上非常普及的长跑比赛项目。

八、形容举止拘束，心中不安。

九、形容人智商不高，素质低下，难以成大器。

十、位于中国和朝鲜之间的一条界江。

十一、指发动参会人员参与某项活动的会议。

十二、台湾爱情偶像剧，由周杰伦、黄秋生、桂纶镁等主演。

十三、台湾的一种学校活动。

十四、指中国著名导演张艺谋捧红的女电影明星，巩俐和章子怡都是其中的佼佼者。

175 难易程度：★★★★★
时间限制：6分钟

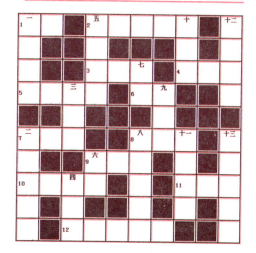

横向：

1.中国第三大城市。

2.日本著名漫画家车田正美的代表作之一，中国曾于1990年正式引进TV动画，各地方频道相继播出，造成风靡

一时的狂潮。

3.漫画作品，喜用四字词语为题，成为不少儿童学习四字词语的启蒙读本之一。

4.意大利著名作曲家贾科莫·普契尼根据童话剧改编的三幕歌剧，讲述了一个西方人想象中的中国传奇故事。

5.指一群生活在城市中最活跃、最有影响力的精英。

6.指部分君主制国家的女性君主，也有同名电影。

7.巴基斯坦信德省省会，巴基斯坦第一大城市、最大的海港和军港。

8.由北京游卡桌游文化发展有限公司研发的一款热门的桌上游戏。

9.央视公益广告的用词，意思是把整个社会都当成一个大家庭。

10.整体厨房概念的提出者。

11.一款功能强大而又方便实用的光盘映像文件制作、编辑和转换工具。

12.1992年刘德华、王祖贤、吴孟达、叶德娴等主演的爱情犯罪电影。

纵向：

一、一个综合性购物网站。

二、摩洛哥第一大城市，美国同名电影更是让这座白色之城闻名世界。摩洛哥独立后改称达尔贝达。

三、意大利文艺复兴三杰之一，代表作为《蒙娜丽莎》。

四、供奉和祭祀孔子的地方，中国四大文庙之一。

五、一位专门在圣诞节前夜送上礼物的神秘人物。

六、旧时指仆人，现在指亲人，特指与自己有血缘关系的亲人。

七、男和女，也指儿女。

八、珠算口诀。多形容做事及动作干脆利索。

九、北宋著名诗人，"临川三王"

之一。

十、也称为面向对象的图像或绘图图像，是计算机图形学中用点、直线或者多边形等基于数学方程的几何图元表示图像。

十一、用于消除电脑病毒、特洛伊木马和恶意软件的一类软件。

十二、大人气同人系列游戏《东方project》中的主要角色。

十三、唐朝诗人常建《题破山寺后禅院》中"禅房花木深"的前一句。

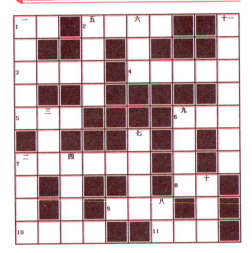

176 难易程度：★★★★
时间限制：5分钟

横向：

1.中华人民共和国直辖市，别称山城、渝、雾都。

2.满清宫廷盛宴。

3.一种自身免疫性疾病，以发热、红斑皮疹、粘膜溃疡、关节疼痛等为症状。

4.金南珠、李惠英主演的韩国幽默浪漫喜剧，讲述一位梦想成为灰姑娘的女人改造自己无能老公的故事。

5.女演员，代表作品有《你是我的兄弟》《房前屋后》等。

6.乐显扬创建于清朝康熙八年的一家药店，是中国最负盛名的老药铺。

7. 比喻做事踏实。

8. 成功地完成某项科目所获得的分值单位，用于表明学生获得某种证书、文凭或达到某个级别所需要的学习量。

9. 一种寓有抒情意味和讽刺性的短小散文。

10. 出兵必有正当的理由。后也泛指做事情有理由。

11. 党中央的直接办公单位，是关系到党中央日常运转的重要中枢。

纵向：

一、又名《重生世家子》，蔡晋所著都市类网络小说，连载于起点中文网。

二、王家卫执导，梁朝伟、章子怡、张震、宋慧乔等主演，讲述叶问的传奇故事。

三、联想集团打造的一款为了防止个人手机、Pad数据丢失，提供数据备份、恢复、管理的服务软件。

四、指什么也没有。

五、比喻眼前看到的都是灾祸的景象。

六、韩国具有华人血统的气质女演员，代表作为《我的野蛮女友》。

七、20世纪90年代的双人合唱组合，2000年解散，各自单飞。

八、指公文、书信、契约等，或从事公文、书信工作的人员。

九、教育部直属重点大学，是中国著名的"建筑老八校"之一。

十、指某个企业或部门在全国范围内某个地区下设的一个或多个分支办事机构，普遍出现于银行等领域。

十一、唐代诗人刘禹锡《乌衣巷》中"飞入寻常百姓家"的前一句。

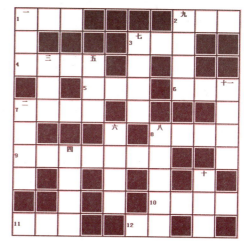

177 难易程度：★★★★
时间限制：5分钟

横向：

1. 河北省省会。

2. 又名暴龙，是已知的肉食性恐龙和最著名的恐龙之一。

3. "初唐四杰"之一，代表作有《咏鹅》等。

4. 过去的事，至今印象还非常深刻，就像刚才发生的一样。

5. 南宋抗元英雄，代表作有《过零丁洋》《正气歌》等。

6. 中国外交工作的杰出领导人，参与制定《香港基本法》。

7. 位于江苏省南京市，是中央直管、教育部直属的全国重点大学。

8. 从同一血统、派别世代相承流传下来。指某种思想、行为或学说之间有继承关系。

9. 不顾一切，不问是非情由。

10. 指以前的人从来没有做过的。也指空前的。

11. 《水浒传》中的经典人物形象之一，外号"玉麒麟"。

12. 《水浒传》中的重要人物之一，外号"豹子头"。

纵向：

一、古典小说《红楼梦》的别称。

二、金庸武侠小说《笑傲江湖》中的日月神教教主。

三、隋唐时期词牌名，白居易以此题作词三首。

四、罗贯中的小说，四大名著之一。

五、指"五四"以来以反帝反封建为主要内容的白话文学。

六、由12种自然界的动物组成。

七、老舍的代表作之一，讲述了老北京人力车夫的辛酸悲剧故事。

八、霍建华、童蕾主演的电视剧，改编自当红网络小说《S女出没，注意！》。

九、京剧艺术大师梅兰芳表演的梅派经典名剧之一，主角是项羽的爱妃虞姬。

十、我国东北主要少数民族之一。

十一、古人之间联系的一种方法。

178 难易程度：★★★
时间限制：5分钟

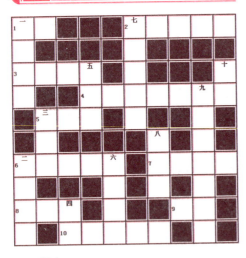

横向：

1.山东省省会。

2.王维《鹿柴》中"空山不见人"的后一句。

3.形容医务工作者全心全意为人民服务的精神。

4.杜甫《登高》中"无边落木萧萧下"的后一句。

5.谦虚礼貌地表达歉意用语。

6.陈小春演唱的歌曲，卡通感的画面与歌词相得益彰，成为新一代K歌金曲。

7.金庸先生1967年写的一部武侠小说。

8.我国第二大淡水湖，位于湖南省北部。

9.又名《请你原谅我》，2011年11月，被陈凯歌导演改编翻拍成电影《搜索》。

10.出自李清照前期的作品《醉花阴》，比喻人憔悴，暗示相思之深。

纵向：

一、整治时世，救济人民。

二、形容风景奇特，引人入胜。另指原圆明园内的一个景点。

三、一款经典的消除类游戏。

四、NBA历史上为数不多的常青树之一。

五、时下流行用语，也有王麟的同名歌曲。

六、旧时比喻女子老了被轻视，就像因年代久远而失去光泽的珍珠一样不值钱。

七、苏轼《水调歌头》中的一句。

八、电视剧《女人花》中黄梅儿的师姐。

九、电视剧《三国演义》主题曲，由杨洪基演唱。

十、又名"释迦牟尼"，《西游记》中的一个角色。

179 难易程度：★★★★★
时间限制：6分钟

横向：

1.山西省省会。

2.由浙江卫视联合星空传媒旗下灿星制作强力打造的大型励志专业音乐评论节目，刘欢、那英、庾澄庆、杨坤为第一季音乐导师。

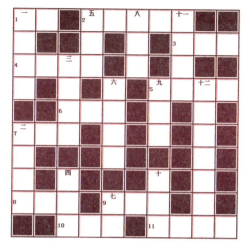

3.中韩女子组成的偶像团体，由崔秀靖、金艺瑟、曲广、杨千艺、王静熙等组成。

4.海明威于1951年在古巴写的一篇著名小说，于1952年出版。

5.又说又笑，表示气氛欢快热烈，也是CCTV3播出的一档谈话类节目。

6.以马克思主义为指导、以建立共产主义社会为目标的工人党。

7.欧洲古典舞蹈，由法语ballet音译而来。

8.又称童颜，是人类的一种脸部特征。

9.科幻喜剧电影，改编自洛厄尔·坎宁安的同名漫画作品，由汤米·李·琼斯及威尔·史密斯主演。

10.赵宝刚导演，孙红雷、黄磊、汪俊等主演的都市情感剧，被称为男人版"欲望都市"。

11.指心里突然或偶然起了一个念头。

纵向：

一、又叫老子、李伯阳，道家创始人，也是《西游记》和《封神榜》中的角色。

二、20世纪广为人知的畅销玩偶，由RutHandler发明。

三、比喻与恶人在一起，随时都有危险，或与坏人狼狈为奸，必须特别谨慎。有同名电视剧。

四、动画大师宫崎骏的《千与千寻》中的主要角色之一，神秘的鬼怪，全身黑色，头带一个白色面具。

五、位于中国北京市西城区，是中国政务办公处。

六、坏人集结在一起谋求私利，专干坏事。

七、指社会上暗中活动的犯罪团伙和其他反动集团或其成员。

八、全球著名的影视娱乐和旅游热门地点，位于美国加利福尼亚州洛杉矶市市区西北郊。

九、位于深圳，是华侨城集团新一代大型主题乐园，首批国家5A级旅游景区。

十、因符合多数人的意志，而得到多数人的好感和拥护。

十一、一部改编自玛丽亚·冯·崔普的著作《崔普家庭演唱团》的戏剧作品。

十二、贺知章《回乡偶书》中"儿童相见不相识"的后一句。

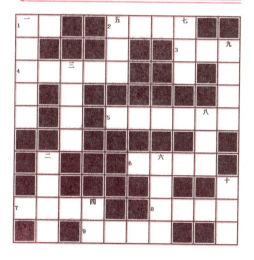

180 难易程度：★★★★★
时间限制：6分钟

横向：

1. 河南省省会。

2. 腾讯首款休闲战争网页游戏。

3. 台湾流行女歌手、演员，代表作有《第一次爱的人》《月光》等。

4. 2009年由陈慧翎导演，由吴建豪、安以轩、许玮宁等主演的台湾热门偶像剧。

5. 比喻自己跟别人有同样的缺点错误，只是程度上轻一些，却毫无自知之明地去讥笑别人。

6. 改换了原来的姓名。

7. 《说唐》和《隋唐演义》中程咬金的绰号。

8. 李白的一首七言绝句，其中一句为"天门中断楚江开"。

9. 新疆一个少数民族，他们的传统节日有肉孜节、古尔邦节、诺鲁孜节等。

纵向：

一、明朝初期一名宦官奉命出使七次的航海活动。

二、法国作家雨果的长篇小说，故事的主线围绕主人公获释罪犯冉·阿让试图赎罪的历程。

三、指在某一地站稳或占有一席之地。

四、《九月九日忆山东兄弟》的作者。

五、一出京剧，也是一个戏班，更是于占元的得意门生的总称。

六、2012年刘松仁、陈玉莲、马国明、杨怡等领衔主演的民初豪门恩仇电视剧。

七、仙人掌科量天尺属植物，用于制作花馔靓汤，可达到强身健体、清补养生的目的。也有同名电影。

八、一本关于中文姓氏的书，成书于北宋初。

九、《天龙八部》中逍遥派的独门轻功步法。

十、徐克导演，郑伊健、章子怡、古天乐、洪金宝、张柏芝、林熙蕾等主演的武侠电影。

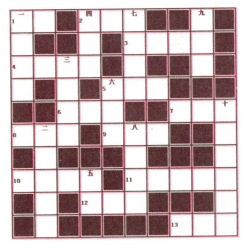

横向：

1. 江苏省省会。

2. 《西游记》中的人物，居住在号山枯松涧火云洞的妖怪。

3. 中国古代神话传说，也形容改造大地的雄伟气魄。

4. 流传在民间的解梦之书。

5. 韩国一部大型励志剧，讲述朝鲜历史上首位女性御医的传奇故事。由池珍熙、李英爱主演。

6. 郭沫若散文集，也是95版《神雕侠侣》主题曲。

7. 罗志祥演唱的歌曲，首句为"阳光闪过你的笑脸"。

8. 徐克3D武侠巨制《龙门飞甲》反一号，由国内一线小生陈坤扮演。

9. 一种电子品牌，总部位于日本东京。

10. 分不出高低好坏。形容水平相当。

11. 指大家都起来攻击它，反对它。

12. 中国雷州半岛的南部，是中国

仅次于台湾岛的第二大岛。

13.指行动缓慢不迅速，做事不慌不忙的样子。

纵向：

一、创刊于1984年2月11日，以"在这里，读懂中国"为办报宗旨，以"正义、良知、爱心、理性"为基本理念的新闻周报。

二、范仲淹《苏幕遮》中"酒入愁肠"的后一句，抒写了羁旅相思的情怀。

三、指军人离开军队，回家务农。

四、曹雪芹著的中国古代四大名著之一。

五、指放弃或保留原来的工作去经商或创业。

六、最初是一张塑料付款卡，最终发展成为一种国际通用的信用卡。

七、比喻男女之间或家人之间的感情深厚，难舍难分。

八、中国南海四大群岛之一，由永乐群岛和宣德群岛组成

九、《变形金刚》系列中的汽车人领袖。

十、陈子昂《登幽州台歌》中"独怆然而涕下"的前一句。

横向：

1.安徽省省会。

2.形容转战南北，饱经风霜。

3.中央部属、教育部与上海市共建的首批全国重点大学。

4.公安机关对在逃嫌犯制作的法律文书。

5.指负责某项具体业务操作的人员。

6.李煜的著名诗篇。

7.古代指英雄模范人物的集会。另有陈勋奇执导，曹颖、高原、郑爽主演的同名电视剧。

8.比喻没有做对不起别人的事。

9.王维《渭川田家》中"倚杖候荆扉"的前一句。

纵向：

一、由中国投资者和外国投资者共同出资、共同经营、共负盈亏、共担风险的企业。

二、法国作家博蒙夫人创作的图书，也是克莉斯汀·克鲁克、布莱恩.J.怀特主演的同名电视剧。

三、指军队官兵退役回到地方的人员。

四、抗战期间，侵华日军于1937年12月13日攻陷中国首都南京之后的长达6个星期的大规模屠杀、抢掠、强奸等战争罪行。

五、贾岛《寻隐者不遇》中的第一句。

六、指对战国时期的历史非常熟悉的人。

七、比喻没有首领，无法统一行动。

八、邢佳栋主演的一部公安题材剧，共26集。

九、我国的一种传统语言游戏，将声母、韵母或声调极易混同的字，组成拗口的句子，要求快速念出。

182 难易程度：★★★★★
时间限制：6分钟

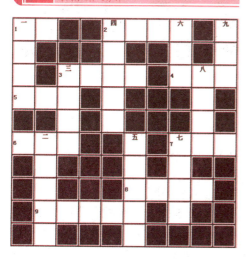

183

难易程度：★★★★★
时间限制：6分钟

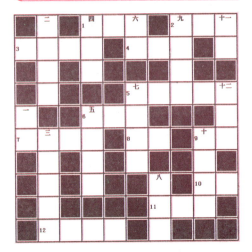

横向：

1. 截拳道双节棍之父。

2. 俗称小白球，是一种室外体育运动。

3. 英国文学史上最杰出的戏剧家。

4. 全国红色旅游经典景区，位于江西省吉安市境内。

5. 比喻处理事情公正，不偏袒任何一方。

6. 地形图上高程相等的各点所连成的闭合曲线。

7. 成语，指货物的价钱说一不二。

8. 中国地方执法者，一种警察力量。

9. 一天24小时都见不到太阳的现象。

10. 房屋窄小的代名词。

11. 比喻老老实实、勤勤恳恳工作的人。

12. 不断地生长、繁殖。

纵向：

一、放在著作正文之前的文章。

二、西方国家公众，特别是英国男性公众所崇尚的基本礼仪规范。

三、杜甫《月夜忆舍弟》中"有弟皆分散"的下一句。

四、第一代内地金庸武侠电视剧演员。

五、商品交换的一般原则。

六、杭州西湖一带的著名绿茶。

七、在全国政治、经济等社会活动中处于重要地位并具有主导作用和辐射带动能力的大都市。

八、美国华特迪士尼创作的动画形象。

九、中国十大古曲之一。

十、美国一部2013年上映的电脑动画电影，由梦工厂动画公司制作。

十一、以永久结合为目的的依法结合的男女伴侣。

十二、圣诞前夕。

184

难易程度：★★★
时间限制：5分钟

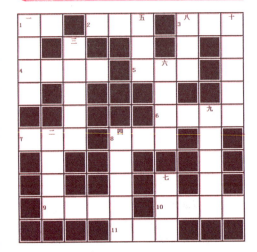

横向：

1. 湖南省省会。

2. 指夜间十二时至天亮这段时间。

3. 中国迎新年的重要环节，通过这个环节，表现新年辞旧迎新的思想。

4. 在资本主义社会，指丧失生产资料、靠出卖劳动力为生的雇佣劳动者阶级。

5. 指某些生物曾经繁盛于某一历史时期，后大为衰退，现仅在个别地区残留个别子遗分子。

6.指很随意，想干什么就干什么。

7.药名，为甘油制剂，用于治疗小儿、老年体弱便秘者。

8.形容痴迷于某件事物的词语，也有2008年上映的同名国产动画片。

9.古代马其顿国王，世界古代史上著名的军事家和政治家。

10.头晕眼花，感到一切都在旋转。

11.古龙三大长篇故事中被称为有"四条眉毛"的传奇人物。

纵向：

一、唐太宗李世民的内兄，文德顺圣皇后的哥哥。

二、位于欧洲东南部，巴尔干半岛中部的内陆国，面积8.8万平方千米。

三、李白《玉阶怨》中的第一句。

四、航海家哥伦布的主要成就之一。

五、泛指人类从黄昏到凌晨时段盛行的活动。

六、将敌对势力化为友好势力。

七、南宋陆游作的词，抒写自己与唐婉的爱情悲剧。

八、产于云南省的白色而带有黑色花纹的石灰岩。

九、"更上一层楼"的前一句。

十、俗语，"若要人不知"的下一句。

185 难易程度：★★★★★
时间限制：6分钟

横向：

1.江西省省会。

2.位于郑州登封嵩山五乳峰下，是门派武术的发源地，中国汉传佛教禅宗祖庭。

3.神话电视剧《仙剑奇侠传》的插曲，由胡歌演唱。

4."三十六计"中的一计。

5.由中国网易公司自行开发并运营

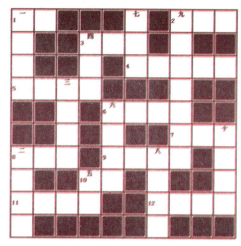

的网络游戏，以著名的章回体小说《西游记》故事为背景。

6.指夫妻共同白头到老。

7.位于欧洲、非洲、南极洲和美洲之间的世界第二大洋。

8."中国第一街"，南起东长安街，北至中国美术馆，全长约三千米，是北京最有名的商业区。

9.指无论受多少挫折都不退缩，形容意志坚强。

10.台湾国民中学的简称。

11.湖南卫视2012年打造的已婚女性歌唱竞技类季播大型活动。

12.指不经慎重考虑，轻率地采取行动。

纵向：

一、形容一场大梦，或比喻一场空欢喜。

二、2012年由明道、陈乔恩、田亮、胡静、金莎、罗晋等主演的古装励志爱情电视剧，全景展现了历史上著名的楚汉之争的故事。

三、中国十大名茶之一。

四、《庄子》中的第一篇，其开篇云："北溟有鱼，其名为鲲……"。

五、《义勇军进行曲》，也是1999

年吴子牛导演的同名电影。

六、形容射箭或射击非常准，每次都命中目标。也比喻做事有充分把握，办事成功，绝不落空。

七、即抒情调，是一种配有伴奏的一个声部或几个声部，以优美的旋律表现出演唱者感情的独唱曲，可以是歌剧、轻歌剧、神剧。

八、指分不清事情要紧不要紧。

九、贺知章《回乡偶书》中的第一句。

十、又称自强运动，是晚清政府内的洋务派在全国各地掀起的"师夷长技以制夷"的改良运动。

186 难易程度：★★★★
时间限制：5分钟

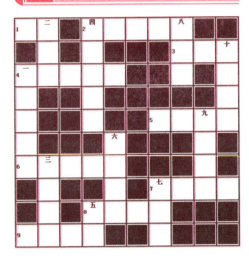

横向：

1．浙江省省会。

2．柳宗元《江雪》中"独钓寒江雪"的前一句。

3．"三十六计"之一，也有蔡依林演唱的同名歌曲。

4．徐贵祥所著的长篇小说，作品叙述了从抗日战争到改革开放时期长达四十年的历史，后改编成同名电视剧。

5．为成人提供的各级各类教育。

6．一座于1889年建成、位于法国巴黎战神广场上的镂空结构铁塔，高300米，天线高24米，总高324米。

7．常用作祝福长寿之词。

8．皇帝、王侯、文臣武将，指封建时代上层统治者。

9．形容行为文雅。

纵向：

一、著名的网络连载小说，作者知秋，于2007年8月连载完毕。

二、汉武帝元封五年始置的官名，即皇帝派到一州的代表。

三、罕见的游泳奇才，属于密歇根人俱乐部，北京奥运会上获得八枚金牌。

四、孟浩然《早寒有怀》中"乡泪客中尽"的后一句。

五、上天所降的文字。

六、《封神演义》《西游记》中的人物，即李靖。

七、词牌名，也有李白的同名杂言诗，其中一句是"天长地远魂飞苦，梦魂不到关山难"。

八、香港著名女演员，1983年因主演《射雕英雄传》中黄蓉一角引起轰动，1985年5月14日在家中开煤气自杀，享年26岁。

九、形容具有特殊的才能、智慧。

十、提倡晚婚、晚育、少生、优生的国策。

187 难易程度：★★★★
时间限制：5分钟

横向：

1．福建省省会。

2．根据外貌来判断一个人的品质才能。

3．原指打麻将时由一种花色组成的一

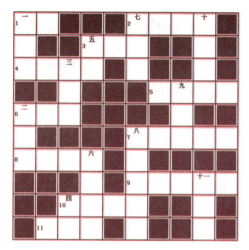

四、指很强劲的风，气象学中专指8级风。

五、我国历史上第二个由少数民族建立的统一政权，也是中国历史上最后一个封建王朝。

六、形容体态肥胖，有时指小孩可爱。

七、一个位于西亚黎凡特地区的国家，首都特拉维夫。

八、曾风靡全球的电视游戏机和掌上游戏机游戏，基本规则是移动、旋转和摆放。

九、一个剃须刀品牌。

十、指人力能够战胜自然。

十一、2012年由黎耀祥、米雪、邵美琪等主演的古装历史电视剧，同时也是无线电视45周年台庆剧。

副牌。后比喻全部由同一种成分构成。

4.由陈道明、斯琴高娃主演的历史传记类电视剧，主要讲述一位清朝皇帝的故事。

5.形容万分恐惧，或受到某种刺激而失去了主宰。

6.又叫《魔戒》，是英国作家约翰·罗纳德·鲁埃尔·托尔金的史诗奇幻小说，后来被改编拍摄为同名电影。

7.古希腊悲剧的经典作品，被亚里士多德推为戏剧艺术中的典范，索福克勒斯的戏剧代表作之一，约公元前430~前426年首演。

8.一种中医瘦身方法。

9.美国的一所私立大学，被公认为世界上最杰出的大学之一，位于加利福尼亚州。

10.指人的行为举止自然，不俗气。

11.《封神演义》中商纣王手下的两员大将之一。

纵向：

一、《还珠格格》中福伦的长子。

二、一种辨别方位的简单仪器。

三、2001年由罗嘉良、黄海冰、蒋勤勤等主演的电视剧，讲述发生在清末及民国时期的一段传奇故事。

188 难易程度：★★★★
时间限制：5分钟

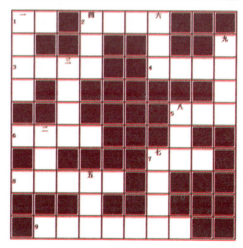

横向：

1.中国第三大城市，广东省省会。

2.指没有经过上级或有关方面同意就擅自处置。

3.李民浩、朴敏英、李俊赫主演的韩国电视剧，改编自北条司的同名漫画；也有成龙、王祖贤主演的同名电影。

4.指伟大的功绩。

5.唐朝第二位皇帝。

6.母鸡报晓。旧时比喻妇女窃权乱政。

7.中国著名佛教寺院，又名云林寺，位于浙江省杭州市西湖西北方。

8.苏轼《水调歌头》中的一句。

9.比喻由于有感情，觉得对方无一处不美。

纵向：

一、由北面的广州市广州南站途经佛山市顺德区、中山市，南至珠海市拱北口岸的珠海站的整条线路。

二、一种量少而冰镇的酒，它是以朗姆酒、龙舌兰、伏特加、威士忌等烈酒或葡萄酒作为基酒。

三、依靠猎取社会所需各类高级人才而生存、获得的中介组织。

四、指彼此关系密切的人，自己方面的人；也有王力宏的同名歌曲。

五、指眼内压升高的水平超过眼球所能耐受的程度而导致神经纤维损害，引起视野缺损的一种常见眼病。

六、武当派开山祖师。

七、英国作家艾瑞克·莫布里·奈特的作品，1938年发表后成为全世界家喻户晓的儿童读本，1943年、2005年相继被改编成同名电影。

八、晚唐著名诗人，代表作有《夜雨寄北》《乐游原》等。

九、没有固定职业和住所而到处流浪的人。

189 难易程度：★★★★★
时间限制：6分钟

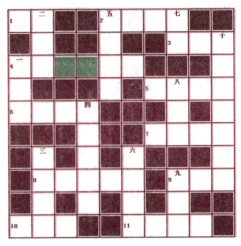

横向：

1.广西壮族自治区省会，广西第一大城市。

2.指人力能够战胜自然。

3.皇帝的母亲。

4.韩国人对一种阁楼的称呼，指房屋最高的那一层。在韩国也是穷人的代名词。

5.比喻出乎意料，突如其来。

6.加拿大不列颠哥伦比亚省省会城市。

7.全球最著名的含有咖啡因的碳酸饮料品牌，总部位于美国亚特兰大。

8.梅艳芳演唱的歌曲，首句"南风吻脸轻轻"，也有陈百强的同名歌曲。

9.著名演员、歌手，代表作有《寻秦记》《神雕侠侣》《一个好爸爸》《宝贝计划》等。

10.电磁波谱中波长从10纳米到400纳米辐射的总称，可应用于涂料固化、杀菌、脱臭等。

11.产生于19世纪初的德国，世界童话的经典之作。

纵向：

一、罗马帝国的开国君主，统治罗马长达43年，被尊称为"奥古斯都"。

二、中国清代统治东北边疆地区的重镇，也是满族姓氏之一。

三、指从古代到现代，从国内到国外。泛指时间久远，空间广阔。

四、古希腊著名思想家，亚历山大

大帝的老师，代表作有《工具论》《物理学》《形而上学》《伦理学》等。

五、为人处世的道理和经验。

六、一种癔症性的分离性心理障碍，也有陀思妥耶夫斯基创作的同名中篇小说。

七、日本最高统治者的称呼。

八、吴彦祖、舒淇、刘烨等主演的影片，讲述了上海市郊贫困小村落感情很好的三兄弟到大上海闯荡的故事。

九、中译"金童子"，是泰国已经流传了数百年的奇异圣物，将会给供养人带来意外财富的小孩。

十、范仲淹《岳阳楼记》中的名句，意思是应当在天下人都享乐之后再享乐。

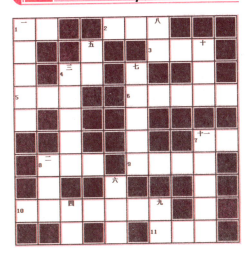

横向：

1．贵州省省会。

2．中国台湾艺人，集歌手、演员、作家、主持人、编剧等多种身份于一身，是公认的娱乐圈中才情与美貌并重的才女。代表作品有《好男好女》《国道封闭》等。

3．电子制作和电器维修的必备工具，主要用途是焊接元件及导线。

4．一种动物，被誉为雪地精灵，体毛冬白夏青。

5．王学兵、归亚蕾主演的电视剧，原名《若兰》。

6．孟浩然《过故人庄》的第一句。

7．马科动物驴的皮去毛后熬制而成的中药。

8．是杂体诗中的一种，有三种形式，常见的形式是将所说之事分藏于诗句之首。

9．成语，现用作庆贺新婚之辞。形容新婚时的欢乐。

10．李白《黄鹤楼送孟浩然之广陵》中"故人西辞黄鹤楼"的后一句。

11．东北第一高峰，号称"东北屋脊"，位于今中国吉林省和朝鲜两江道三池渊郡。

纵向：

一、原指高官态度傲慢，不念旧交，后用于讽刺人健忘。

二、又称番红花，是一种鸢尾科番红花属的多年生花卉，《本草纲目》将它列入药物之类，中国浙江等地有种植。

三、岳飞《满江红》中"莫等闲"的后一句。

四、韩国第一大企业，同时也是一个跨国的企业集团。

五、一种蝙蝠，翼幅可长达2米，面部与狐狸相似。

六、民主革命时期，中国共产党在国民党统治的地区和日本侵略者侵占的地区，秘密进行革命活动的党组织。

七、《论语》中的句子，指一种十分可行的学习方法。

八、一种自然物理现象，处于静止状态的电荷。

九、联邦制国家中第一级行政区

（州）的行政长官，负责统筹州内的行政事宜。

十、极端吝啬的代名词。

十一、欧洲中南部大山脉，覆盖了意大利北部边界、法国东南部、瑞士、列支敦士登、奥地利、德国南部及斯洛文尼亚。

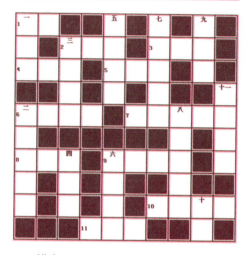

横向：

1.陕西省省会，中国四大古都之首。

2.指当天（已）成交股票的金额总数。

3.中国台湾男演员、歌手及赛车手，曾被称为"亚洲小旋风"。

4.windows操作系统中一个简单的文本编辑器。

5.影片的投资人或能够拉来赞助的人。

6.比喻等事情发展到最后阶段再判断谁是谁非，也比喻事后等待时机进行报复。

7.王维《杂诗三首·其二》中"君自故乡来"的下一句。

8.利用光电技术和数字处理技术，将图形或图像信息转换为数字信号的装置。

9.指国家疆土辽阔，物产丰富。

10.琼瑶经典言情小说之一，被多次改编为影视作品。

11.清代文学家，文言短篇小说集《聊斋志异》的作者。

纵向：

一、中国古典四大名著之一。

二、成语，比喻强大的力量迅速而轻易地把腐朽衰败的事物扫除干净。

三、对生产经营管理费用的发生和产品成本的形成所进行的核算。

四、仪式或典礼上的卫兵。

五、最常见的一种电影保护政策，规定进口影片与本国影片要成一定比例。

六、抗炎、抗过敏药物，主要作为危重疾病的急救用药和各类炎症的治疗。

七、王维《竹里馆》中"明月来相照"的上一句。

八、中国最大的古代文化艺术博物馆。

九、周恩来总理的夫人。

十、中国四大一线城市之一。

十一、人民法院在当事人和全体诉讼参与人的参加下，依法审理和解决民事纠纷的活动。

192 难易程度：★★★★★　时间限制：6分钟

横向：

1.宁夏回族自治区省会。

2.陈坤、江珊、范伟、陶泽如等主演的喜剧电影，讲述了两个离家出走的孩子，一路上智斗笨贼的爆笑故事，2013年1月25日上映。

3.包括人类社会在内的整个物质世界。

4.根据预先编排好的规律工作，能

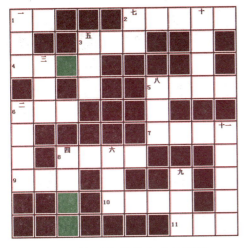

八、全世界面积第二大国家，首都渥太华。

九、"三十六计"之一，意指虚虚实实，兵无常势。

十、迪士尼第五部经典动画片，是一部关于爱、成长与生命的童话。

十一、《论语》中"工欲善其事"的后一句，比喻要做好一件事，工具很重要。

完成个别元件不能单独完成的群体。

5.位于南美大陆、安的列斯群岛、中美地峡之间的陆间海；大西洋的附属海，是世界上最大的内海。

6.香港乐坛"四大天王"之一，在华语地区享有"歌神"的称誉。

7.指完全没有必要。

8.地名，在陕西韩城县东北禹门处。

9.江西婺源的一座廊桥，建于宋代。

10.中国历史文化名城，首批中国旅游强县，国家4A级景区。

11.能进行数学运算的手持机器，拥有集成电路芯片，但结构简单。

纵向：

一、地球和太阳所在的星系。

二、形容节日或有喜庆事情的景象。

三、一门通过搜索、整理、分析数据等手段，以达到推断所测对象的本质，甚至预测对象未来的一门综合性科学。

四、中国传统美食，它是将野果用竹签串成串后蘸上麦芽糖稀，糖稀遇风迅速变硬。

五、人口众多的家庭。常用来比喻有共同目的、团结和睦的集体。

六、《红楼梦》中人物，贾琏之妻。

七、指愤怒的样子。

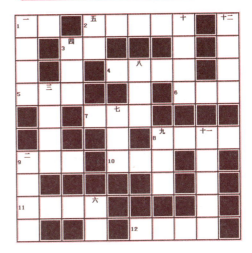

193 难易程度：★★★★
时间限制：6分钟

横向：

1.甘肃省省会。

2.钟汉良、张檬、陈楚河等主演的武侠爱情电视剧，改编自古龙同名武侠小说。

3.中华十大名山之首，位于山东泰安。

4.天子所用的剑，并以代表皇帝旨意，是一种权力和荣誉的象征。

5.南亚山区内陆国家，首都是加德满都。

6.一种播放文化、艺术、生活的介质，也是一架沟通世界的桥梁。

7.多年生草本植物，具鳞茎，有红、蓝、白、黄、紫等多种花色，是常见的水培花木品种。

8.指小鸟的羽毛还没有长全。比喻尚未成熟或力量还不够强大。

9.一种凶猛的猫科食肉猛兽，主要以野生动物兔、羊、鹿为食。

10.割纬起绒、表面形成纵向绒条的棉织物。

11.比喻采取与对方相对的行动，来反对或搞垮对方。

12.心神极为不安。

纵向：

一、一种品牌跑车，它的标志是一头充满力量、正向对方攻击的斗牛。

二、产生于17世纪意大利的一种演唱风格。

三、王安石创作的一首七言绝句，尾句是"明月何时照我还"。

四、印度诗人、哲学家，代表作有《吉檀迦利》《飞鸟集》等。

五、中亚东部地区的一条大山脉，横贯中国新疆的中部，西端伸入哈萨克斯坦。

六、由演员扮演角色在舞台上当众表演故事情节的一种综合艺术。

七、道路交通的基本语言。

八、知名反伪、打假人士，已出版多部以科普和学术腐败为题材的著作。

九、内充羽绒填料的上衣，外形庞大圆润。

十、形容环境充满了凶险的气氛。

十一、杜甫《月夜》中"遥怜小儿女"的下一句。

十二、中国古代著名四大书院之一。

194 难易程度：★★★★
时间限制：6分钟

横向：

1.青海省省会。

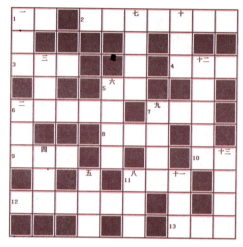

2.王之涣创作的边塞诗《凉州词》中"一片孤城万仞山"的前一句。

3.损伤牙齿的慢性感染性疾病。

4.坚定地信仰宗教，并且远行向不信仰宗教的人们传播宗教的修道者。

5.电影《志愿者》主题曲，由佟大为演唱。

6.孟浩然《春晓》中的一句。

7.亚当·桑德勒、凯文·詹姆斯、克里斯·洛克、大卫·斯佩德、罗伯·施奈德主演的喜剧电影，讲述了一个篮球队中5位队员的故事。

8.受过普通高等教育的群体。

9.江苏苏州的一处名胜，名字源于清初江苏巡抚宋荦的题名。

10.处境艰难、生活穷困，亦指事情复杂、阻碍多。

11.纽约曼哈顿区一条大街的名称，美国商业性戏剧娱乐中心，因此成为了音乐剧的代名词。

12.马致远《天净沙·秋思》中"枯藤老树昏鸦"的后一句。

13.隋末瓦岗起义军首领。

纵向：

一、位于欧洲西南部的国家，首都是马德里。

二、龙胆目萝摩科植物，花多黄绿色，有清香气，夜间更甚，故为此名。

三、党的创建人之一和核心领导成员，曾任国务院总理、外交部部长。

四、日本福岛县乡村的一座桥。

五、傣族最隆重的节日，也是云南少数民族中影响最大、参加人数最多的节日。

六、庄妮演唱的歌曲，首句是"我的心是一只孤单的白兔"。

七、比喻人跑到很远的地方去。另有同名歌曲。

八、一本关于中国人姓氏的书，成书于北宋初。

九、原为道教的话，后也用作对年长者的祝愿语。

十、中国四大民间传说之一，描述的是一个修炼成人形的蛇精与人的曲折爱情故事。

十一、委托银行将款项汇往异地收款单位的一种结算方式所取得的回单。

十二、《礼记·学记》中"学然后知不足"的后一句，意思是教了别人之后才能知道自己对知识还理解不清。

十三、出乎意料，让人很难相信。

195 难易程度：★★★ 时间限制：5分钟

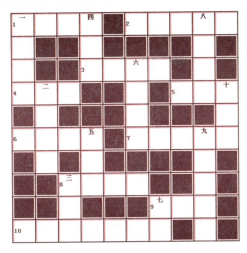

横向：

1.新疆的省会。

2.益智棋牌类游戏，以熊猫侠解救被困于栅栏中的动物为游戏背景。

3.比喻从此没有消息。

4.广西索乌一带的壮族纪念古代英雄的节日。

5.地中海东部的一个大海湾，位于地中海东北部、希腊和土耳其之间。

6.为了小的利益，造成大的损失。

7.为了投机取巧而跟不同的两方面都保持关系。

8.《封神榜》中的人物，名为敖广。

9.西乡胜景之一，位于陕西省西乡县城东南的巴山北麓。

10.李白《行路难·其一》中"直挂云帆济沧海"的前一句。

纵向：

一、被誉为"草原天籁"的蒙古歌手，代表作有《套马杆》等。

二、2009年由尹恩惠、尹相炫、文彩媛、郑日宇等主演的喜剧浪漫电视剧，讲述了财阀家的大小姐与穷光蛋管家及一名贵公子之间的感情纠葛。

三、周杰伦专辑《叶惠美》中的一首歌曲。

四、20世纪中国画艺术大师，代表作有《蛙声十里出山泉》《墨虾》《牧牛图》等。

五、2012年由王晶导演，周润发、黄晓明、洪金宝、吴镇宇等主演的影片。该片是第25届新加坡国际电影节的开幕电影。

六、形容对财物毫不吝惜，没有节制地随便花费。

七、指上午十一点至下午一点。

八、比喻对蠢人谈论高深的道理，

白费口舌。

九、贾岛《寻隐者不遇》中的一句。

十、星际争霸中神族的战斗飞船。

196 难易程度：★★★★
时间限制：6分钟

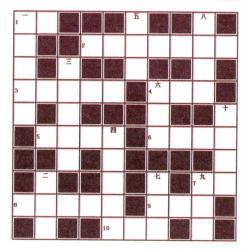

横向：

1.西藏自治区省会。

2.杜甫《江南逢李龟年》中"落花时节又逢君"的前一句。

3.最早作为其中一个景点出现在美国加州的迪士尼乐园。

4.中国传统节日之一，为每年农历八月十五。

5.比喻暗中用手段更换人或事物来欺骗别人。

6.绕行星或卫星运转的人造天体。

7.调试器的功能之一；张敬轩演唱的同名歌曲。

8.贾岛创作的一首问答诗。

9.把许多页纸装订在一起加以保存的办公用品。

10.陈慧琳演唱的歌曲，其中一句是"爱得痛了，痛得哭了"。

纵向：

一、美国内华达州的最大城市，因其以赌博业为中心的庞大的旅游、购物、度假产业而著名。

二、裴铏所撰《传奇》中的人物，魏博大将聂锋之女。

三、李清照前期作品《醉花阴》中"帘卷西风"的后一句，比喻人憔悴，暗示相思之深。

四、科洛迪的代表作，发表于1880年，后被迪士尼公司改编为动画电影，主人公是皮诺曹。

五、白居易创作的七言绝句，首句是"一道残阳铺水中"。

六、又称中华儿女、炎黄子孙、龙的传人等。

七、书籍内容经过重大修改后的版本。

八、形容道德和行为都很高尚。

九、出自《三字经》中的一句。

十、庄心妍演唱的歌曲，首句是"推开黑夜的天窗"。

197 难易程度：★★★★
时间限制：7分钟

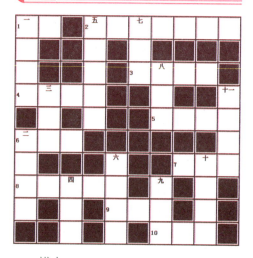

横向：

1.四川省省会。

2.邓洁仪《87狂热》专辑中的歌曲，首句是"ha!在那盏路灯的下面"。

3.阿拉伯民间故事集，即《一千零一夜》。

4.原产于土库曼斯坦的马种。

5.自家人动刀枪。指兄弟争吵。

6.核武器之一。

7.中国戏剧里的一种角色名称。

8.莫文蔚演唱的歌曲，首句是"hey我真的好想你"。

9.欧洲最伟大的古典主义音乐作曲家之一，代表作有《费加罗的婚礼》《安魂曲》《魔笛》等。

10.照度的国际单位（SI），又称米烛光。

纵向：

一、元太祖，本名铁木真，蒙古帝国可汗。

二、央视10套播出的一档以实验体验为特征的科普栏目。

三、清末民初通俗小说中记载的暗器，像鸟笼，专门远距离取敌人首级。

四、回应别人的道歉时所说的礼貌用语，表示不介意。

五、出自宋陈元靓《事林广记》卷九，"事久见人心"的前一句。

六、2006年台湾偶像剧《东方茱丽叶》的片尾曲，林依晨演唱。

七、南拳妈妈演唱的歌曲，其中一句是"一个人撑伞，一个人擦泪"。

八、香港知名男歌手，代表作有《Soul Boy》《爱爱爱》等。

九、德意志第三帝国元首兼帝国总理，德国武装力量最高统帅。

十、马克思、恩格斯、列宁、斯大林的并称。

十一、枕着武器，躺着等待天亮。形容杀敌心情急切，毫不松懈，时刻准备迎战。

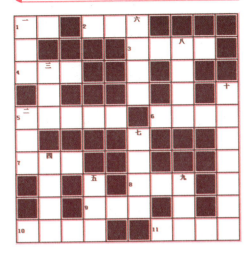

198 难易程度：★★★★
时间限制：6分钟

横向：

1.云南省省会。

2.南宋诗人，中兴四大诗人之一，代表作有《四时田园杂兴》《揽辔录》等。

3.何炅、李维嘉、谢娜、杜海涛、吴昕五人组成的新一代主持团体。

4.先秦重要古籍，是一部富于神话传说色彩的古老地理书，全书共计十八篇。

5.科林·费斯、杰弗里·拉什主演的历史电影，讲述了英国女王的父亲乔治六世国王的故事。

6.指一定范围内相对稳定的系统化知识。

7.提供给观众与演职人员浏览的菜单。

8.也叫"小银鱼"，产自东海深海水域。

9.地球四大洋之一。

10.法国瓦卢瓦王朝国王，原名夏尔·马克西米利昂，1560年~1574年在位。

11.李时珍撰写的药学著作。

纵向：

一、中国第一神山，位于中国新疆与青海、西藏交界处，海拔4767米。

二、中国法定假期，10月1日。

三、尼古拉斯·凯奇、亚伦·约翰逊主演的喜剧科幻影片，改编自马克·米勒的同名漫画。

四、以目标为导向，以人为中心，以成果为标准，使组织和个人取得最佳业绩的现代管理方法。

五、朝鲜职业足球运动员，现效力于德国乙级联赛的波鸿足球俱乐部，是一名前锋。

六、指坏人受到惩罚或打击，众人心里感到非常痛快。

七、文天祥著的七言律诗，诗中概述了自己的身世命运，以及舍生取义的人生观。

八、指定学生于家庭中完成的作业。

九、三白草科植物蕺菜的嫩茎叶，多年生草本植物。

十、苏东坡《题西林壁》中的第三句。

4.中国清末武术家霍元甲的弟子。

5.BMW，德国一家世界知名的高档汽车和摩托车制造商，总部位于慕尼黑。

6.香港全能型电影人，他导演的代表作有《消失的子弹》《枪王之王》《新不了情》等。

7.金庸的首部长篇武侠小说，著于1955年。

8.由周星驰担任导演、编剧兼主演的影片。

9.一种最高温度计。

10.苏联执政时间最长的最高领导人。

11.宋代女词人李清照《夏日绝句》的首句。

12.随时间按正弦或余弦规律变化的振动。

纵向：

一、美国著名卡通影片，也是最受孩子们喜爱的动画系列片之一。

二、描述做功快慢的物理量。

三、印度洋上一个岛国，首都为马累。

四、早上太阳从东方升起。形容朝气蓬勃的气象。

五、劳动者以运动系统为主要运动器官的劳动。

六、利用月光来照明读书。形容家境清贫，勤学苦读。

七、我国一项基本国策，用于控制人口数量。

八、马克思主义的创始人之一，代表作有《共产党宣言》《反杜林论》等。

九、电视剧《轩辕剑之天之痕》中主要角色之一。

十、"物证"的对称词。

十一、台湾情歌皇后，代表作有

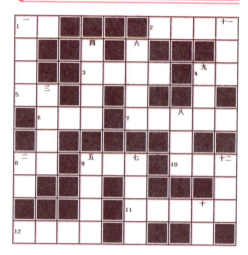

199 难易程度：★★★★
时间限制：6分钟

横向：

1.海南省省会。

2.比喻随时变节，反复无常

3.形容长时间的积累。

《变心的翅膀》《百万个吻》《再度重相逢》等。

十二、新加坡流行歌手，代表作品有《曹操》《一千年以后》等。

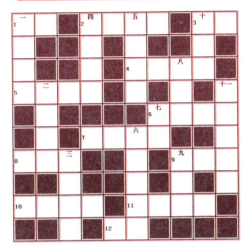

横向：

1.全国四大一线城市之一，中国第一个经济特区。

2.当前查杀木马能力最强、检测漏洞最快的一款免费安全软件。

3.法国化学家，电流的国际单位即以其姓氏命名。

4.被誉为"中华瑰宝，伤科圣药"的国家一级保护中药。

5.一款全能媒体播放器。

6.对人和蔼可亲，没有架子，使人容易接近。

7.神话传说。现形容为民除害的英勇行为。

8.一种十分常用的电声换能器件，在发声的电子电气设备中都能见到它。

9.一种由绿、黄、黑等颜色组成不规则图案的新式保护色衣服。

10.江涛演唱的歌曲，"望望头上天外天，走走脚下一马平川"是其中的一句。

11.川菜，源于重庆缙云山土家风味，是当地老百姓的家常菜。

12.泛指脸的各部位。

纵向：

一、2012年古装宫廷悬疑大戏，由甘婷婷、郑嘉颖、米雪等主演。

二、中央电视台电影频道栏目，由李蜜主持。

三、用手术方式将一个器官整体或局部从一个个体转移到另一个个体的过程。

四、指一个或几个国家与地区的全部或大部分金融指标的急剧、短暂和超周期的恶化。

五、由星载仪器自上而下观测到的地球上的云层覆盖和地球表面特征的图像。

六、周星驰电影的经典之作，剧中有包龙星、包有为、秦小莲等人物。

七、平常的日子。

八、有"诗魔"和"诗王"之称的诗人。

九、周杰伦歌曲，"你的嘴角，微微上翘"是其中的一句。

十、又名安定。

十一、一句政治宣传口号，最先由毛泽东提出。

横向：

1.台湾省省会。

2.对所有引进国外技术、联合设计生产的CRH动车组车辆的命名。

3.绿宝石之王，是相当贵重的宝石之一。

4.孙楠、秦海璐演唱的一首歌，"下一站出口到了相遇的地方"是其中

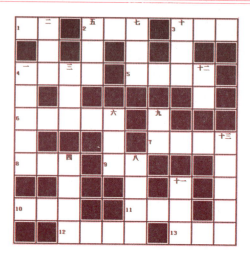

的一句。

5.一部美国科幻警匪电视剧，共13集，于2013年11月上映。

6.马克思主义诞生的重要标志。

7.弯曲的小路通到幽深僻静的地方，出自唐代常建的《题破山寺后禅院》。

8.平均太阳时间与基于真实天体运行的恒星时间之差。

9.初升的太阳。

10.著名词牌之一，李煜的"恰似一江春水向东流"出自此词牌。

11.坐落在北京市中心，中华人民共和国的象征性建筑之一。

12.意思含蓄深远，耐人寻味。出自程颐《河南程氏遗书》。

13.由宁静、邵兵等主演，冯小宁执导，是其"战争与和平"三部曲的第一部。

纵向：

一、张九龄《望月怀远》中"海上生明月"的后一句。

二、旧指中国黑龙江省北部在三江平原、黑龙江沿河平原及嫩江流域的广大荒芜地区。

三、抗日战争时期，秘密进行革命活动的党组织。

四、表示大体上能让人满意。

五、指调停争端的人，特指无原则地进行调停的人。

六、台湾著名演员及歌手，台版《流星花园》中道明寺的扮演者。

七、在印刷票据、表格上不断变换的打流水号数字专用产品。

八、时间长，日子久。

九、指歌剧、舞剧等开幕前演奏的短曲。

十、世界上第一位将圆周率值计算到小数点后第7位的科学家。

十一、火风演唱的一首喜庆的歌。

十二、杨阳执导拍摄的首部大型医疗剧，共36集。

十三、杜甫《佳人》中"绝代有佳人"的后一句。

202 难易程度：★★★★
时间限制：6分钟

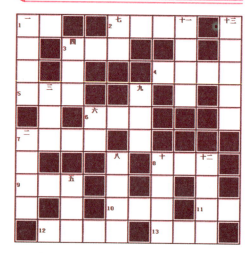

横向：

1.有"东方之珠""购物天堂"等美誉的特别行政区。

2.收入不够支出。

3.以风景为题材的绘画。

4.形容言语、行动没有留下可回旋的余地。

5.腹泻的口语叫法。

6.由6个正方形面组成的正多面体。

7.陈士铮执导，张峻宁、马梓涵主演的喜剧片，讲述一群来自不同背景、性格鲜明的年轻人在校园发生的青春故事。

8.范玮琪音乐专辑的名称，专辑中有《那些花儿》《好寂寞》《我就是这样》等歌曲。

9.工厂、学校、机关等设立的门房。

10.指外行人。

11.由卢伦常、潘越执导，于震、陈紫函等主演的战争题材剧，讲述了国共两党围绕渡江战役中江防要塞的争夺而展开的一系列明争暗斗。

12.李力持、周星驰导演，张柏芝、莫文蔚、吴孟达联合主演的影片，讲述一个专业演员如何通过努力成名的故事。

13.清朝中叶著名文学家袁枚撰写的一部笔记小品，共二十四卷，多记述奇闻异事、奇人鬼怪。

纵向：

一、总部设在香港的酒店集团，第一家豪华酒店在新加坡成立，用"S"作为集团标志。

二、山东卫视王牌栏目，主持人是胡可、大张伟。

三、一种带有阿拉伯风情的舞蹈形式，也是深受女士喜爱的减肥方式。

四、一个由王琳晶、龚玥、关燕萍组成的全新女声三重唱组合。

五、采用多机拍摄，同期录音并当场切换，在一个场次中以连贯表演的方式同步完成的电视剧种，如《渴望》《我爱我家》等。

六、二十四节气之一。

七、《红楼梦》中人物，贾惜春的丫环。

八、以色列王国的国王，相传著有《箴富》《雅歌》等作品。

九、数码速印机的一种，是集传真、打印与复印等功能为一体的机器。

十、香港著名歌星林子祥的一首音乐作品。

十一、一般是指一个人去祖国以外的国家接受各种教育。

十二、韩国动画电影，2002年荣获"格兰披治最佳动画长片大奖"。

十三、李白《静夜思》的第二句。

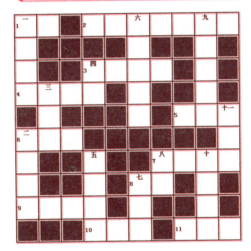

203　难易程度：★★★★★　时间限制：8分钟

横向：

1.中国的一个特别行政区，是世界四大赌城之一，也是世界上人口密度最高的地区，亚洲最发达、最富裕的地区之一。

2.岑参《白雪歌送武判官归京》中"千树万树梨花开"的前一句。

3.成语，比喻虚幻不能实现的梦想。

4.位于南美洲，世界上流量和流域最大、支流最多的河流，长度位居世界第二。

5.中国的一大名酒，它以优质汾酒

为基酒，配以十余种名贵药材，采用独特生产工艺加工而成，是我国古老的传统保健名酒。

6.词牌名，宜用以抒写激奋情思。代表作有辛弃疾的《登建康赏心亭》、苏轼的《次韵章质夫杨花词》等。

7.人体必需的一些物质，占人体总重量的万分之一以下，尤其是小孩一旦缺乏，会导致一系列疾病。

8.中国军事思想"谋战"派代表人物，被誉为"国士无双"，曾受"胯下之辱"。

9.中国古代传说时期中开天辟地的神。

10.人们仿造地球的形状，按照一定的比例缩小，制作成的地球模型。

11.查询电话号码、邮政编码、长途电话区号等与号码相关业务的平台。

纵向：

一、多种矿产出口量全球第一的国家，首都是堪培拉。

二、菜谱里的常见菜，口味属于甜味，做法属拌菜类。

三、一种用蛋白、杏仁粉、白砂糖和糖霜所做的法国甜点，通常在两块饼干之间夹有水果酱或奶油等内馅。

四、中国第二长河，中国人称其为"母亲河"。

五、比喻另有一番境界。形容风景或艺术创作的境界引人入胜。

六、"离离原上草"的后一句。

七、一位台湾柔情派歌手，代表作品有《粉红色的回忆》《一个小微笑》等。

八、腾讯公司于2011年1月21日推出的一款通过网络快速发送语音短信、视频、图片和文字，支持多人群聊的手机聊天软件。

九、孟浩然《宿桐庐江寄广陵旧游》中"月照一孤舟"的前一句。

十、用来表示一种元素，还表示这种元素的一个原子及原子量。

十一、英国细菌学家弗莱明发现的世界上第一种抗生素。

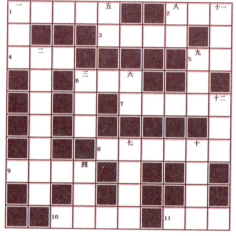

难易程度：★★★★
204
时间限制：6分钟

横向：

1.世界上最大和自然条件最为严酷的沙漠。

2.中国一种传统的纯天然保健饮料佳品，素有"保健茶""美容茶""减肥茶""降压茶""益寿茶"等美称。

3.看作路上遇到的陌生人。指与亲人或熟人非常疏远。

4.蒲松龄小说集《聊斋志异》中《聂小倩》一篇的男主人公。

5.儿子的女儿。

6.滚石唱片内地主力女歌手，获封"灵魂歌者""情感歌后"的美誉，代表作有《指望》《暖心》《伤不起》等。

7.杜甫《望岳》"会当凌绝顶"的下一句。

8.中华人民共和国国歌。

9.原本指的是古代中国民间女性的几种职业。现代汉语中常指社会上各式

市井女性

10.指不是有心说的。

11."三十六计"中的第三十四计,指故意毁伤身体以骗取对方信任。

纵向:

一、中央电视台著名当家主持人、当红小生,被誉为"中央电视台的帕瓦罗蒂",更有"综艺小王子"的雅号。

二、经典的中国儿童歌曲,节奏欢快,由陈晓光作词,谷建芬作曲,原唱是李谷一。

三、荷兰的国花。

四、喻指好议论而又说话非常啰唆的人。

五、冷淡地对待,不关心。

六、王力宏的一首歌曲,"我的天空多么的清新,透明的承诺是过去的空气"是其中的一句。

七、由梅尔·吉布森导演的电影史诗片,讲述英雄之后华莱士带领苏格兰人民揭竿而起,抵抗敌人的英雄故事。

八、万禾创作的小说,写的全是小人物、平民百姓的故事。

九、中华民国和中国国民党创始人,三民主义的倡导者。

十、根据托尼·摩尔的同名漫画改编,是美国历史上第一部正宗的僵尸电视剧。

十一、法国亚历山大·小仲马的代表作,讲述一个叫玛格丽特的贫苦乡下姑娘的故事。

十二、一种音乐体裁,是用于向心爱的人表达情意的歌曲。

205 难度程度:★★★★★
时间限制:7分钟

横向:

1.在《咬文嚼字》编辑部发布的"2012年十大流行语"中,该词位居榜

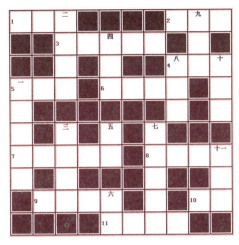

首,指的是一种健康乐观、积极向上的动力和情感。

2.位于四川省,桥身由13根铁链组成的一座桥。

3.范仲淹词作《苏幕遮》"酒入愁肠"的下一句。

4.地栖性哺乳动物,属鳞甲目,体形狭长,全身有鳞甲,四肢粗短。

5.中国著名音乐人、导演,代表作品有歌曲《同桌的你》《恋恋风尘》等。

6.巴金所著散文,后经修改编入小学课文。

7.2012年由海峡两岸共同打造的华丽猎爱偶像剧,由陈乔恩、张翰、高以翔、张檬等两岸三地明星主演,讲述了不起眼的女孩林晓洁的爱情故事。

8.成语,比喻要做的事情由于出了点小毛病或怕出问题就索性不去干。

9.由本山传媒投资拍摄,朱延平执导,赵本山、小沈阳、林熙蕾主演的贺岁动作喜剧。

10.法国著名作家莫泊桑创作的短篇小说之一。

11.1927年由周恩来等领导的武装起义。

纵向：

一、苏轼《水调歌头》"我欲乘风归去，又恐琼楼玉宇"的下一句。

二、指中央银行在实行零利率或近似零利率政策后，通过购买国债等中长期债券，增加基础货币供给，向市场注入大量流动性资金的干预方式，以鼓励开支和借贷，也被简化地形容为间接增印钞票。

三、一首由F.I.R作词作曲并演唱的流行歌曲，收录在专辑《F.I.R.飞儿乐团同名专辑》中。

四、因雌雄鸟经常形影不离，对伴侣极其忠诚，故此取名。

五、指证券的售价与其面值相等。

六、位于长江中游江南地区的一个省份，有"芙蓉国"之称。

七、唐代诗人孟浩然《秋登兰山寄张五》中"兴是清秋发"的上一句。

八、气象学中一种空气流动的现象。

九、中国第一部电影。

十、中国已知最早的成体系的文字形式。

十一、生物之间以食物营养关系彼此联系起来的序列。

206 难易程度：★★★★★
时间限制：7分钟

横向：

1.中央电视台综艺频道开办的综艺栏目，2010年9月开播，由董卿担任主持人。

2.一部动画片主角，最早源于比利时，由化名贝约的比利时漫画家皮埃尔·库里佛在1958年创作的艺术形象。

3.菜名，属京川口味，始于元代，兴起于清代。传说为元世祖忽必烈赐

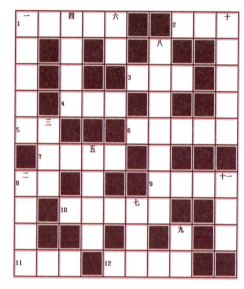

名，原是宫廷佳肴。

4.中国四大名著之一。

5.军和师的统称，曾是军队的一级组织。

6.成语，形容态度十分坚决。

7.盲目崇拜金钱、把金钱看作最高价值、一切价值都要服从于金钱的思想观念和行为。

8.涉及多国或多边国际性问题的、由各国最高领导人参加的、预计会达成某些共识或共同纲领性文件的国际会议。

9.刘若英《很爱很爱你》专辑中的一首歌曲，是其代表性曲目之一。

10.由李保田、沈傲君、梁丽等主演的古装喜剧，描绘了在清末社会大背景下的小人物命运。

11.著名演员，代表作品有《七侠五义》《小李飞刀》《宝莲灯前传》《穆桂英大破天门阵》等。

12.始建于1908年，中国早期四大银行之一，也是中国早期的发钞行之一。

纵向：

一、原名《子弹上膛》，第一部由

侯勇、谷智鑫、王奎荣等主演，第二部由吴京、侯梦莎、徐佳等主演的战争题材剧。

二、索尼NEX微单相机所具备的一种对焦方式。

三、一种集体祝贺节日的礼仪形式。

四、达到尽善尽美的境界，就和圣人差不多了。出自《老子》第八章。

五、一种医生职称，比住院医师高一级。

六、在法定婚龄的基础上，适当推迟实际结婚年龄。

七、一种智能手机上常用的来电去电DIY显示软件，还有来电防火墙、隐私通讯等功能。

八、李白诗《将进酒》"会须一饮三百杯"的前一句。

九、中国古代的一种物质观，指金、木、水、火、土五种基本物质及其运动变化。

十、由萨姆·莱米导演，凯特·布兰切特、吉尔瓦尼·雷比西等主演的恐怖惊悚影片。描述的是一个灵媒的生活世界，必须经常承受跨越阴阳两界的恐慌与孤独，饱受灵异世界的惊吓与一般民众的羞辱。

十一、自然疫源性人畜共患急性传染病，流行性广，病死率极高，几乎为100%。

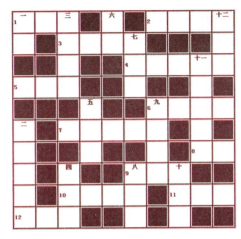

207 难易程度：★★★★★
时间限制：7分钟

横向：

1.美国职业篮球运动员，美籍华裔，祖籍福建省漳浦县，司职控球后卫。2012年在纽约尼克斯对战新泽西网队中一举成名。

2.成语，形容非常小或非常少。

3.指通向某类综合性互联网信息资源并提供有关信息服务的应用系统。

4.苏轼《水调歌头》中"何似在人间"的上一句。

5.2011年11月上映，由李仁港执导，黎明、张涵予、刘亦菲等主演的一部历史题材影片。

6.美国著名漫画人物，最后死于狙击枪下，他和超人、蝙蝠侠、蜘蛛侠、X战警及闪电侠齐名。

7.一种新兴的职业形式，指不受约束从事文字创作的一类人。

8.原始人群体的亲属、祖先、保护神的标志和象征，是人类历史上最早的一种文化现象。

9.具有一定会计专业水平，经考核取得证书、可以接受当事人委托，承办有关审计、会计、咨询、税务等方面业务的会计人员。

10.被雇用来替代电影演员表演需要特别体能、体力的技术动作或危险动作的人。

11.中国著名女演员，1998年出演琼瑶剧《还珠格格》一举成名，代表作有《观音山》《金大班》《胭脂雪》等。

12.指土地、建筑物及固着在土地、建筑物上不可分离的部分及其附带的各种权益。

纵向：

一、当红歌手、演员，2008年凭《太极》成为首位荣膺"亚洲视帝"的香港明星，代表作品有《白蛇传说》《大唐双龙传》等。

二、指已经列入国家计划，由城市政府组织房地产开发企业或者集资建房单位建造，以微利价向城镇中低收入家庭出售的住房。

三、拍摄于1991年，号称香港"全明星"出演的义演片，由曾志伟、郑裕玲、吴耀汉等主演，几乎全港巨星客串的喜剧片。

四、指某地特有的或特别著名的产品。

五、指全部或绝大多数外国商品可以免税进出的港口，划在一国的关税国境以外。

六、发电机组的输电线路与输电网接通(开始向外输电)。

七、2008北京奥运会献礼影片《一个人的奥林匹克》的主题曲，由成龙、王力宏、韩红、孙燕姿4人演唱。

八、指对普通身份进行识别的凭证，包括商场、宾馆、健身中心、酒店等消费场所的认证，应用很广。

九、一部改编自小说《未央·沉浮》的古装宫廷剧，共40集，由林心如、陈键锋、杨幂等主演。

十、一类大学生，所修专业属于教育方向，是未来教师的预备者。

十一、北宋画家张择端存世的一幅精品，属国宝级文物，现存于北京故宫博物院。

十二、指专门运用在各种新媒体平台上播放的、适合在移动状态和短时休闲状态下观看的视频短片。

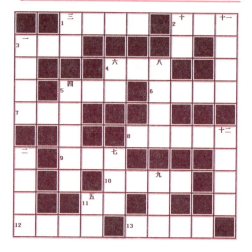

208　难易程度：★★★★★　时间限制：8分钟

横向：

1.形容读书多，学识丰富。

2.近代中国著名的军事家、政治家、武学名家，太平天国统帅。

3.我国古代传说中最古老的一部太阳历。

4.在绘画、雕塑等造型艺术方面有一定造诣或贡献的专业人士。

5.当月亮、地球、太阳完全在一条直线上的时候，月亮表面昏暗而形成的一种天文现象。

6.网易有道推出的与词汇相关的服务与软件。

7.法国著名作家司汤达的代表作，主人公是于连。

8.唐代诗人杜甫《赠卫八处士》中"昔别君未婚"的下一句。

9.苏联制造的一种短程机动发射地对地导弹，曾先后用于第四次中东战争、两伊战争和海湾战争，取得良好战果。

10.一种净化厨房环境的厨房电器。

11.一种植物性蛋白质，由麦胶蛋白质和麦谷蛋白质组成。

12. 一种新型燃料。

13. 由马克·鲍尔编剧、凯瑟琳·毕格罗执导的战争题材影片，讲述了一组美国专家被派往巴格达执行任务的故事。

纵向：

一、形容百花齐放，色彩艳丽。也比喻事物丰富多彩。

二、比喻基础深厚，不容易动摇。

三、求学的经历。

四、卢纶《塞下曲》的第一句。

五、能体现服装主题特征的材料。

六、好吃的东西。

七、学名叫肌肉痉挛，是一种肌肉自发的强直性收缩，发生在小腿和脚趾的肌肉痉挛最常见。

八、一部少儿题材的情景喜剧，由宋丹丹、高亚麟等主演。

九、装有发烟剂，引爆、引燃后给敌人带来心理上的恐惧及视线上的障碍的弹药。

十、《水浒传》中的人物，外号"拼命三郎"。

十一、1949年在北京为中华人民共和国中央人民政府成立而举行的仪式。

十二、国家机构的基本组成部分。

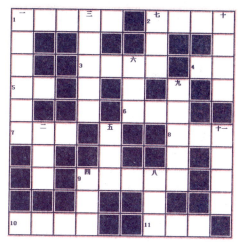

209 难易程度 ★★★★
时间限制 7分钟

横向：

1. 2012年十大网络热词之一，意思是没招惹别人却被别人言语攻击，表达了当事人一种无可奈何的自嘲心情。

2. 班级教育活动的形式之一，指围绕某一主要问题、现象、情况或要求而开展的一种班级活动。

3. 卢巧音、王力宏合唱的一首粤语歌曲，收录于卢巧音个人专辑《赏味人间》。

4. 指在寺庙附近进行祭神、娱乐和购物等活动，是中华文化传统的节日风俗。

5. 按表收费的交通工具，收费一般较其他交通工具高。

6. 一种半自主细胞器，有"细胞动力工厂"之称。

7. 传统的戏剧剧目，原系秦腔剧目，后有多个剧种上演。讲述的是宋代抗金英雄岳飞之子岳雷，为躲避官兵的追捕，阴差阳错误入刘家，与刘玉莲小姐花开并蒂、喜结连理的一段佳话。

8. "三十六计"之一。

9. 杜甫《登岳阳楼》中"老病有孤舟"的前一句。

10. 2013年阿方索·卡隆执导的美国电影，讲述了在地球空间站工作时两名宇航员遇险、排险的故事。

11. 对人民军队的亲切称呼。

纵向：

一、由台湾少有的创作型民谣歌手陈绮贞作词、作曲、演唱的一首歌曲，收录在专辑《Groupies吉他手》中。

二、中国传统节日之一，传说是为了纪念嫦娥奔月。

三、大型励志专业音乐评论节目，于2012年7月13日正式在浙江卫视播出。

四、歌德晚年创作的一部长篇小说。

五、中国著名男歌手、演员，小虎队成员，昵称"乖乖虎"。

六、分数中间的一条横线。

七、排球运动比赛队员的职责分工，是防守反击中的主要得分队员。

八、指对各种事物不加区别或选择，包揽一切。

九、一种有图案意味或装饰意味的字体，是一种艺术的创新。

十、最简单好用的DV、HDV影片剪辑软件。

十一、工作进度或成效可以按日计算。形容进展快，有把握按时完成。

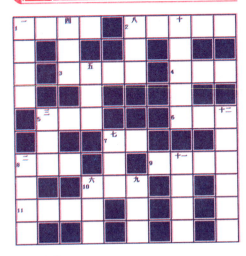

210　难易程度：★★★☆
时间限制：6分钟

横向：

1.中国最大的综合网络零售商，2012年8月14日，与苏宁开打"史上最惨烈价格战"。

2.革命现代京剧，小说《林海雪原》中的一段故事，剧中人物有杨子荣、少剑波、座山雕等。

3.用作无线电信息中继站的人造地球卫星。

4.巨人集团创始人，曾是IT届风云人物，脑黄金、黄金搭档等产品的开发人。

5.电影艺术最高奖项，1928年设立，每年在美国好莱坞举行。

6.古代希腊的重要城邦之一，史称拉凯达伊蒙，位于伯罗奔尼撒半岛南部的拉科尼亚。

7.食用油的一种制作方法，指用外力挤压出物料中的液汁。

8.一种民主政治制度，又称内阁制。

9.成语，比喻名次或成绩排在前面，形容人十分优秀。

10.中国川菜中一种烹调猪肉的传统菜式，将肉煮过后再次烹调。

11.成语，形容接连不断地到来。

纵向：

一、以客运为主的快速铁路，它北起首都北京，南到广州。

二、形容意见不一，议论很多。

三、最早起源于古希腊，每四年举行一次的世界级活动。

四、电子商务和电子政务活动中，交易各方提供的网上支付结算、信息支持等服务。

五、一种非现金交易付款的方式，是简单的信贷服务。

六、阿信作词作曲，五月天演唱的歌曲，"那年烟花，满天幸福的爆炸"是其中的一句。

七、炊具，由法国物理学家帕平发明，能大大缩短做饭的时间，节约能源。

八、《水浒传》中的人物，吴用的绰号。

九、指交战双方徒手或用短兵器

格斗。

十、一名美国演员，同时也是嘻哈歌手，代表作有《国家公敌》《独立日》等。

十一、帝国主义和无产阶级革命时代的马克思主义。

十二、于1769年成立，美国历史最悠久的学院之一，是常春藤学院中最晚招收女生的一个。

211　难易程度：★★★★
　　　时间限制：7分钟

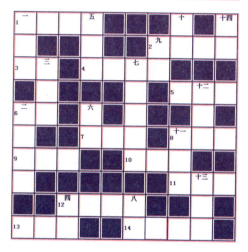

横向：

1.有"世界屋脊"和"第三极"之称的地方。

2.由跑、跳、投等10个田径项目组成的综合性男子比赛项目。

3.江西省景德镇的称号。

4.人人饱暖，家家丰衣足食。

5.曾是世界上面积最大的国家，现已解体，列宁、斯大林曾是国家领袖。

6.在水利工程建设中，为建造永久性水利设施而修建的临时性围护结构。

7.著名的影视话三栖演员，参演过70多部作品，曾饰演《三国演义》中的司马懿、《水浒传》中的高俅。

8.唐僧师徒四人取经时路过的一个国家，这里繁衍后代都是靠喝湖中的水而受孕的。

9.接载病员由伤病现场往医院，或用作接载病情严重者作转院服务的陆上紧急交通工具。

10.韩国历史上第一位具有世界水平的花样滑冰运动员，有花滑女王、钢铁蝴蝶、韩国花滑天后等称谓。

11.中国当代作家莫言的成名作，发表于1986年。

12.到天的最高处去摘月。常形容壮志豪情。

13.相传为三国时吴国书法家皇象所书，为章草体的正宗。

14.形容奇形怪状，五颜六色。

纵向：

一、由周杰伦作曲演唱、方文山作词的歌曲，"炊烟袅袅升起，隔江千万里"是其中的一句词。

二、现指袭击敌人后方的据点以迫使进攻之敌撤退的战术。

三、世界水利文化的鼻祖。

四、楚辞中作品，是一组叙述屈原身世和遭遇的抒情诗。

五、由秦汉、林凤娇、江明等主演的台湾影片，讲述台湾乡土文学的奠基人钟理和坎坷的一生。

六、南北朝时期北朝第一个朝代。

七、比喻家信的珍贵。出自唐代诗人杜甫的《春望》。

八、世界著名的钢琴曲，是德国音乐家贝多芬的作品。

九、达到充足的程度或完全的地步。

十、数学名词，把方程中的某一项改变符号后，从方程的一边移到另一边。

十一、著名的绍兴"花雕酒"，为旧时富家生女、嫁女的必备物。

十二、中国武术史上家喻户晓的传奇人物，位列"广东十虎"之一，是"醉拳"的开山祖师爷。

十三、荆轲的好友，是一名乐师，荆轲刺秦王时，高歌"风萧萧兮易水寒，壮士一去兮不复还"。

十四、尽可能地减少能源消耗量，生产出与原来同样数量、同样质量的产品。

212 难易程度：★★★★
时间限制：7分钟

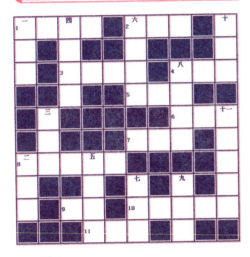

横向：

1.中国现存历史最悠久的杂志。

2.产于秘鲁和墨西哥，最初被称为"狼桃"，营养丰富、风味独特的蔬菜。

3.江西卫视的一档民生新闻节目，每晚为观众讲述一个涉及真善美、德义理的社会故事，主持人是金飞。

4.专门进行天象观测和天文学研究的机构。

5.契诃夫早期创作的一篇讽刺小说，主人公是警官奥楚蔑洛夫。

6.位于北京西山山前平原上的山丘，有北京市最大的殡仪馆，很多已故中央领导人在这里火化。

7.具有某种共同兴趣的人进行社会交际、文化娱乐等活动的团体和场所。

8.李白《送友人》中"白水绕东城"的前一句。

9.人类最原始的烹调方式，食品带有特有的焦糊香味。

10.刘长卿《饯别王十一南游》中"落日五湖春"的前一句。

11.位于中国和朝鲜之间的一条界江。

纵向：

一、中国传统节日之一。

二、指以生殖器官发育成熟、第二性征发育为标志的初次有繁殖能力的时期。

三、中国佛教四大名山之首。

四、历史上留下好名声。

五、具有世界声誉的北京著名菜式，被誉为"天下美味"，驰名中外。

六、一次历史事件，与蒋介石、杨虎城有关。

七、国家一级演员、著名小品演员，作品有《杨德财征婚》《举起手来》等。

八、金庸的武侠代表作，主人公有萧峰、段誉、虚竹等。

九、中央电视台主持人，主持过《对话》《道德观察》等热门节目。

十、湖南电视台的别称。

十一、指王法管辖不到。

213 难易程度：★★★★★
时间限制：8分钟

横向：

1.江西省第二大城市，有"江西北大门"之称。

2.法国浪漫主义作家，被人们称为"法兰西的莎士比亚"。

3.于慧、孙海英、刘永生等主演的32集当代农村题材剧。

4.指在外多年、很有阅历、非常世

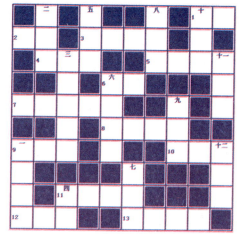

故的人。

5.著名学者、翻译家、作家季羡林著作，书目包括《去故国》《行万里路》等。

6.指书刊第二次出版，有时也指第二次印刷。

7.辛弃疾《念奴娇·书东流村壁》中"曲岸持觞，垂杨系马"的下一句。

8.宽阔平坦、四通八达的大路。比喻美好光明的前途。

9.对某种商品买了又买用了又用的顾客。

10.澳大利亚的国宝，也是澳大利亚奇特的珍贵原始树栖动物，又叫考拉。

11.既有智谋，又很勇敢。

12.欧洲国家，首都是罗马。

13.形容夜晚灯光明亮的繁华景象。

纵向：

一、重新考虑，改变原来的想法和态度。

二、传说中的八仙之一。

三、唐代诗人韦应物《淮上喜会梁州故人》中"相逢每醉还"的上一句。

四、世界上唯一生产硝石的国家。

五、中国第一大淡水湖。

六、现代诗人徐志摩脍炙人口的诗篇，是新月派诗歌的代表作品。

七、在矿井里用的可以防止引起混合气爆炸的灯。

八、张明敏演唱的歌曲，"我从乡间走过，总有不少收获"是其中一句歌词。

九、种在道路两旁，给车辆和行人遮阴并构成街景的树木。

十、伍佰演唱地一首歌，"可是我不能走，我要继续地追梦"是其中的一句歌词。

十一、梁咏琪演唱的一首歌，"又独行旧地，遇着拦路雨洒满地"是其中的一句歌词。

十二、喜剧动画片，主人公有"光头强"等。

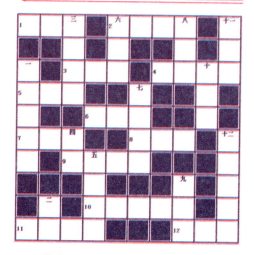

214 难易程度：★★★★ 时间限制：6分钟

横向：

1.十八届一中全会任命的中共中央军事委员会主席。

2.流畅通达，没有阻碍。

3.人们所阅读的数字化出版物，又称e-book。

4.指能担当重任的人物要经过长期

的锻炼，所以成就较晚。也用作对长期不得志的人的安慰话。

5.全部，所有。也形容不顾一切地做某件事。

6.现俄罗斯联邦首都。

7.在转子两个校正面上同时进行校正平衡，校正后的剩余不平衡量，以保证转子在动态时是在许用不平衡量的规定范围内。

8.2001年凭借电影《我的野蛮女友》一跃成为韩国的一线女星。

9.一种传统曲艺形式，基本句式为"二、二、三"的七字句，左手击打两块相同的铜板（鸳鸯板）作为伴奏乐。

10.宋之问《渡汉江》"近乡情更怯"的后一句。

11.骄傲的军队必定打败仗。

12.指用一段较长的时间（通常是一年）去旅行或者从事一些非政府组织的志愿者工作。

纵向：

一、张信哲、刘嘉玲演唱的歌曲，"我和你，男和女，都逃不过爱情"是其中的一句词。

二、相声艺术家，真名任军，代表作品有《雕塑》《谁让你是优秀》等。

三、一款无须翻盖、没有键盘、小到可以放入女士手袋，但功能完整的PC。

四、我国五岳之一，位于湖南省。

五、金庸武侠小说《笑傲江湖》中的日月神教教主，武功天下第一。

六、在一个时代或者某时间段非常受欢迎的书。

七、概要记述人类一切知识门类或某一知识门类的工具书。

八、以提供运动的阻力而耗减运动能量的装置。

九、高尔基自传体小说三部曲中的第二部。

十、人们常说的夜来香，花白色，浓香，夜间尤烈。

十一、明末农民起义领袖。

十二、"不知天上宫阙"的后一句。

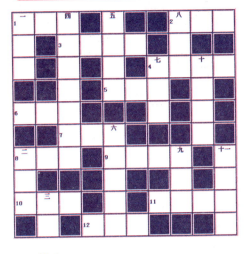

横向：

1.著名笑星，喜剧表演艺术家，国家一级演员，代表作品有《相亲》《卖拐》《不差钱》等。

2.西方绘画史上划时代的艺术流派。

3.成语，雨后转晴。

4.用征收高额进口税和各种进口附加税的办法，作为限制和阻止外国商品进口的一种手段。

5.西方传统节日。

6.由河南卫视播出的以武术比赛为主题的综艺节目，主持人是王冠。

7.词牌名，又名《锁阳台》《潇湘夜雨》等，苏轼的《蜗角虚名》《三十三年》均用此词牌创作。

8.江南三大名楼之一，素有"天下江山第一楼"的美誉。

9.电影插曲，被称为"东方小夜曲"，曾被联合国教科文组织定为世界著名小夜曲，也是中国民歌经典。

10.不用信封就可以直接投寄的载有信息的卡片。

11.世界三大兵书之一，是中国最古老、最杰出的一部兵书。

12.浑仪和浑象的总称，我国东汉天文学家张衡所制。

纵向：

一、殿堂级演员、表演艺术家，以优雅知性著称，主演过的经典角色有冯程程、白素贞等。

二、中国著名男演员、歌手，成名作是《大汉天子》，代表作品有《赵氏孤儿》《血滴子》等。

三、指人民群众致函或走访有关部门反映情况，并要求解决某些问题。

四、晚唐诗人许浑的《咸阳城东楼》中"溪云初起日沉阁"的下一句。

五、孙悟空的称号。

六、张惠妹演唱的一首歌，"就要离别，勇敢地流泪"是其中的一句歌词。

七、发生在人体关节及其周围组织的炎性疾病。

八、对合同、凭证、书据、账簿及权利许可证等文件征收的税种。

九、指晚上不想睡觉的人、喜欢熬夜的人。

十、形容岩石高耸。

十一、比喻最好的或独一无二的方法。

216 难易程度：★★★★
时间限制：6分钟

横向：

1.世界七大奇迹之一，中国悠久历史的见证。

2.人们对自己所从事的事业执着追求的情感，坚定不移的信念。

3.一种中国民间群众传统说唱曲艺表演形式，每段内容有三长句一短句。

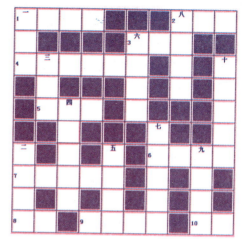

4.谚语，比喻优秀的人才应该选择能发挥自己才能的好单位和善用自己的好领导。

5.集体单位或个人对关心、帮助、支持本单位或个人表示衷心感谢的函件。

6.《非诚勿扰2》中李香山女儿深情演绎的一首诗，实际名应为《班扎古鲁白玛的沉默》，作者为扎西拉姆·多多。

7.由经典韩剧改编，秋瓷炫、李彩桦、凌潇肃等影星领衔主演的都市时尚情感大戏。

8.东亚国家，首都平壤。

9.从思想上瓦解敌人的斗志为上策。

10.新作品出版跟人们见面。

纵向：

一、香港著名演员，因主演《大哥大》获第二十五届金马奖最佳男主角奖。

二、王力可、郭德纲等主演的历史穿越剧，讲述了一段今世唐朝的浪漫传奇故事。

三、由病毒引起的主要流行于鸡群中的烈性传染病。

四、刘德华的音乐专辑，是刘德华

在宝艺星唱片公司最后的作品，《记不住你的容颜》《浪淘沙》是其中的歌曲。

五、指用欺骗引诱等手段迷惑人，搞乱人的思想。

六、指影、视、歌都有成绩的艺人，如赵薇、林志颖等。

七、唐代诗人刘长卿《饯别王十一南游》中"相思愁白苹"的上一句。

八、成语，形容用力小而收效大。

九、向地位比自己低、学识比自己差的人请教，也不感到羞耻。出自《论语》。

十、简·奥斯汀的代表作，生动地反映了18世纪末到19世纪初，处于保守和闭塞状态下的英国乡村生活和世态人情。

217 难易程度：★★★★★
时间限制：8分钟

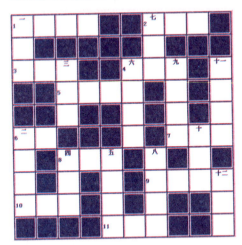

横向：

1.指生活作息中尽力减少能量耗用，从而减少对大气的污染，减缓生态恶化，主要是从节电、节气和回收三个环节来改变生活细节。

2.北京奥运会开幕式、闭幕式总导演。

3.长辈在过年时给晚辈的钱。

4.在发生武装冲突时，对交战的任何一方都不采取敌对行动的国家。

5.形容学问贯通了中国和西方的种种知识。

6.篮球比赛阵容中的一个位置，一般都由队中最高的球员担任，传统上强调篮下的防守，以及防守板球的保护。

7.张卫健、黄文豪、何美钿主演的一部古装言情剧。该剧把象棋巧妙地融合在武侠故事里。

8.致乐坊成员代表作品，首句是"月光散珠帘，年代已久远"；也有一部反映特困家庭中一对双胞胎姐妹求学的同名影片。

9.欧美等西方国家对旧货地摊市场的别称。

10.香港作家金庸的最后一部长篇武侠小说作品。

11.田径中的一个项目，由单脚跳、跨步跳和跳跃组成。

纵向：

一、体循环动脉压力低于正常的状态。

二、指群雄并起，争夺天下。

三、中国航天事业的奠基人，中国两弹一星功勋奖章获得者。

四、英国作家查尔斯·狄更斯所著的一部描述法国大革命大时代的长篇历史小说。

五、民间传说中颇有名气的传奇飞贼，一代轻功高手，有时把偷来的东西分给穷人一些，是个义盗。

六、比喻中国和外国的精华合到一块。

七、《康熙微服私访记》的男主角。

八、2013年央视蛇年春晚语言类节目，由潘长江、蔡明表演。

九、又称西洋棋，是一种二人对弈的战略棋盘游戏。

十、中国中西部地区第一大城市，湖北省省会。

十一、一部中国摄制的真人版特摄剧。该剧结合中国传统的五行创造出了金木水火土五侠。

十二、指通过空间的分子内静电作用，即某取代基在空间产生一个电场，它对另一处的反应中心发生影响。

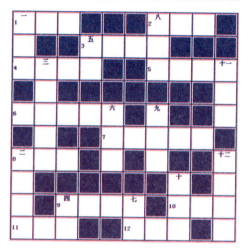

218 难易程度：★★★★★
时间限制：8分钟

横向：

1.女歌唱家，国家一级演员，代表作有《辣妹子》《好日子》等。

2.世界著名的高端汽车企业，以开发、生产和营销豪华跑车和运动型越野车为主。

3.一种为补偿疾病所带来的医疗费用的保险。

4.胡玫导演，陈建斌、蒋勤勤、马伊琍主演的电视剧，剧中人有乔致庸、陆玉菡等。

5.起始于中国的古都长安和洛阳，连接亚洲、非洲和欧洲的古代路上商业贸易路线。

6.初唐诗人宋之问《渡汉江》的首句。

7.初唐诗人卢纶《送李端》中"人归暮雪时"的上一句。

8.西方的传统节日之一，男女在这一天互送礼物以表达爱意或友好。

9.中央部属、教育部与上海市共建的首批全国重点大学，首任校董为孙中山先生。

10.大理石的一种，色泽晶莹洁白，内含有闪光晶体，多用于雕塑人像、佛像、动植物等。

11.企业、事业单位通过签订合同招收短期性工人的形式。

12.以应用文体的方式对某事物进行详细说明，使人认识、了解某事物。

纵向：

一、韩国著名影视演员，代表作品有《蓝色生死恋》《浪漫满屋》等。

二、形容双方感情十分融洽，合得来。

三、孙兴、王一楠等主演的家庭科幻喜剧，讲述一个地球人和外星人组成的家庭里发生的故事。

四、也称拷贝，指将文件从一处拷贝到另一处，而原来的一份依然保留。

五、以向人提供医疗护理服务为主要目的的医疗机构。

六、电力系统中起控制和短路保护的开关装置。

七、根据自己所学到的某方面知识并加以总结而得出的最终结果。

八、由电阻率比较大而熔点较低的铅锑合金制成的导线。

九、出现在北纬50°～北纬65°之间，呈带状分布，横贯北美和亚欧大陆的地区。

十、一部由我国南朝刘宋时期的历

史学家范晔编撰的记载东汉历史的纪传体断代史书。

十一、连接因特网中各局域网、广域网的设备。

十二、汉代皇帝和高级贵族死后穿的殓服，外观与人体形状相似。

219 难易程度：★★★★
时间限制：7分钟

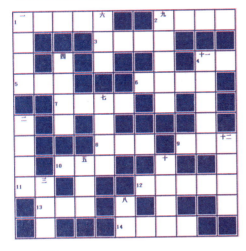

横向：

1. 世界上里程最长、工程最大、最古老的运河之一，与长城并称为中国古代的两项伟大工程。

2. 形容非常害怕而微微发抖的样子。也形容小心谨慎的样子。

3. 又称美国内战，是美国历史上一场大规模的内战。

4. 中国现代著名小说家、文学家、戏剧家，代表作品有《茶馆》《骆驼祥子》等。

5. 著名庙宇。

6. 世界闻名的动画片，主角堪与米老鼠和唐老鸭相媲美。

7. 我国唯一的国家级法制专业频道，也是国内唯一上星法制专业频道，由撒贝宁、张绍刚、路一鸣等担任重点栏目主持人。

8. 中国共产党领导的先进青年的群众组织，也是中国共产党的助手和后备军。

9. 一种膨化食品，很受年轻人欢迎，可作为日常零食，主要原料为玉米、大米。

10. 出自韩国著名歌手PSY《江南Style》里的舞蹈。

11. 辰东所撰的一部仙侠小说，首发起点中文网。本书以九龙拉棺为引子，带出一个庞大的洪荒世界，引出许多上古神话的遗秘。

12. 唐代诗人王湾《次北固山下》中"海日生残夜"的下一句。

13. 泛指对个人来讲舒服、快乐、清闲的地方。

14. 词牌名，又名"元会曲""凯歌"等。

纵向：

一、中国最大的综合网络零售商之一，刘强东任董事局主席兼CEO。

二、形容深夜花柳形影朦胧的景色。

三、中华人民共和国的象征之一。

四、代表封建统治者掌握的最高权力。也借指国家。

五、蜜蜂栖息、繁殖、贮存食物及进行其他活动的场所，呈正六面体形。

六、中国经济大省，少林寺、龙门石窟等是该省的著名景点。

七、由傅程鹏、程愫、于和伟等主演的36集谍战电视剧。

八、河流因大雨或融雪而引起的暴涨的水流，常常造成灾害。

九、俄罗斯伟大作家列夫·托尔斯泰的长篇小说，是世界文学史上一部不朽名著。

十、中国当代文学史上第一部描写

学生运动、塑造革命知识分子形象的长篇小说，作者是杨沫。

十一、一首网络歌曲，于2004年走红，由杨臣刚作曲、王启文演唱。

十二、王家卫导演的第七部电影，改编自刘以鬯的《对倒》，由梁朝伟、张曼玉等主演。

220 难易程度：★★★
时间限制：6分钟

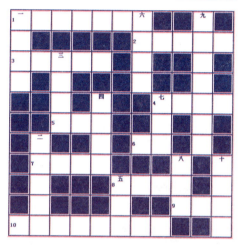

横向：

1.秦观词《鹊桥仙》中"又岂在朝朝暮暮"的前一句。

2.唐代诗人王维《酬张少府》中"自顾无长策"的后一句。

3.辽宁卫视2012年开播的一档新闻评论类节目，主持人梁宏达。

4.形容色彩鲜艳，花样繁多。

5.中国女艺人，原名周鹏，代表作品有《万物生》《天地合》等。

6.胃内分泌物的总称。

7.美国拍摄的惊悚动作片，共有四部，讲述蟒蛇与人的故事。

8.周星驰电影公司和西影合作拍摄的一部经典的无厘头喜剧片。

9.黄晓明、任贤齐、陈冠希领衔主演的动作惊悚片。

10.由诸多微小而有趣的故事组成的动画片。

纵向：

一、一首经典儿歌。

二、由宁浩执导，具有强烈贴近生活的幽默感，是一部"多线路"诙谐现代喜剧，由徐峥、郭涛、刘桦等主演。

三、佛教四大菩萨之一，象征慈悲和智慧。

四、美国科幻片，讲述一个在全球自然环境危机正严重威胁人类生存时，一家人求生的故事。

五、口语病的一种，医学上称为言语不清，又叫吐词不清。

六、从一个时间、一个地点到另一个时间、另一个地点的通道，是一种当前欧美科学界热衷探索的超自然现象。

七、属大曲浓香型白酒，中国著名白酒之一，中国驰名商标。

八、中国神话中的神灵。现在一般指称喜欢夜间在外游荡的人。

九、唐朝诗人韦庄《台城》中"无情最是台城柳"的下一句。

十、指为了达到目的，什么手段都使得出来。

221 难易程度：★★★★
时间限制：7分钟

横向：

1.世界上最长的山脉，纵贯南美大陆西部，素有"南美洲脊梁"之称。

2.全球最大的中文网上图书音像商城之一。

3.任我行公司开发的管理类软件。

4.西方的传统节日之一，男女在这一天互送礼物以表达爱意或友好。

5.由于和伟、王媛可等主演的战争类电视剧，塑造了一位热血青年杨少诚凛然正气的形象，讲述了他传奇的成长

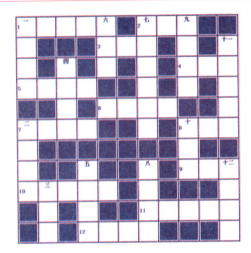

史和情感史。

6.歇后语，姜太公钓鱼。

7.东窗下谋划的事被告发。比喻阴谋败露。

8.演出小品《不差钱》一夜成名后，在全国家喻户晓的小品演员。

9.一星期中的一天。

10.国内最大文学阅读与写作平台之一，是目前国内领先的原创文学门户网站。

11.比喻事情十分凑巧。

12.《论语·述而》篇中形容好学到不会厌烦的一句话。

纵向：

一、中国乐坛新晋实力派原创歌唱组合，代表作有《三年三天》《红山果》《向阳花》等。

二、韩国男子和声组合，前期成员有五人，后以队长郑允浩和沈昌珉两人的形式活动。

三、最早出现在美国，能让课本开口说话的一种神奇教育产品。

四、邓丽君专辑《岛国之情歌》中的一首歌。

五、指以人的社会存在为研究对象，以揭示人的本质和人类社会发展规律为目的的科学。

六、指周围脉管的一种慢性持续性、进行性的血管炎症病变，导致血栓形成使血管腔闭塞。

七、潘虹、李小璐、李勤勤等主演的都市生活剧。

八、贪心永远没有满足的时候。

九、陈星《雁南飞》中的一首歌，首句是"网上一个你，网上一个我"。

十、周星驰《长江七号》中小演员徐娇的别名，戏中为周星驰的儿子。

十一、李清照的词《醉花阴》中"玉枕纱厨，半夜凉初透"的前一句。

十二、旧时读书人的自称或对普通读书人的雅称。

222 难易程度：★★★★
时间限制：7分钟

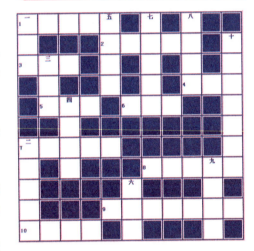

横向：

1.世界上最大的淡水湖，该湖为美国和加拿大共有。

2.费了好大力气也得不到赞许。形容事情棘手难办，或工作方法不正确，不对头。

3.美国传奇漫画大师斯坦·李及漫画家杰克·柯比创作出来的超级英雄，

这个角色于1962年5月首次在"惊奇"系列漫画中现身。

4.能够在生命体内控制时间、空间发生发展的质和量。

5.由训练有素的主持人以非结构化的自然方式对一小群调查对象进行的访谈，由主持人引导讨论。

6.S.H.E演唱的歌曲，首句是"离开，人离了心不开"。

7.形容只说不做，或只说而没有事实证明。

8."夕阳无限好"的下一句。

9.白居易《长恨歌》中"此恨绵绵无绝期"的上一句。

10.一部韩国电影，由姜栋元、赵汉善、李清娥主演的青春片，原著是可爱淘，讲述一个身世凄苦的少女在首尔的各种遭遇。也有同名的漫画作品。

纵向：

一、一个台湾乐团，以摇滚乐为主，代表作品有《无与伦比的美丽》《小情歌》等。

二、比喻那些不做任何投资到处行骗的骗子所用的欺骗手段。

三、黄道带星座之一，是黄道十二星座中最暗的一个，天文学上称为"蜂巢星团"。

四、安又琪演唱歌曲，收录在同名专辑中，首句是"爱神你在哪里，北京、上海、广州"。

五、放肆地大吃大喝。

六、一部韩国大型励志剧，由李英爱、池珍熙等主演。

七、不能只根据相貌、外表判断一个人。

八、中国的学校给予被评选出来的优秀学生的一种荣誉称号，指思想品德好、学习好、身体好。

九、《时代三部曲》之一。王小波

创作的以文革时期为背景的系列作品构成的长篇。

十、唐代诗人孟浩然《夜归鹿门歌》中"渔梁渡头争渡喧"的前一句。

223 难易程度：★★★★★
时间限制：8分钟

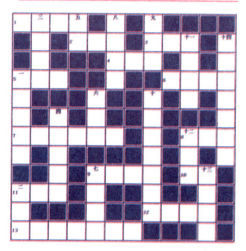

横向：

1.世界上最大的黄土堆积区，中国古代文化的摇篮。

2.俄国19世纪著名作家陀思妥耶夫斯基的代表作之一，作品着重刻画主人公犯罪后的心理变化，揭示俄国下层人民的艰难生活。

3.有香港"喜剧之王"之称，也是"无厘头"电影始祖的著名电影演员。

4.屏幕图像的精密度，是指显示器所能显示的像素的多少。

5.设于道路旁边，用以记载里数的标志。

6.人中豪杰。形容杰出的、非凡的人才。

7.位于中国北部边疆，省会为呼和浩特。

8.一部英雄传奇系列故事，与《薛家将》《呼家将》等构成了我国通俗小说史上著名的"三大家将小说"。

9.由欧阳震华与郭可盈主演的电视剧，讲述了谈判专家这一曾经不为人们熟知的职业。

10.佛教语，五眼之一。指二乘的智慧之目，亦泛指能照见实相的智慧。

11.以水果为原料，经发酵、蒸馏制成的酒，相当于中国的"烧酒"。

12.指事情要靠人去做。在一定的条件下，事情能否做成要看人的主观努力如何。

13.南宋词人杨冠卿《卜算子·秋晚集杜句吊贾傅》中"毫发无遗恨"的前一句。

纵向：

一、巴西第二大城市，在1960年以前为巴西首都。

二、指的是以现代汉语口语为基础，经过加工的书面语。它是相对于文言文而言的。

三、建造各类工程设施的科学技术的统称。

四、指人类开始有了历史。

五、莫文蔚演唱歌曲，首句是"换了香水，寂寞气味"。

六、一种典型的西方食品，以两片面包夹几片肉和奶酪、各种调料制作而成，吃法简便，广泛流行于西方各国。

七、从古到今无所不谈，无不评论。

八、该赏的赏，该罚的罚。形容处理事情清楚明白。

九、一般以π来表示，是一个在数学及物理学中普遍使用的数学常数。

十、胜利或失败是带兵作战的人常遇到的事情。意思是不要把偶然的一次胜利或失败看得太重。

十一、形容名声传播到国内和国外，表示传播得极远。

十二、毛泽东的第一任妻子，与毛泽东生有3个孩子。

十三、"耳听为虚"的前一句。

十四、王昌龄《出塞》中"不教胡马度阴山"的前一句。

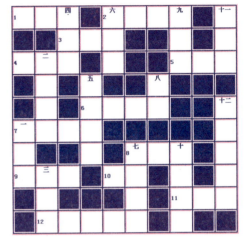

224 难易程度：★★★★
时间限制：7分钟

横向：

1.杂交水稻之父。

2.由孙红雷、陈数、巍子等主演的44集连续剧，于2014年元旦上映，主人公是何辅堂。

3.用上文结尾的词语作下文的开头，使语句递接紧凑而生动畅达的一种修辞方法。

4.美国城市，又称"圣弗朗西斯科""三藩市"。

5.太阳系八大行星中距离太阳最远的一颗。

6.生理学实验或临床上常用的渗透压与动物或人体血浆的渗透压相等的氯化钠溶液。

7.由茅盾所著的短篇小说，原名《倒闭》。

8.非洲中东部国家，有"山国"之称，首都是布琼布拉。

9.在世界各地都很有影响力的音乐家、舞蹈家、艺术家、表演家、慈善家，被誉为流行音乐之王，他魔幻般的舞步更是被无数明星模仿。

10.小品演员、著名笑星、国家一级演员，代表作品有《过年》《追星族》《机器人趣话》等。

11.形容固执倔强的脾气性格。

12.俄罗斯的象征，享有"世界第八奇景"的美誉。

纵向：

一、新加坡华人、著名男歌手，代表作品有《江南》《一千年以后》《曹操》等。

二、由张恨水创作的同名小说改编，陈坤、董洁、刘亦菲等主演的电视剧。

三、电影《超人归来》中超人的真实名字。

四、河南省下属的一个地级市，素有"中原煤仓"之称，也是全国十大铁矿产地之一。

五、没有兄弟姐妹的孩子。

六、实力派歌手卓文萱演唱的一首歌。"爱上你那时爱到不像话，后来想尽办法忘掉"是歌曲中的一句歌词。

七、世界文化遗产之一，俗称"第二普陀山"，是拉萨的重要标志。

八、网络用语，指不上线（上线）或者隐身登陆及不发表言论的行为。常用于BBS跟QQ群。

九、我国古典小说《说唐全传》中的人物，为隋唐时第四条好汉，绰号"紫面天王"

十、歌手，原名林进璋，歌迷通常亲切地称他"老爹"，代表作品有《有多少爱可以重来》等。

十一、《水浒传》中吴用的绰号。

十二、苏轼《水调歌头·快哉亭作》中"千里快哉风"的上一句。

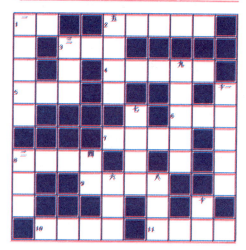

225　难易程度：★★★
时间限制：6分钟

横向：

1.中国民间最隆重最富有特色的传统节日，也是一个最热闹的古老节日。

2.2013年贺岁片《越来越好之村晚》的主题曲，由陈奕迅演唱，其中一句为"能抵挡末日的残酷"。

3.集体表演的、具有一定主题思想的体操。

4.由陈乔恩、张翰、高以翔、张檬等两岸三地明星领衔主演的33集都市猎爱偶像剧。

5.中国最通俗的民间文学小本杂志，办刊时间长，是中国的老牌刊物之一。

6.起源于传统服务业，最典型的应用如酒店大堂内设置的咨询、登记等功能的地方。

7.在商品出售以后所提供的各种服务活动。

8.一个遍布全球的慈善救援组织，它的创始人是瑞士的亨利·杜南。

9.我国的一项基本国策，对中国的

人口问题和发展问题起着积极作用。

10.青藏高原的人们对牦牛的称誉。

11.创建于2008年7月28日，是一个独立、纯学术、非经营性的免费个人论坛。

纵向：

一、董文华演唱的经典歌曲。歌曲描述了改革开放和现代化建设的总设计师邓小平同志南方谈话的故事。

二、波长介乎微波与可见光之间的电磁波，现代物理学称之为热射线。

三、一种集体祝贺节日的礼仪形式，始于延安，是由毛泽东同志倡导的。

四、以货币为主要计量单位，反映和监督一个单位经济活动的一种经济管理工作。

五、比喻有充分的把握取得胜利。

六、为了纪念爱国诗人屈原而兴起的一种体育娱乐活动。

七、经历灾难之后幸存下来的人。

八、一个近年来新兴的职业，能为广大婴幼儿家庭提供专业的服务。

九、一种重要的安全功能，它的工作主要在开放系统互联模型的对话层，从而起到防火墙的作用。它是网络信息的中转站。

十、使同一电压施加于所有相连接器件的联结方式。

十一、李白《哭宣城善酿纪叟》中"沽酒与何人"的前一句。

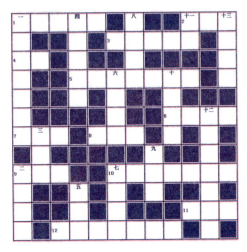

226 难易程度：★★★
时间限制：6分钟

横向：

1.北宋王安石的一首诗，首句与诗题同名，第二句是"颇复好功名"。

2.直接从其他语言接受新词语，这是英语中最常见的新词语来源之一。

3.由欧阳震华、佘诗曼主演的一部古装悬疑侦探剧。

4.战国时期著名诗人屈原的代表作，是中国古代诗歌史上最长的一首浪漫主义的政治抒情诗。

5.李白《望天门山》中"碧水东流至此回"的上一句。

6.成语，指才能超众，天下无与伦比。

7.中国八大菜系川菜中一种烹调猪肉的传统菜式。

8.不消耗能量而能永远对外做功的机器。

9.一种学前教育机构。

10.唐代诗人刘禹锡《杨柳枝》中的第一句，下句是"隋家宫树拂金堤"。

11.明代著名中医药学家。

12.崔颢《登黄鹤楼》中"白云千载空悠悠"的上一句。

纵向：

一、贺知章《回乡偶书》的第一句。

二、幼时勤于学习，壮年施展抱负。

三、在铛上加少量的油或水烙熟的饺子，是一种煎烙的馅类小食品。

四、南宋陆游《文章》中"妙手偶得之"的前一句。

五、唐代诗人，号九华山人，尤长于宫词，著名诗作有《春宫怨》等。

六、一家基于GSM和TD-SCDMA制式网络的移动通信运营商。

七、大模大样地离去。

八、陈慧琳演唱的一首粤语歌，首句是"漫长关系，曾经是城中话题"。

九、唐朝诗人白居易创作的一首七绝，"露似真珠月似弓"是诗中名句。

十、朱雨辰、王珂、邹俊百等主演的"江湖系列"大剧。

十一、正常收入以外的收入或者通过一些小手段得到的利益。

十二、宋代朱熹《春日》中"胜日寻芳泗水滨"的下一句。

十三、指虽然提到了，但说得不详细。

227 难易程度：★★★★
时间限制：7分钟

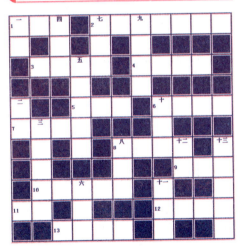

横向：

1.华人世界顶级巨星、国际巨星，被誉为"演技之神"和"一个时代的坐标"。

2.欧阳修《丰乐亭游春》中"游人不管春将老"的下一句。

3.美国悬疑科幻类电视连续剧，讲述了一架飞机中的乘客突然碰到了超自然现场，机上乘客全部神秘死亡的故事。

4.长江以南的第一高峰，一座人类尚未征服的处女峰，位于云南省。

5.影片《少林寺》中的插曲，被认为是中国流行乐坛的经典之作。

6.曾为"中国作家富豪榜网络作家之王"得主，代表作品有《光之子》《狂神》等。

7.比喻趁势将敌人捉住或乘机利用别人。现比喻乘机拿走别人的东西。

8.以"扶老助残，济困救孤"为宗旨，筹集社会福利资金的方式。

9.以房屋为征税对象，按房价或出租租金收入征收的一种税。

10.美国内华达州的最大城市，拥有"世界娱乐之都"和"结婚之都"的美称。

11.指计算机除去输入输出设备以外的主要机体部分。

12.主要由毛泽东指挥、中国工农红军主力从长江以南各革命根据地向陕甘革命根据地会合的战略转移。

13.全球皮肤界最受关注的皮肤美容技术，是介于有创和无创之间的一种微创治疗。

纵向：

一、中国著名女主持人，原《综艺大观》主持人。

二、辽宁省第四大城市，素有"煤都"之称。

三、流行于中国乡镇的一种运输工具和农业机械，以柴油机为动力。转向主要靠左右两个扶手的离合器，不同于方向盘。

四、一种能够把其他形式的能转化为另一种能的机器，通常是把化学能转

化为机械能。

五、原产于苏格兰边境，智商最高的犬种。

六、人和动物为维持正常的生理功能而必须从食物中获得的一类微量有机物质。

七、刘德华的代表作之一。

八、美国最早的大型商业杂志，也是全球最为著名的财经出版物之一。

九、多形容女子身材修长秀丽，或花木等形体挺拔多姿。

十、一种盛行于唐代的陶器，以黄、褐、绿为基本釉色。

十一、南宋杰出诗人，一生力主抗金，与尤袤、范成大、陆游合称南宋"中兴四大诗人"。

十二、一项用观众人数或门票收入来衡量一部电影是否成功的重要指标。

十三、一种对个人（自然人）取得的各项所得征收的所得税。

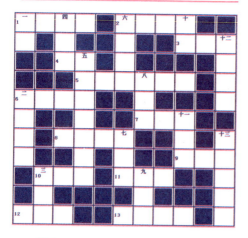

228 难易程度：★★★
时间限制：5分钟

横向：

1.一种利用电子传感器把光学影像转换成电子数据的照相机。

2.俄罗斯电影，于2013年9月在中国上映，讲述一个年轻的单身妈妈冒着生命危险前往南奥塞梯去拯救自己儿子的故事。

3.民国时期政治家，"北洋三杰"之一，皖系军阀首领。

4.儒家的经典著作之一，由孔子的弟子及再传弟子编撰而成。

5.台湾爱情偶像剧，由周杰伦、黄秋生、桂纶镁等主演。

6.山崩石裂，有惊天动地之势。后多比喻文章议论新奇惊人，也形容声音大得惊人。

7.俗称小白球，是一种室外体育运动。

8.元奎执导的一部电影，影片取材自一款在男性玩家中非常流行的同名格斗游戏。

9.鸟名，因雌雄鸟经常形影不离，对伴侣极其忠诚而得名。

10.老年劳动者达到规定的年龄、工龄等条件后脱离工作，享受社会保险和劳动补偿性质的养老待遇和权益的一种制度及由此而产生的社会行为。

11.可依靠的核心力量。

12.高级整合控制论、机械电子、计算机、材料和仿生学的装置，能自动执行工作。

13.欺负软弱的，害怕强硬的。

纵向：

一、一种运用纸、笔进行演算的逻辑游戏。

二、人类以石器为主要劳动工具的早期时代。

三、把汽车或其他动力机械的引擎动力以开关的方式传递至车轴上的装置。

四、关于时空和引力的基本理论，主要由爱因斯坦创立。

五、杜甫《江上值水如海势聊短述》中"为人性僻耽佳句"的下一句。

六、网络小说最热门的题材之一，综合了玄幻、历史和言情三大小说类别的要素，自成一派。

七、最少由3个玩家进行的扑克游戏。

八、港译名词，起源于美国，带强劲音乐的舞蹈，或者单指音乐。

九、任贤齐的成名作。

十、直线上两个点和它们之间的部分。

十一、一些长时间生活在一起的夫妇表情动作彼此模仿，会越来越像。

十二、又叫万用刀，是含有许多工具在一个刀身上的折叠小刀。

十三、东晋陶渊明《饮酒·其五》中"山气日夕佳"的下一句。

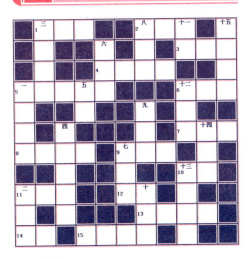

229 难易程度：★★★★
时间限制：7分钟

横向：

1.最具商业价值的砷化合物及主要的砷化学开始物料，最古老的毒药之一。

2.一种发生在眼球里面晶状体上的疾病，主要症状为晶状体的混浊。

3.欧美动作片，又名《一日义务》，主人公是19岁的亚当。

4.云南著名的中草药，对跌打损伤、创伤出血有很好的疗效。

5.位于青海省中部偏南，是长江与黄河源流区的分水岭。

6.一种高度水栖的淡水龟类，是两爪鳖科下两爪鳖属的唯一一种动物。

7.金庸的一部武侠小说，主要叙述懵懂少年石破天的江湖经历。

8.位于非洲东部、赤道以南的国家，首都是多多玛。

9.一种用水调和透明颜料作画的绘画方法，适合制作风景等清新明快的小幅画作。

10.具有固定机翼的航空器。

11.美国摄制的史诗性传记大片，叙述了圣雄甘地伟大的一生。

12.林超贤于2010年导演的香港警匪大片，由张家辉、谢霆锋、陆毅、桂纶镁等主演。

13.由美国著名漫画商IMAGE于2003年10月出版，以每月一卷的形式连载的僵尸题材的黑白漫画。

14.质地纯，浓度高（多指气味或味道）。

15.中央电视台综艺频道推出的一档大型综艺栏目，由毕福剑担任节目制片人及主持人。

纵向：

一、中东的一个国家，首都是耶路撒冷。

二、主要以海带为提取原料，在医药上是良好的利尿剂，降低颅内压、眼内压及治疗肾药、脱水剂、食糖代用品，也用作药片的赋形剂及固体、液体的稀释剂。

三、仙鹤羽毛般雪白的头发，儿童

般红润的面色。形容老年人气色好。

四、一套七册的奇幻儿童文学，由英国作家C.S.路易斯在20世纪50年代所著，为英美儿童文学经典之一。

五、中国最具安全感城市，又称"日光城"。

六、位于广州市东北部，新"羊城八景"之首，素有"南越第一山"之称。

七、泛指水平面上的直线以及与水平面平行的直线。

八、一类能溶于水中、仅在高盐浓度下才能沉淀的蛋白质。

九、一种盛行于唐代的陶器，以黄、褐、绿为基本釉色。

十、指的是道路中用路缘石或护栏及其他类似设施加以分隔的专供行人通行的部分。

十一、阻挡前进的东西。

十二、国内首部全3D卡通系列片，目前已连续推出六部。

十三、飞翔的禽鸟，奔跑的野兽。泛指鸟类和兽类。

十四、又称为用户工作站，是用户与网络打交道的设备，一般由微机担任。

十五、美国漫画，主要讲述四只乌龟在纽约市一条大街的地下管道里的故事。

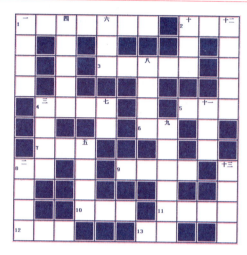

230 难易程度：★★★★
时间限制：6分钟

横向：

1.中国人民解放军海军第一艘可以搭载固定翼飞机的航空母舰。

2.金庸武侠小说《笑傲江湖》中的人物，人称"杀人名医"。

3.一种算术平均股价指数，世界上最有影响、使用最广的股价指数。

4.政治清明，百姓和乐。形容国家稳定，人民安乐。

5.在一定范围内垂直提升和水平搬运重物的机械。

6.位于云南省西北部的著名旅游城市，属于"世界文化遗产"城市，主要的景区有"两山一江一城一湖"。

7.前后没有突出的发动机仓和行李仓、就像面包一样的车辆统称。

8.地球表面各种形态的总称。

9.中国独有的文书工具，即笔、墨、纸、砚。

10.一种自然现象，指在极不稳定的天气下，由空气强烈对流运动而产生的一种伴随着高速旋转的漏斗状云柱的强风涡旋。

11.比喻人极有才华。

12.一种用来测量力的大小的工具。

13.儒家学派创始人。

纵向：

一、中国人民解放战争中具有决定意义的三大战役之一。

二、指从地面发射攻击空中目标的导弹。

三、指一个人所参加的政党、政治团体。

四、一切基于中国电信114台的增值业务的统称，全国8亿电话用户的语音搜索引擎。

五、形容来往车马很多，连续不断的情景。

六、由多种武术构成的系统，是发源于琉球王国（今琉球群岛）的一种格斗技术。

七、中国历史上最大的贪官。

八、著名蒙古族演员、歌手，代表作品有《犯错》等。

九、对明代时生活在江苏苏州的四位才华横溢且性情洒脱的文人的并称。

十、指在一组数据中所有数据之和再除以数据的个数。

十一、中国传统节日，农历九月初九。

十二、通过指纹采集对公司员工进行出勤考核的机器。

十三、形容百花竞放，十分艳丽。

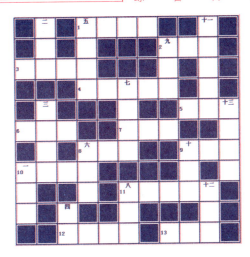

231 难易程度：★★★★
时间限制：7分钟

横向：

1.一种Windows操作系统中的特殊模式，该模式下用户可以方便地检测与修复计算机系统的错误。

2.指通过严格营养基础理论学习和专业临床营养技能培养，能够指导人们饮食、预防疾病等方面，并能够设计好方案和跟踪服务的营养专业人才。

3.敢于放手做事，也敢于承担责任。

4.对在我国境内购置规定车辆的单位和个人征收的一种税。

5.关于对立统一、斗争和运动、普遍联系和变化发展的哲学学说。

6.世界上食用菌生产中最大的一个菇种，初半球形，后近平展，菌肉白而厚。

7.指发卡银行给予持卡人一定的信用额度，持卡人可在信用额度内先消费、后还款的信用卡。

8.一种支付手段，其目的是解决合同一方周转资金短缺的问题。

9.石油输出国组织。

10.指企业使用期限超过1年的房屋、建筑物、机器、机械、运输工具，及其他与生产、经营有关的设备、器具、工具等。

11.杜甫《佳人》中"天寒翠袖薄"的下一句。

12.龙潜居的深水坑，老虎藏身的巢穴。比喻极险恶的地方。

13.中国杰出的数学家，被誉为数学之王，与棋王谢侠逊、新闻王马星野并称"平阳三王"。

纵向：

一、防止风蚀沙化、固定流沙的一种防护林。

二、指最能显示作者的思想水平或艺术风格的作品。

三、第一代半合成头孢菌素，抗菌作用与头孢氨苄相似。

四、爬行动物。旧称守宫，吃蚊、

蝇、蛾等小昆虫，对人类有益。

五、以从容的步行代替乘车。

六、孕妇预计生产的日期。

七、指银行向借款人发放的用于购买自用普通住房的贷款

八、台湾省唯一的天然湖。

九、流转税制中的主要税种。

十、"唐宋八大家"之一。

十一、教育行业从业人员教师的许可证。

十二、中国著名绿茶之一，产于四川峨眉山。

十三、德国第五大城市，也是德国最大的航空中转站和铁路枢纽。

232 难易程度：★★★
时间限制：6分钟

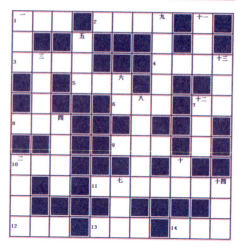

横向：

1. 指在2013年2月20日国务院常务会议上确定的5项加强房地产市场调控的政策措施。

2. 心境清静自适而无所营求。

3. 节约能源、降低能源消耗、减少污染物排放。

4. 一种无色、无臭、无味，人体吸入会导致缺氧而窒息死亡的气体。

5. 一种放置保存资料的办公用品。

6. 由于长时间的接触、使用电脑而导致的疾病，通俗地讲就是"腕管综合症"。

7. 唐朝著名诗人、画家，代表作有《山居秋暝》《送元二使安西》等。

8. 田径项目之一，起源于18世纪中叶的苏格兰和爱尔兰。

9. 指马马虎虎、大大咧咧、嘻嘻哈哈全无所谓，草率办事之人。

10. 许多国家的一级行政区之一。

11. 唐朝诗人李贺《雁门太守行》中"甲光向日金鳞开"的前一句。

12. 在极不稳定的天气下由空气强烈对流运动而产生的一种伴随着高速旋转的漏斗状云柱的强风涡旋。

13. 比喻精细地计算，也比喻很会计算的人。

14. 一种肉质多年生植物，多生活在干燥地区，也是墨西哥的国花。

纵向：

一、十月一日。

二、指捣毁敌人的巢穴。

三、一种表示家用电器产品能效高低差别的分级方法。

四、欧美等西方国家对旧货地摊市场的别称。

五、多指聚成堆的小吃摊，一溜排过去。

六、一类有袋类动物。

七、基于互联网的相关服务的增加、使用和交付模式，继个人计算机变革、互联网变革之后，被看作第三次IT浪潮。

八、760mm汞柱。

九、李白《听蜀僧·弹琴》中"如听万壑松"的上一句。

十、钱钟书所著的长篇小说，是中国现代文学史上一部风格独特的讽刺小说，被誉为"新儒林外史"。

十一、指事情、局势发展到最激烈的阶段。

十二、美籍华人流行歌曲作曲家、男歌手、演员，作品有音乐专辑《公转自转》《好想你》等。

十三、由有机纤维经碳化及石墨化处理而得到的微晶石墨材料。

十四、《笑傲江湖》中青城派的武功绝学。

233 难易程度：★★★
时间限制：6分钟

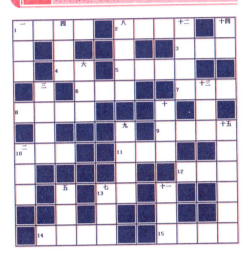

横向：

1.中国家喻户晓的流行音乐组合，代表作有《最炫民族风》等。

2.德国运动用品制造商，商标为呈三角形的三条线。

3.比喻在历史发展过程中可以作为标志的大事。

4.德国一家世界知名的高档汽车和摩托车制造商，总部位于慕尼黑。

5.批判现实主义作家、音乐评论家，他的小说特点被人们归纳为"用音乐写小说"。

6.一款专为中国儿童开发的科幻的社区养成类网页游戏，以探寻太空的新能源为主题。

7.能量单位，指将1克水在1大气压下提升1℃所需要的热量。

8.被称为现代法国小说之父，代表作有《人间喜剧》等。

9.脱离工业化社会以后，信息将起主要作用的社会。

10.北京著名的传统手工艺品，又称"铜胎掐丝珐琅"。

11.指依法履行公职、纳入国家行政编制、由国家财政负担工资福利的工作人员。

12.南宋"中兴四大诗人"之一，代表作有《四时田园杂兴》等。

13.中国著名的五岳之一。

14.骑马赶路过久，劳累疲困。形容旅途劳累。

15.又名《钱眼》，由梅婷、冯远征主演的一部都市轻喜剧。

纵向：

一、又名指甲花，一年生草本花卉，较为常见。

二、传说为《水浒传》中描述的武松打虎处。

三、俄国著名作家，代表作有《安娜·卡列尼娜》等。

四、家中世代相传的珍贵物品。

五、中美洲最南部的国家。世界上第一个美国以外使用美元作为法定货币的国家。

六、一种装饰艺术，通常使用许多小石块或有色玻璃碎片拼成图案，教堂中的玻璃艺品，又称为花窗玻璃。

七、美国第一任总统。

八、美国宇宙飞船。

九、比喻坚持不懈地改造自然和坚定不移地进行斗争。

十、指部队、机关中担任递送公文等联络工作的人员。

十一、中国共产党第二代领导核心，中国社会主义改革开放和现代化建设的总设计师。

十二、旧称锡兰，亚洲的一个热带岛国，为世界三大产茶国之一，最重要的出口产品是锡兰红茶。

十三、最早的通讯社，也是目前英国最大的通讯社和西方四大通讯社之一。

十四、南北朝时期北朝的碑碣、摩崖、造像、墓志铭等石刻文字的总称。

十五、王力宏演唱的一首歌，首句是"在夜市里逛地摊，送你一副耳环"。

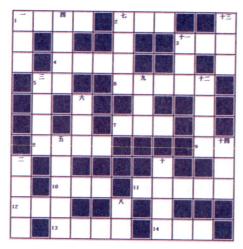

234 难易程度：★★★★
时间限制：7分钟

横向：

1.中国航天计划中的一艘载人宇宙飞船，此次发射的飞船完成了中国实施的首次载人空间交会对接。

2.在数轴上，表示一个数的点到原点的距离。

3.指仅有结构支撑而无外围护结构的开敞空间层。

4.成龙、周华健、黄耀明、李宗盛

演唱的一首歌。

5.犹太教和基督教的宗教经典。

6.初唐诗人杨炯《从军行》中"雪暗凋旗画"的下一句。

7.太阳系所在的天体系统，包括1200亿颗恒星和大量的星团、星云，还有各种类型的星际气体和星际尘埃。

8.丹麦王国的首都，也是该国最大城市及最大港口。

9.位于我国西南边陲，青藏高原西南部的一个自治区。

10.曲艺的一种，词儿合辙押韵，唱时用竹板打拍子。

11.孟浩然《过故人庄》中"待到重阳日"的下一句。

12.由多件乐器所演奏的音乐。

13.由工商机关颁发，企业或组织合法经营权的凭证。

14.指人体处于健康和疾病之间的一种临界状态。

纵向：

一、S.H.E演唱歌曲，出自专辑《不想长大》，首句是"高跟的马靴踩着危险的节奏"。

二、不同使用价值的商品按照它们各自具有的价值量相交换。

三、智利的首都和最大城市。

四、金庸小说中的上乘武功秘籍，分上下两卷。

五、由黑龙江电视台和本山传媒联手打造的一档全新娱乐栏目剧。

六、石夫创作的儿童歌曲，首句是"我们的祖国是花园"。

七、目前世界上最高的垂直下坠过山车，也是中国最高的过山车，位于上海松江欢乐谷"上海滩"园区。

八、一个国家的公民出入本国国境和到国外旅行或居留时，由本国发给的一种证明该公民国籍和身份的合法证件。

九、欧洲的第二长河。

十、东南亚国家，首都吉隆坡。

十一、爵士乐队中十分重要的一种无音高打击乐器。

十二、"三十六计"之一，使对方产生错觉以出奇制胜的一种战术。

十三、山东东平接山乡一带的名吃之一，也是奉化溪口的特产。

十四、著名的活血中药，原产地在希腊、小亚细亚、波斯等地，经印度传入西藏，再传入中国内地。

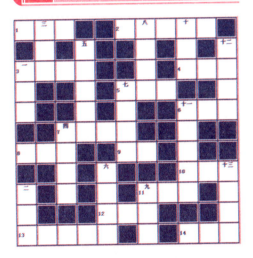

235　难易程度：★★★　时间限制：6分钟

横向：

1.将建筑物、构筑物等面积不大的物体在水平投影上所得的图形。

2.李胜基、韩孝珠等主演的36集韩国偶像剧，剧中人有高恩星、鲜于焕等。

3.人喜悦舒畅的表情。形容和蔼愉快的面容。

4.清朝中叶著名文学家袁枚撰写的一部笔记小品，多记述奇闻异事、奇人鬼怪。

5.延安红色旅游名胜之一，中国共产党军垦事业的发祥地。

6.魏晨演唱的一首歌曲，收录在专辑《千方百计》中，首句是"很想念，我想你的笑脸"。

7.形容人才出众。

8.俄罗斯联邦首都。

9.睡眠中自行下床行动，而后再回床继续睡眠的怪异现象。

10.一种计时的器具。

11.中国民间的传统节日，每年农历二月初二。

12.指原发性非外伤性脑实质内出血。

13.唐代诗人钱起《谷口书斋寄杨补阙》中"山爱夕阳时"的前一句。

14.中国共产党创始人之一和早期最高领导人。

纵向：

一、著名的词牌名之一。"莫等闲，白了少年头，空悲切"是岳飞用此词牌所作。

二、一种用线绳抖动使其高速旋转而发出响声的活动。

三、中央电视台新闻频道的一档人物专访节目，主持人是董倩、王宁、古兵。

四、概要记述人类一切知识门类或某一知识门类的工具书。

五、李白《关山月》中"吹度玉门关"的前一句。

六、形容竭尽忠诚，任何牺牲都在所不惜。

七、形容一场大梦，或比喻一场空欢喜。

八、醉得瘫成一团，扶都扶不住。形容大醉的样子。

九、别名马骡蕉树、不才树，因其

茎干能分泌出鲜红色的树脂而得名。

十、怀孕的妻子于丈夫死后所生的孩子。

十一、一部由徐峥、郭涛、刘桦等主演的喜剧，故事由一块在厕所里发现的价值不菲的翡翠而起。

十二、张柏芝演唱的一首歌，首句是"我要控制我自己"。

十三、凝聚了天地间的灵气，孕育着优秀的人物。指山川秀美，人才辈出。

236 难易程度：★★★★★
时间限制：7分钟

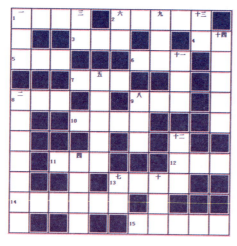

横向：

1.西藏著名旅游景点，拉萨的重要标志。

2.一种小型、可携带的个人电脑。

3.一首王力宏创作的歌曲，收录在专辑《不可思议》里，"我们这么熟，交往这么久"是其中的一句歌词。

4.也称为一般温度，指20℃左右（18℃～25℃）的温度条件。

5.瑞典化学家、发明家、炸药的发明者。

6.不拘年岁、辈分的差异而交情深厚的朋友。

7.20世纪初在西方兴起的一种与古典芭蕾相对立的舞蹈派别。

8.一种灌装饮料的容器。

9.香港以至华人世界著名演员、歌手，代表作有《神雕侠侣》《一个好爸爸》等。

10.人到了40岁，经历了许多，已经有自己的判断力了。

11.小说《红楼梦》中人物，金陵十二钗之一，被誉为"群芳之冠"。

12.中国传统武术，是一种内外兼练、柔和、缓慢、轻灵的拳术。

13.克利奥帕特拉七世，古埃及托勒密王朝的最后一任法老。

14.比喻事物彼此毫不相干。

15.王强演唱的一首歌，首句是"初秋的天，冰冷的夜"。

纵向：

一、意大利思想家、自然科学家、哲学家和文学家，他勇敢地捍卫和发展了哥白尼的太阳中心说。

二、辛弃疾词《贺新郎》中"满座衣冠似雪"的前一句。

三、皇宫中的女性奴婢。

四、比喻虽然年龄已大或脱离本行已久，但功夫技术并没减退。

五、韩雪、李依馨、邱枫等主演的谍战动作剧，更是一部女革命者的成长史。

六、一种借着书信往来而发展出来的友谊关系。

七、地跨亚非两洲的国家，人类文明的发源地之一，首都是开罗。

八、粤语中独有的词，本意是指狡猾精明，后来引申为对具有某类怪异行为的青少年的称谓。

九、十二年一遇的农历属相所在的年份。

十、谭维维创作演唱的歌曲，收录

于2011创作大碟，首句是"温暖的音符，映衬我的悲伤"。

十一、采用大型管弦乐队演奏的奏鸣曲。

十二、指中国古代皇帝的嫡母的尊号。

十三、脑内部的腔隙。

十四、《论语》中的一句话，意思是温习已学的知识，并且从其中获得新的领悟。

237 难易程度：★★★
时间限制：6分钟

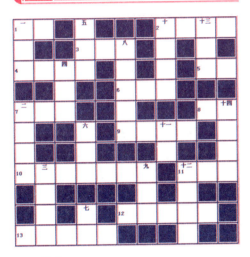

横向：

1.第一位飞天的中国女航天员。

2.一种具有中空截面，周边没有接缝的圆形、方形、矩形钢材。

3.金庸笔下四大内功秘籍之一。

4.在2008年北京奥运会上独揽八枚金牌而震惊世界的游泳奇才。

5.张明敏演唱的一首歌，首句是"江湖路万水千山，仗一身惊才绝艺"。

6.面向广大基层读者，被誉为"中华第一刊"的重要党刊。

7.中国道教第一山，位于湖北省。

8.中国中部的一个省，简称"鄂"，又称"千湖之省"。

9.汪峰演唱的一首歌，首句是"那天傍晚我走在街边，看着往来如浪的人群"。

10.在每年的3月5日，各大学校举行大型活动时一般会演唱的一首歌。

11.欧洲除俄罗斯以外领土面积最大的国家，是世界上第三大粮食出口国。

12.唐代诗人常建《题破山寺后禅院》中"竹径通幽处"的下一句。

13.金牌娱乐明星访谈节目，主持人是李静。

纵向：

一、中国著名女演员、歌手，代表作品有《仙剑奇侠传》《神雕侠侣》《功夫之王》等。

二、教育部直属的重点大学，湖北省第一所高等学府，被称为"中国最美的大学校园"之一。

三、常做某种事情或常见某种现象，成了习惯，就觉得很平常了。

四、中国四大佛教名山之一，素有"海天佛国""南海圣境"之称。

五、英国籍重量级拳王，别名狮子，曾八回合击倒泰森。

六、中国香港著名流行歌手、演员，代表作有《小鱼儿与花无缺》等，被誉为"新生代领军人物""80后首位金像影帝"等。

七、平行光入射时从透镜光心到焦点的距离。

八、中央电视台创办最早、影响最大的经济栏目，主持人有李雨霏等。

九、商品房的一个包装，也是购房者装修效果的参照实例。

十、没有根据的说法。

十一、根据表达的需要，把情节的结局放在开头叙述，然后再叙述情节的发生、发展的方法。

十二、新疆的省会。

十三、美国超级英雄电影，由小罗伯特·唐尼及格温妮丝·帕特罗等人主演。

十四、英国的一个地区，素有绿王国之称，首府是贝尔法斯特。

238 难易程度：★★★
时间限制：6分钟

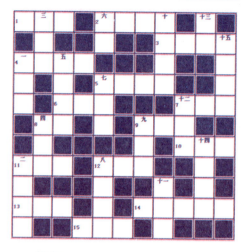

横向：

1．亚洲四小龙之一，有"花园城市"之美称。

2．王新民导演的电视剧，主要讲述20世纪20年代至50年代，北方武林门派"燕子门"师徒间及徒弟间恩怨情仇的故事。

3．中华人民共和国的国家代表，也是国家机构之一。

4．成语，指人志向大而才能不够。

5．包含在较短的语言里的深刻道理。

6．频率高于20000赫兹的声波。

7．南宋中期诗人，他写的"春色满园关不住，一枝红杏出墙来"被人们广为传诵。

8．德国最大的汽车生产厂家。

9．金庸的第二部武侠小说。

10．全球最大的半导体芯片制造商，推出了全球第一个微处理器。

11．汉乐府旧题，属于《相和歌辞·平调曲》。

12．香港著名歌手及演员，影视代表作有《再见古惑仔》《鹿鼎记》等。

13．一种弦乐器，是现代管弦乐队弦乐组中最主要的乐器。

14．李白《渡荆门送别》中"仍怜故乡水"的下一句。

15．一种英语语法，表示以前某个时间里发生的动作或状态。

纵向：

一、指在不为任何物质报酬的情况下，能够主动承担社会责任并且奉献个人的时间及精力的人。

二、平均篇幅在一万字左右的小说。

三、全世界面积第二大国家，素有"枫叶之国"的美誉。

四、由黄健中执导，吕良伟、王姬、张光北等主演的大型历史电视剧，主人公是刘邦。

五、才能远远超出一般人。

六、众所周知的益鸟，主要以蚊、蝇等昆虫为食。

七、一种常见的家用电器，是用来加热食品的现代化烹调灶具。

八、陈旧的言词一定要去掉。指写作时要排除陈旧的东西，努力创造、革新。

九、中国十大名茶之一，产于江苏省苏州市。

十、中国古典四大名著之一。

十一、周杰伦的专辑，专辑的歌包括《止战之殇》《园游会》等。

十二、中国人民解放军十大元帅之一。

十三、物业的所有权人。

十四、形容人的志行高洁，不同

流俗。

十五、著名英语和法语的流行女歌手，2013年央视春晚与宋祖英合唱了中国民曲《茉莉花》。

239 难易程度：★★★★
时间限制：8分钟

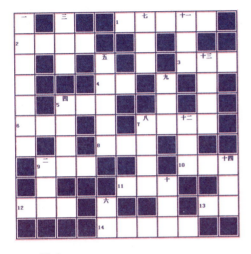

横向：

1.19世纪伟大的俄罗斯作曲家、音乐教育家，被誉为俄罗斯音乐大师。

2.唐代著名诗人、才女，十四岁时被武则天重用，掌管宫中制诰多年，有"巾帼宰相"之称。

3.2008年北京奥运会开幕式上的表演嘉宾，演唱歌曲《歌唱祖国》。

4.在建的、尚未完成建设的、不能交付使用的房屋。

5.中国乃至世界史上伟大的医学家和药物学家，被后人誉为"药王"。

6.由林申、朱杰等主演的36集都市情感剧，主人公是李奥。

7.中国童话大王郑渊洁著的童话人物系列故事。

8.现代西式快餐中的主要食物，被称为西方五大快餐之一。

9.主管全国司法行政工作的国务院组成部门。

10.羽泉演唱的一首歌，首句是"我呼吸，所有的准备都已就绪"。

11.全国军队的最高军事领导人，或一个军、一个兵种、一个方面的军队的最高军事主官。

12.能在很短时间内发出很强的光线，是照相感光的摄影配件。

13.可以用各种方法奏出一定音律或节奏的工具。

14.林俊杰第十张个人专辑中的歌曲，首句是"狭小的厨房，拥挤的沙发"。

纵向：

一、唐代诗人皇甫冉《春思》中"机中锦字论长恨"的下一句。

二、北宋史学家、文学家，主持编纂了中国历史上第一部编年体通史《资治通鉴》。

三、作家冰心的原名。

四、中国最古老、最杰出的一部兵书，作者是孙武。

五、李白《月下独酌四首·其一》中"永结无情游"的下一句。

六、中国自主研制的单发动机、采用鸭式布局的第四代战斗机。

七、别名古柯碱，人类发现的第一种具有局麻作用的天然生物碱。

八、没有固定资产、固定经营地点及定额人员，从事社会经济活动的人或集体，多挂有公司的名义。

九、我国民间常用的一句俗语，今义是指"说大话，夸口"。

十、金庸武侠小说《笑傲江湖》的男主角。

十一、苏联共产党中央总书记、大元帅，也是苏联执政时间最长的最高领导人。

十二、《水浒传》中的人物，在梁

山泊一百单八将中排第十三位。

十三、指精微奥妙的地方不是言语和笔墨所能表达的。

十四、利用电动机带动叶片高速旋转产生负压，清除尘屑的设备。

240 难易程度：★★★★★
时间限制：8分钟

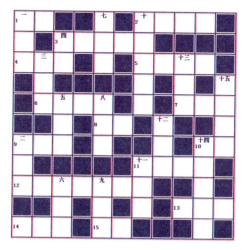

横向：

1.2012年诺贝尔文学奖获得者。

2.指发表的言论正好击中当时社会的弊病。

3.瑞典乒乓球运动员，是世界上第一位集奥运会、世乒赛、世界杯、欧锦赛冠军于一身的乒乓球大满贯得主。

4.墨西哥足球史上最杰出的球员之一，也是世界足球史上最伟大的球星之一，效力于皇家马德里，1996年宣布退役，开始了执教生涯。

5.五月天专辑《作品8号》中的歌曲，首句是"再见草莓甜甜圈街角咖啡店落下雨点"。

6.果冻三剑客的续集，由王巍导演

编剧的童话剧，橙留香、菠萝吹雪、陆小果是其中的主要人物。

7.台湾乐坛最具代表力与影响力的乐队，成员有黄迈可、孙志群、刘晓华、傅超华和刘文杰。

8.周杰伦《依然范特西》中的一首歌曲，首句是"橡树的绿叶啊，白色的竹篱笆"。

9.机动车违反信号灯的行为或其他一些违反法律或道德规范的行为。

10.某一个地方距离地表较近的大气层在短时间内的具体状态。

11.原指很小的地方，现用来指人心狭隘。

12.唐代诗人杜牧《赤壁》中"铜雀春深锁二乔"的前一句。

13.华中地区特大城市，别称星城。

14.一种雀形目鸦科小型鸟类，又名白头鸦。

15.拉丁舞项目之一。

纵向：

一、19世纪后半期法国优秀的批判现实主义作家，被誉为"短篇小说之王"。

二、李幼斌、刘向京、牛莉等主演的电视剧，讲述从清末到九一八事变爆发前，一户山东人家为生活所迫，离乡背井谋生活的故事。

三、一款简单的敏捷、休闲小游戏，要求玩家动作速度要快而准。

四、一种无色、无味、无臭的气体，习惯上指煤层气，达到一定浓度时，能发生燃烧或爆炸。

五、又名《劈山救母》，是中国古代神话传说之一。

六、一种形状像人而在造型和重量上制成一经触动就摇摆，然后恢复直立状态的玩具。

七、位于江西省东北部的一个城市，被称为"陶瓷之都"。

八、从心理上、精神上分析对方、瓦解对方，从而达到目的的一种重要的心理战术。

九、2000年后亚洲流行乐坛最具革命性与指标性的创作歌手，有"亚洲流行天王"之称。

十、苏联时期在乌克兰境内修建的第一座核电站，1986年引起爆炸造成强辐射物质泄露。

十一、一种可在短时间之内用热水泡熟食用的面制食品。

十二、指说话办事不知轻重，不能恰如其分。

十三、香港演员，有"香港李察基尔"之称，代表作有《旺角黑夜》。

十四、杜甫《旅夜书怀》中"飘飘何所似"的下一句。

十五、本指态度和蔼可亲。现多指互相之间只讲和气，不讲原则。

241 难易程度：★★★★
时间限制：8分钟

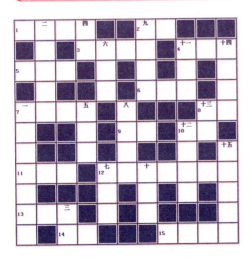

横向：

1.金庸1967年开始创作的武侠小说，该小说折射政治斗争，同时也表露对斗争的哀叹，具有一定的政治寓意。

2.高中三年级艺术类考生在高三第一学期末举行的一次综合的专业考试。

3.有关人体的绘画、雕塑、摄影等艺术创作和行为。

4.世界各国妇女争取和平、平等、发展的节日。

5.南宋初年的杰出诗人，字去非，江西诗派的三宗之一，著有《简斋集》。

6.罗志祥演唱歌曲，收录于个人专辑《舞所不在》，首句是"来重组地球，用我的手"。

7.孙楠演唱的一首歌，首句是"不必烦恼，是你的想跑也跑不了"。

8.较短的关于说和演的艺术。

9.法院特定程序及诉讼开始时发出的书面通知。

10.张学友同名专辑中的一首歌，首句是"是寂寞慢慢占领我的心"。

11.著名单口相声演员，自创京城"青门海派"，被誉为"冷面笑星""马三立再世"，代表作有《我爱便宜》《我的家在北京》等。

12.毛泽东《到韶山》中"为有牺牲多壮志"的下一句。

13.来自美国的著名连锁快餐厅，由哈兰·山德士上校于1952年创建。

14.柬埔寨的首都。

15.指60岁。

纵向：

一、宋代文天祥《扬子江》中"臣心一片磁针石"的下一句。

二、简·奥斯汀的代表作，反映了18世纪末到19世纪初，处于保守和闭塞状态下的英国乡村生活和世态人情。

三、为了某种目的而设立的具有一定数量的资金。

四、NBA历史上为数不多的常青树球队之一，超级中锋奥尼尔、德怀特·霍华德等曾在该球队。

五、用来传导、释放热量的一系列装置的统称。

六、一种使用后要猛甩回表的温度计。

七、由史泰龙自编、自导、自演的美国动作片，该片在世界各地皆取得了巨大的成功，并掀起了一股传统动作片的回归热潮。

八、既用言语来教导，又用行动来示范。指用言行影响、教导别人。

九、一项新型的女子竞技体育项目，是奥运会、亚运会比赛项目，一般在音乐伴奏下进行。

十、太阳被月亮全部遮住的天文现象。

十一、小偷的代名词。

十二、比喻暗中改变事物的真相，以达到蒙混欺骗的目的。

十三、梅艳芳的国语专辑及同名歌曲，"习惯你的声音，抚慰我的心灵"是其中的一句歌词。

十四、节能环保的象征，利用最少的能源消耗为人类做更多的贡献。

十五、游鸿明同名专辑中的歌曲，首句是"不敢在夜里想你"。

242 难易程度：★★★★★
时间限制：8分钟

横向：

1.美国职业篮球运动员，曾效力于洛杉矶湖人队，司职得分后卫。曾有单场比赛得81分的个人纪录。

2.由新华社主办的报纸，与《环球

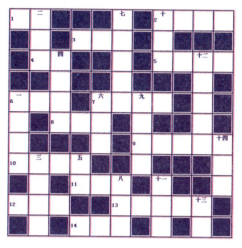

时报》同为中国仅有的两家能够合法直接刊载外电的报纸，是现在中国发行量最大的日报，世界排名第五。

3.通常形容极度吝啬的人。

4.知名日本照相机品牌之一。

5.达尔文进化论的核心。

6.又称《魔戒》，英国作家约翰·罗纳德·瑞尔·托尔金的史诗奇幻小说，是托尔金早期作品《霍比特人历险记》的续作。

7.中国著名创作歌唱组合，代表作品有《一生有你》《在他乡》等。

8.又称韩民族、高丽族等，是东亚主要民族之一。

9.李白《子夜秋歌》中"秋风吹不尽"的下一句。

10.非洲南部的内陆国家，首都是哈拉雷。

11.中国的一个相声社团，由著名相声演员郭德纲于1995年创建。

12.一种毒品，白色结晶粉末状，化学名为二乙酰吗啡。

13.梁静茹演唱的一首歌，收录在专辑《崇拜》中，首句是"在东京铁塔，第一次眺望"。

14.利用生物的结构和功能原理来

研制机械或各种新技术的科学技术。

纵向：

一、针对事物的困难处，提供解决的方向、办法或途径。

二、一般指女性游泳时穿着的泳衣。

三、苏联生理学家、高级神经活动学说的创始人，有"生理学之父"之称。

四、由陈道明、斯琴高娃主演的清代历史传记类电视剧。

五、美国职业篮球运动员，曾效力于热火队，司职得分后卫，有"闪电侠"的外号。

六、收集、饲养和展览水生动物的机构。

七、杜甫《村居》中"始闻叩柴荆"的上一句。

八、一门利用经验考察与批判分析来研究人类社会结构与活动的学科。

九、人们对一年来的工作学习进行回顾和分析，从中找出经验和教训，引出规律性认识，以指导今后工作和实践活动的一种应用文体。

十、用来判断一个物体是否运动的另一个物体。

十一、一种能代替、控制或改变人的正常生理呼吸，增加肺通气量，改善呼吸功能，减轻呼吸功消耗，节约心脏储备能力的装置。

十二、举世闻名的历史古城山海关巨匾的题字内容。

十三、S.H.E演唱歌曲，"生命给了什么，我就享受什么"是其中一句歌词。

十四、阿杜演唱的歌曲，首句是"在某个星期天，鼓起勇气和你通电"。

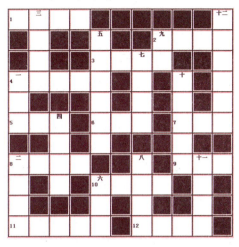

243 难易程度：★★★★
时间限制：7分钟

横向：

1.国际著名的信息安全领导厂商，旗下反病毒软件被誉为病毒防护的最佳产品，亚太区形象代言人是周杰伦。

2.礼拜神仙，请求保佑。

3.指以诗词相酬答，后也比喻互相配合，相互呼应。

4.一艘奥林匹克级邮轮，于1912年4月处女航时撞上冰山后沉没。詹姆斯·卡梅隆执导了同名3D电影。

5.华强数字动漫有限公司出品动画片，讲述一个伐木队的小老板与两只动物上演的一幕幕搞笑对决系列故事。

6.高胜美演唱的一首歌，其中一句是"请你不要离开我"。也有泰国同名电视剧。

7.台湾著名乐团之一，由乐队团长兼吉他手怪兽、主唱阿信、吉他手石头、贝斯手玛莎和鼓手冠佑组成，代表作有《志明与春娇》《疯狂世界》等。

8.民间传说，最早见于三国时代吴国徐整著的《三五历纪》。传说中的主人公是巨人英雄，是自然大道的化身。

9.宠物是哮天犬的神仙。

10.一部章回体古装情景喜剧，故事围绕着七侠镇中同福客栈里的女掌柜佟湘玉和她的几个伙计展开。

11.唐代诗人卢纶《塞下曲》中"将军夜引弓"的前一句。

12.研究地球表面的形态及其成因、形成年代、分布和演变规律的学科。

纵向：

一、一种常常被用来安慰孩子们难过情绪的毛绒玩具。同名喜剧电影由美国塞思·麦克法兰执导并主演，讲述男主人公与他心爱的动物毛绒玩具之间发生的趣事。

二、一种抗菌素，也叫青霉素，是第一种能够治疗人类疾病的抗生素。

三、位于南亚的一个国家，以前首都是卡拉奇，现在首都是伊斯兰堡。

四、林志炫演唱的一首歌，首句是"我曾爱过也失去过"。

五、迪克牛仔《我这个你不爱的人》专辑中的一首歌，首句是"空气变得有点闷"。

六、一档由河南卫视播出的大型综艺节目，主持人为王冠。

七、比喻平时没有突出的表现，却一下子做出惊人的成绩。

八、一种电磁波，是电磁波谱中波长从10nm到400nm辐射的总称，不能引起人们的视觉。

九、算出两个或两个以上数字相加的总数。

十、珠算口诀。形容做事及动作干脆利索。

十一、男的有才气，女的有美貌。形容男女双方很相配。

十二、比喻做好事做到底。

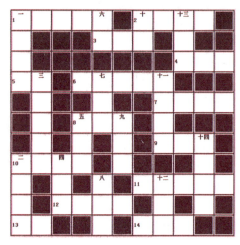

横向：

1.世界古代史上最伟大的哲学家、科学家和教育家之一，是柏拉图的学生，亚历山大大帝的老师。

2.为补偿疾病所带来的医治费用的保险。

3.指中央人民政府，是最高国家权力机关的执行机关，最高国家行政机关。

4.一种存在于人体中的血清蛋白，由人体的淋巴细胞产生，具有免疫调整作用。

5.《圣经》中的主要人物。

6.南朝梁吴均所著的一篇著名的骈体文，该文既用人的感受反衬出山水之美，也抒发了对世俗官场和追求名利之徒的藐视之情，及对友人的规劝。

7.不随便说笑，形容态度庄重严肃。

8.生物功能大分子蛋白质的基本组成单位，是构成动物营养所需蛋白质的基本物质。

9.台湾著名演员、歌手及模特，有台湾偶像剧鼻祖级演员之称。在电视剧《流星花园》中成功塑造了道明寺这一角色。

10.形容做事答话敏捷、熟练，用不着考虑。

11.孟浩然《过故人庄》中"还来就菊花"的上一句。

12.张惠妹演唱的一首歌，首句是"狂骄燃烧了大地"。

13.一种双人舞蹈，源于非洲，流行于阿根廷，是国际标准舞大赛的正式项目之一。

14.蔡琴演唱的一首歌曲，"忘不了雨中的散步，也忘不了那风里的拥抱"是其中的一句歌词。

纵向：

一、一个位于欧亚交界、高加索地区的山区小国，首都为埃里温。

二、由文章、李连杰、刘诗诗、陈妍希、柳岩等主演的悬疑动作喜剧电影，黄晓明、吴京、田亮等多位影视明星也于片中友情客串。

三、唐代诗人孟浩然《留别王维》中"知音世所稀"的上一句。

四、韩红专辑《红》中的一首歌，首句是"你知不知思念一个人的滋味"。

五、别名安布索等，是目前临床上使用最为广泛的祛痰剂。

六、位于中欧的一个国家，首都为柏林，是世界第二大商品出口国和第三大商品进口国。

七、第九届全国人民代表大会当选为国务院总理的领导人。

八、参与者双方或多方的通过角逐或比较而体现出来的综合能力。

九、四川、贵州等地的传统特色小吃，取食材于当地手工制作的红薯粉。

十、以向人提供医疗护理服务为主要目的的医疗机构。

十一、信中难以充分表达其意。后多作书信结尾习用语。

十二、范玮琪专辑《范范的世界》中的一首歌，首句是"你眼睛会笑，弯成一条桥"。

十三、又称地滚球，是一种在木板道上滚球击柱的室内运动。

十四、两位流浪歌手组成的音乐组合，因"农民工"版《春天里》受到网友热捧，代表作有《今生缘》《光芒永恒》等。

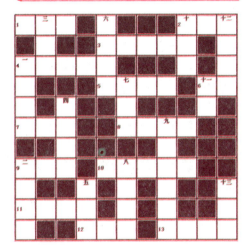

245

横向：

1.韩国流行歌曲，由裴勇俊演唱，首句是"点点滴滴都不要忘记"。也有同名表达永恒爱情的花。

2.最晚加入美国的一个州，也是美国唯一一个全部位于热带的州，州府是檀香山。该州是世界上旅游工业最发达的地方之一。

3.干旱了很久，忽然遇到一场好雨。形容盼望已久终于如愿的欣喜心情。

4.张惠妹演唱的一首歌，首句是"就要离别，勇敢的流泪"。也有台湾同名电视剧，一个关于魏家的故事，是台湾三代女性的历史缩影。

5.张宇专辑《替身》中的一首歌，首句是"坐在二楼的窗口，仿佛交错了时空"。

6.香港导演林超贤执导的一部枪战动作电影。该电影由周杰伦、谢霆锋、林鹏和白冰等领衔主演。

7.演员，以清新活泼的邻家女孩形象为观众所喜爱，代表作品有《你是我的兄弟》《房前屋后》等。

8.原比喻不知政权会落在谁的手里。现在也泛指在竞赛中不知谁会取得最后的胜利。

9.我国著名男歌手，代表作品有《知心爱人》等。

10.徐若瑄专辑《狠狠爱》中的一首歌，首句是"如果不是那镜子不像你"。

11.江苏卫视推出的一档全新益智答题类节目。

12.我国第二大淡水湖，位于湖南省北部。

13.钱雁秋执导，张子健和梁冠华领衔主演的42集谍战悬疑剧。主人公是中共党员燕双鹰。

纵向：

一、梅艳芳和张国荣共同演唱的粤语歌曲，后成为巨星绝唱。

二、一把火给烧了。

三、周华健同名专辑中的一首歌，首句是"让软弱的我们懂得残忍"。也有同名日语歌曲。

四、中央电视台电影频道栏目，主持人是李蜜。

五、无法填满的洞。比喻满足不了的物质要求或者做不完的事。

六、形容朋友、同学、同事之间的情谊。

七、起源于亚洲，世界上现存最高的陆生动物。

八、霍建华、陈乔恩、袁姗姗等主演的武侠电视剧，改编自金庸的同名小说，于2013年2月6日起在湖南卫视首播。

九、最早是作为流行歌曲被台湾歌手孟庭苇唱红的一首歌，"变成了世界上每一颗不快乐的心"是其中的一句歌词。

十、电视剧《还珠格格》《还珠格格之燕儿翩翩飞》中的角色之一，是紫薇格格的生母。

十一、一种艺术摄影的技法，指被摄主体恰好处于光源和照相机之间的状况。

十二、三国时期刘备对东吴发动的大规模战役，是三国"三大战役"的最后一场，刘备大败。

十三、一种夜行、肉食性动物，以食鼠类为主。

246 难易程度：★★★★★
时间限制：8分钟

横向：

1.支出大于收入而形成的差额，在会计核算中用红字处理，它反映一国政府的收支状况，这是一种世界性的财政现象。

2.风靡全球的美国冰激凌品牌，纽约《时代》杂志曾赋予它"冰激凌中的劳斯莱斯"的美名。

3.中国著名男演员，代表作有《我的父亲母亲》《潜伏》《男人帮》等。

4.一个新名词，对所有知识分子的总称。

5.邵兵、沙溢、李依晓、牛莉等主演的国内首部空战大剧，该剧展示了抗

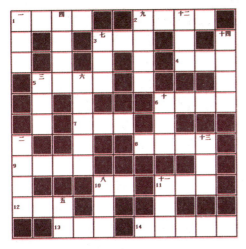

战时期中国空军壮阔的历史画卷。

6.老舍的代表作之一，主要叙述了老北京人力车夫的辛酸悲剧故事。

7.指多个原来相互独立的主权实体通过某种方式逐步结合成为一个单一实体的过程。

8.曾志伟、黄日华、梁咏琪等主演的动作电影，以清朝末年为背景，故事由内忧外患的朝廷为平息动乱展开。

9.比喻不切实际地追求过高、过远的目标。

10.以地下运行为主的城市轨道交通系统。

11.崇拜某些明星的群体，他们多数是年轻人。粤语里称为"拥趸"。

12.荣耀或荣誉的文字公告，具有宣传展示模范作用。

13.一种剧毒蛇类，最明显的特征是受到威胁时蛇头直立，颈腹部扩展成圆扇状。

14.唐代诗人陈子昂《春夜别友人》中"悠悠洛阳道"的下一句。

纵向：

一、一种中国民间普遍供奉的主管财富的神明。

二、陈晓东演唱的一首歌，首句是"熄了开了透过一些星光"。

三、哺乳动物血液中的有形成分之一。

四、中国历史上以少胜多的著名战役之一，也是三国时期"三大战役"中的一场。

五、中国科举制度中在殿试时取得第二名的名称。

六、唐代诗人刘长卿《钱别王十一南游》中"落日五湖春"的上一句。

七、家喻户晓、本领高强、受小孩儿喜欢的神话人物。

八、指在当地有势力的欺压人民的坏人，现在也用来比喻本地有一定能力的人物。

九、人类首颗有记录的周期彗星，最著名的短周期彗星。

十、首位当选为美国州长的华裔美国人，美国历史上首位华裔驻华大使。

十一、为悼念死者而召开的会议。

十二、英国生物学家、进化论的奠基人。

十三、网络流行词汇，指每月挣多少钱花多少钱的人。

十四、旧时指品行端正的人。现多作讽刺的用法，指假装正经的人。

247 难易程度：★★★★★
时间限制：8分钟

横向：

1.个人或团体保有所有权的房屋及地基。

2.一种电子教学类产品。

3.盛行于夏天食用的小吃。

4.在足球比赛中，当进攻队员较球更接近于对方球门线时的叫法。

5.中国古代的一部国别体史书，由西汉末刘向编定。

6.指每个人的思想也像每个人的面貌一样，各不相同。

7.某个项目的第一承担人，一般指房地产。

8.比喻善意而又耐心地劝导。

9.记录车辆行驶途中的影像及声音等相关资讯的仪器。

10.中国话剧名，老舍先生的代表作之一。

11.江苏地名，中国著名的鱼米之乡、中国四大米市之一。

12.一种中国画技法类别。

13.目前国际上常用的衡量人体胖瘦程度及是否健康的一个标准。

14.原美国职业篮球队名，现为鹈鹕队。

纵向：

一、一种中国传统的纯天然保健饮料佳品，来源为冬青科植物大叶冬青的叶。

二、在华北平原上抗日军民打击日本侵略者的作战方式。

三、海南省省会。

四、特指楷书而言，一种方正、光洁、乌黑、大小一律的古代官场书体。

五、一档湖南卫视时下最具人气的

的娱乐脱口秀节目。

六、人类最不灵活的手指。

七、一种学术称号。

八、中国五大银行之首。

九、自动执行工作的机器装置。

十、一部记录古代民间传说中神奇怪异故事的小说集，作者是东晋的史学家干宝。

十一、一种缺乏生殖能力的雌性蜜蜂。

十二、通过数字存储的方式来记录音频的设备。

十三、中央电视台新闻频道的一档人物专访节目。

十四、通过获取图像并将其转换成计算机可以显示、编辑、存储和输出的数字化输入设备。

248 难易程度：★★★★★
时间限制：8分钟

横向：

1.成龙自导、自编、自演的电影，是他的第101部电影。

2.仙人掌科多年生常青附生类植物，花似睡莲。

3.指各部007系列电影中与詹姆斯·邦德有着情感纠葛的女性角色，现成为性感美丽的女性的代名词。

4.指图书的定价与册数的乘积，它是当今图书行业对图书进销存退的一种统计术语。

5.喜欢看戏或唱戏而入迷的人。

6.莫言最负盛名的小说，是20世纪80年代中国文坛的里程碑之作。

7.中国文学史上山水诗派的开创者，代表作有《山居赋》等。

8.曾轶可演唱的一首歌，收录在同名专辑中，首句是"冬天再冷不过多穿一件棉袄"。

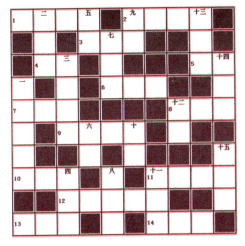

9.一种血管非炎症性病变，自青年时开始逐渐形成，至中老年时期加重、发病，成为老年人死亡的主要原因之一。

10.人类为度量方便而假设出来的辅助线，定义为地球表面连接南北两极的大圆线上的半圆弧。

11.指文章能别出心裁，自成一家。

12.用人工方法产生高速带电粒子的装置。

13.一般材料在温度接近绝对零度的时候，材料的电阻趋近于0的现象。

14.一种夜行的肉食性动物，食物以鼠类为主。

纵向：

一、唐代诗人王维《西施咏》中"效颦安可希"的上一句。

二、用特定的几何图形按一定规律在平面上分布的黑白相间的图形，是所有信息数据的一把钥匙，应用十分广泛。

三、近代中国第一次大规模进行工业化的运动，是一场在维护封建皇权前提下由上到下的改良运动。

四、细胞中制造能量的结构，即细胞的"发电厂"。

五、波兰作曲家、钢琴家，被誉为"钢琴诗人"。

六、在短时间内突变，随后又迅速返回其初始值的物理量。

七、一种糯米酒，主要产于中国浙江绍兴一带。

八、美国的第三大城市。

九、称对方儿子的敬词。

十、指保存在岩层中地质历史时期的古生物遗物和生活遗迹。

十一、现统一定名为哆啦A梦，是日本动漫中的著名卡通形象。

十二、中国最受欢迎及知名度最高的男声音乐组合之一，代表作有《向上人生路》等。

十三、中国地方戏曲剧种，深受全国各地人民群众所喜爱的作品有《刘海砍樵》等。

十四、作训服的一种基本类型，由绿、黄、黑等颜色组成不规则图案的一种新式保护色。

十五、一本关于中国人姓氏的书，成书于北宋初，是中国古代幼儿的启蒙读物之一。

249 难易程度：★★★★★
时间限制：8分钟

横向：

1.中国第一个目标飞行器和空间实验室。

2.唐代诗人李商隐《落花》中"所得是沾衣"的上一句。

3.泛指任何运动着的空气。

4.心里想做某事，但是力量不够。

5.林俊杰第一张音乐专辑《乐行者》中的第四首歌曲。

6.一个祭祀祖先的节日，传统活动为扫墓。

7.剧作家曹禺的第一部话剧。

8.司法机关中运用医学技术对与案

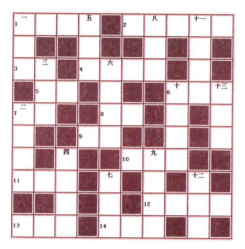

件有关的人身、尸体、物品或物质进行鉴别并作出鉴定的专门人员。

9.控制照相机曝光时间的机件。

10.指模仿生物特殊本领的科学。

11.一种利用光学成像原理形成影像并使用底片记录影像的设备。

12.一款多功能的多媒体格式转换软件。

13.指由较重的原子铀或钚分裂成较轻的原子的一种核反应形式。

14.平整衣服和布料的工具。

纵向：

一、一种多组分的混合气态化石燃料，主要成分是烷烃。

二、西湖十景之一。

三、由于彗星的破碎而形成的一种天文现象。

四、随着情况的变化灵活机动地应付。

五、一种以个人魅力、信念来唤醒群众，甚至让群众偏向于己的能力。

六、佛家用语，指平等而无差异之至道，今用以称独一无二的门径、方法。

七、一般指大小和方向随时间做周期性变化的电压或电流。

八、比喻齐心协力。

九、元奎执导的一部电影，戴文青木、莎拉·卡特、杰米·普莱斯利等联袂主演，讲述五个女斗士在一个异国岛屿上你死我活的争斗。

十、中国著名高等学府。

十一、春光和煦，风景鲜明艳丽。出自范仲淹的《岳阳楼记》。

十二、为国民经济各部门提供物质技术基础的主要生产资料的工业。

十三、一道用来控制空气进入引擎的可控阀门，进入进气管后和汽油混合，成为可燃混合气体，参与燃烧做功。

答案

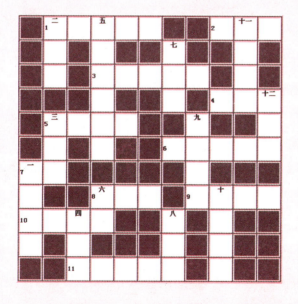

第一章：成语填字游戏

第1题

横向：

1.龙腾虎跃；2.举一反三；3.画蛇添足；4.智勇双全；5.有勇有谋；6.晓以利害；7.绝无仅有；8.射人先射马

纵向：

一、若有若无；二、虎头蛇尾；三、有始有终；四、足智多谋；五、含沙射影；六、举世无双；七、全力以赴；八、三番五次；九、害群之马

第2题

横向：

1.鹿死谁手；2.谷贱伤农；3.捷足先登；4.据理力争；5.反求诸己；6.有眼无珠；7.百思不解；8.剥床及肤

纵向：

一、指鹿为马；二、杀一儆百；三、手舞足蹈；四、不求甚解；五、五谷丰登；六、据为已有；七、伤天害理；八、体无完肤；九、百家争鸣

第3题

横向：

1.一口咬定；2.牛头马面；3.目空一切；4.齿亡舌存；5.胡作非为；6.乱箭穿心；7.余音绕梁；8.口说无凭；9.先睹为快

纵向：

一、对牛弹琴；二、胡言乱语；三、面目全非；四、心直口快；五、咬牙切齿；六、余味无穷；七、亡国之音；八、岿然独存；九、梁上君子

第4题

横向：

1.以羊易牛；2.百战不殆；3.虎落平川；4.心烦意乱；5.山珍海味；6.如释重负；7.呆若木鸡；8.水深火热；9.光怪陆离

纵向：

一、凿壁偷光；二、羊质虎皮；三、若即若离；四、百川归海；五、味如鸡肋；六、车殆马烦；七、负薪救火；八、坐怀不乱

第5题

横向：

1.风声鹤唳；2.颜面扫地；3.颜筋柳骨；4.齐心协力；5.尽善尽美；6.梦寐以求；7.语焉不详；8.按图索骥

纵向：

一、见贤思齐；二、心不在焉；三、鹤发童颜；四、筋疲力尽；五、奴颜媚骨；六、黄粱美梦；七、就地取材；八、远求骐骥

第6题

横向：

1.左顾右盼；2.东拼西凑；3.开门见山；4.起死回生；5.才识过人；6.珠光宝气；7.信口雌黄；8.迟疑不决；9.车水马龙

纵向：

一、左右开弓；二、将信将疑；三、见多识广；四、人老珠黄；五、东山再起；六、宝马香车；七、回肠荡气；八、游云惊龙

第7题

横向：

1.真心实意；2.因地制宜；3.求之不得；4.福禄双全；5.鲜衣美食；6.独具匠心；7.客死他乡；8.功成身退

纵向：

一、真相大白；二、好大喜功；三、实事求是；四、独善其身；五、因祸得福；六、心如死灰；七、衣锦还乡；八、十全十美；九、食不果腹

第8题

横向：

1.指手画脚；2.挑三拣四；3.可歌可泣；4.五光十色；5.乐而忘返；6.归

心似箭；7.弄假成真；8.乘虚而入；9.非同小可

纵向：

一、指日可待；二、故弄玄虚；三、可想而知；四、返璞归真；五、三三五五；六、似是而非；七、光阴似箭；八、眉飞色舞；九、模棱两可

第9题

横向：

1.任重道远；2.先发制人；3.途遥日暮；4.年富力强；5.情恕理遣；6.能说会道；7.措手不及；8.诗情画意；9.不堪入目

纵向：

一、脉脉含情；二、道听途说；三、遣辞措意；四、度日如年；五、力所能及；六、发愤图强；七、引人入胜；八、道路以目

第10题

横向：

1.昂首阔步；2.安营扎寨；3.无为而治；4.国之干城；5.云消雨散；6.突飞猛进；7.猛志常在；8.通宵达旦

纵向：

一、孔席墨突；二、飞黄腾达；三、步步为营；四、精进勇猛；五、安邦治国；六、逍遥自在；七、满城风雨；八、散兵游勇

第11题

横向：

1.应对如流；2.披心相付；3.福如东海；4.阔步高谈；5.引蛇出洞；6.天马行空；7.有口皆碑；8.以观后效

纵向：

一、旁征博引；二、蛇蝎心肠；三、福地洞天；四、应付自如；五、行之有效；六、海阔天空；七、水涨船高；八、谈笑风生

第12题

横向：

1.胆战心惊；2.兵不厌诈；3.金石为开；4.偃旗息鼓；5.明哲保身；6.天经地义；7.为德不卒；8.以邻为壑

纵向：

一、兵销革偃；二、忘乎所以；三、金鼓连天；四、经丘寻壑；五、胆大妄为；六、开宗明义；七、惊世骇俗；八、身先士卒

第13题

横向：

1.跨凤乘鸾；2.飘瓦虚舟；3.淡泊明志；4.同室操戈；5.患难之交；6.情投意合；7.刚愎自用；8.事半功倍

纵向：

一、患得患失；二、强人所难；三、淡水交情；四、鸾飘凤泊；五、意气用事；六、志同道合；七、操之过急；八、大动干戈

第14题

横向：

1.始终如一；2.名列前茅；3.无师自通；4.秀外慧中；5.情窦初开；6.有条有理；7.无能为力；8.诚惶诚恐

纵向：

一、山清水秀；二、外强中干；三、无中生有；四、一字之师；五、有恃无恐；六、通情达理；七、筋疲力竭；八、茅塞顿开

第15题

横向：

1.能者为师；2.恩重如山；3.别具匠心；4.绝无仅有；5.如火如荼；6.天下第一；7.冥顽不灵；8.畅所欲言

纵向：

一、恩断义绝；二、惠风和畅；三、别有洞天；四、下笔千言；五、能工巧匠；六、心口如一；七、师道尊

严；八、荼毒生灵

第16题

横向：

1.三人成虎；2.拔本塞源；3.口蜜腹剑；4.绝处逢生；5.功成身退；6.耳濡目染；7.气吞山河；8.庖丁解牛；9.顶天立地

纵向：

一、不绝于耳；二、目不识丁；三、虎口余生；四、气冲牛斗；五、拔剑论功；六、泰山压顶；七、浑身解数；八、天造地设

第17题

横向：

1.事半功倍；2.音容宛在；3.金石为开；4.守身如玉；5.明察秋毫；6.言不及义；7.而立之年；8.一拍即合

纵向：

一、玩忽职守；二、身微言轻；三、金玉良言；四、不谋而合；五、事在人为；六、开宗明义；七、多事之秋；八、毫厘千里

第18题

横向：

1.一往情深；2.自鸣得意；3.言行不一；4.趾高气扬；5.叶落归根；6.举世瞩目；7.日理万机；8.一统天下

纵向：

一、自命清高；二、百里挑一；三、言扬行举；四、一意孤行；五、世风日下；六、一叶障目；七、视死如归；八、根深蒂固

第19题

横向：

1.两袖清风；2.瓜熟蒂落；3.百年树人；4.以卵击石；5.感慨万千；6.秋色平分；7.德艺双馨；8.波涛汹涌

纵向：

一、感恩戴德；二、两小无猜；

三、百岁千秋；四、风烛残年；五、平地风波；六、人以群分；七、泪如泉涌；八、落井下石

第20题

横向：

1.韦编三绝；2.青梅竹马；3.网开一面；4.积劳成疾；5.成群结队；6.如临深渊；7.一蹶不振；8.夫荣妻贵；9.根深叶茂

纵向：

一、始终如一；二、三阳开泰；三、如振落叶；四、青面獠牙；五、积水成渊；六、犬马之劳；七、结发夫妻；八、深恶痛疾

第21题

横向：

1.名正言顺；2.寿元无量；3.一本正经；4.倒行逆施；5.言归于好；6.自愧不如；7.流离失所；8.嗤之以鼻；9.置若罔闻

纵向：

一、名不副实；二、言不尽意；三、言行不一；四、好自为之；五、寿终正寝；六、倒背如流；七、量力而行；八、无计可施；九、闻所未闻

第22题

横向：

1.头晕目眩；2.饮鸩止渴；3.接风洗尘；4.九泉之下；5.以管窥天；6.翻手为云；7.外圆内方；8.天覆地载；9.现身说法

纵向：

一、头面人物；二、以牙还牙；三、目不暇接；四、天翻地覆；五、饮灰洗胃；六、九霄云外；七、渴骥奔泉；八、席卷天下；九、想方设法

第23题

横向：

1.眼明心亮；2.乐善好施；3.放纵

不羁；4.抱令守律；5.好高骛远；6.见死不救；7.火烧眉毛；8.不识抬举；9.弩张剑拔

纵向：

一、眼高手低；二、好逸恶劳；三、心花怒放；四、远见卓识；五、乐此不疲；六、抱薪救火；七、施号发令；八、千篇一律；九、一毛不拔

第24题

横向：

1.鼻息如雷；2.似水流年；3.形影相吊；4.经久不息；5.片言只字；6.正经八百；7.子曰诗云；8.自圆其说；9.偷天换日

纵向：

一、鼻青脸肿；二、片甲不留；三、如影随形；四、字正腔圆；五、似曾相识；六、经史百子；七、年深日久；八、奄奄一息；九、浮云蔽日

第25题

横向：

1.舌锋如火；2.挑三拣四；3.背井离乡；4.丧家之犬；5.交口称赞；6.不共戴天；7.良辰美景；8.张口结舌；9.水乳交融

纵向：

一、舌敝耳聋；二、交浅言深；三、如芒在背；四、赞不绝口；五、挑拨离间；六、丧尽天良；七、四海为家；八、画虎类犬；九、情景交融

第26题

横向：

1.牙牙学语；2.超群绝伦；3.兴致索然；4.耳熟能详；5.返璞归真；6.先睹为快；7.知书达礼；8.图穷匕见；9.调兵遣将

纵向：

一、辗转反侧；二、学以致用；三、真知灼见；四、超然物外；五、不

绝于耳；六、先礼后兵；七、熟视无睹；八、不厌其详；九、大快人心

第27题

横向：

1.手眼通天；2.朝不保夕；3.旦种暮成；4.方兴未艾；5.捷足先登；6.堂而皇之；7.地主之谊；8.暗室逢灯；9.秦晋之好

纵向：

一、手到擒来；二、捷报频传；三、通宵达旦；四、登堂入室；五、朝秦暮楚；六、方寸之地；七、夕寐宵兴；八、自怨自艾；九、年谊世好

第28题

横向：

1.胸怀大志；2.大恩大德；3.用之不竭；4.郑重其事；5.齐家治国；6.泰然处之；7.音容笑貌；8.少安毋躁；9.兴趣盎然

纵向：

一、胸无城府；二、齐心协力；三、大材小用；四、国泰民安；五、大言不惭；六、郑卫之音；七、德高望重；八、敷衍了事；九、道貌岸然

第29题

横向：

1.心驰神往；2.据为己有；3.势均力敌；4.触类旁通；5.黯然神伤；6.一目了然；7.情同骨肉；8.心醉魂迷；9.藕断丝连

纵向：

一、心劳日拙；二、别树一帜；三、神龙失势；四、黯然销魂；五、据理力争；六、触景伤情；七、有教无类；八、水泄不通；九、骨肉相连

第30题

横向：

1.足不出户；2.时和年丰；3.尔虞我诈；4.不约而同；5.双管齐下；6.风

餐露宿；7.问牛知马；8.走石飞沙；

9.铁树开花

纵向：

一、足智多谋；二、鹤唳风声；三、出尔反尔；四、双宿双飞；五、时不我待；六、不耻下问；七、丰姿绰约；八、截然不同；九、走马观花

第31题

横向：

1.口碑载道；2.装腔作势；3.舞文弄墨；4.坐立不安；5.开卷有益；6.寿比南山；7.空谷传声；8.三年之艾；

9.察言观色

纵向：

一、口耳之学；二、开物成务；三、载歌载舞；四、益寿延年；五、装神弄鬼；六、坐吃山空；七、势不两立；八、忐忑不安；九、绘声绘色

第32题

横向：

1.耳听八方；2.苟且偷安；3.风卷残云；4.家道中落；5.离题万里；6.应付自如；7.洗心革面；8.乌合之众；

9.树大招风

纵向：

一、耳鬓厮磨；二、离心离德；三、八面威风；四、里应外合；五、苟延残喘；六、家贫如洗；七、安贫乐道；八、光明磊落；九、满面春风

第33题

横向：

1.脚踏实地；2.难能可贵；3.不求甚解；4.非分之想；5.风中之烛；6.明争暗斗；7.夜以继日；8.力争上游；

9.月下花前

纵向：

一、空穴来风；二、实事求是；三、秉烛夜游；四、难解难分；五、无可厚非；六、明日黄花；七、分秒必

争；八、痴心妄想；九、斗转星移

第34题

横向：

1.腹背受敌；2.引吭高歌；3.判若两人；4.寡廉鲜耻；5.入不敷出；6.滴水不漏；7.望穿秋水；8.吃里爬外；

9.冷若冰霜

纵向：

一、无孔不入；二、受宠若惊；三、喜出望外；四、引人入胜；五、曲高和寡；六、滴水成冰；七、廉泉让水；八、恬不知耻；九、漏洞百出

第35题

横向：

1.眉飞色舞；2.明效大验；3.眼内无珠；4.博闻强识；5.大步流星；6.赤胆忠心；7.棋逢对手；8.彤云密布；

9.摩拳擦掌

纵向：

一、麻痹大意；二、色厉内荏；三、星罗棋布；四、明珠暗投；五、地大物博；六、赤手空拳；七、闻风丧胆；八、素不相识；九、推心置腹

第36题

横向：

1.骨瘦如柴；2.含哺鼓腹；3.一针见血；4.当机立断；5.五花八门；6.苦尽甘来；7.当轴处中；8.针锋相对；

9.何乐不为

纵向：

一、学富五车；二、如坐针毡；三、门当户对；四、含血喷人；五、旗鼓相当；六、苦中作乐；七、机关用尽；八、优柔寡断；九、新来乍到

第37题

横向：

1.肝胆相照；2.门可罗雀；3.大相径庭；4.网漏吞舟；5.正人君子；6.扬眉吐气；7.固若金汤；8.后患无穷；

9.热血沸腾

纵向：

一、改邪归正；二、相辅相成；三、君子固穷；四、门庭若市；五、天罗地网；六、扬汤止沸；七、吞吞吐吐；八、破釜沉舟；九、气贯长虹

第38题

横向：

1.唇亡齿寒；2.见异思迁；3.论功行赏；4.发人深省；5.漫不经心；6.互通有无；7.长治久安；8.不着边际；9.岌岌可危

纵向：

一、唇红齿白；二、融会贯通；三、齿牙余论；四、漫无边际；五、见机行事；六、发短心长；七、迁怒于人；八、一日三省；九、居安思危

第39题

横向：

1.胆小如鼠；2.狗尾续貂；3.雾里看花；4.对酒当歌；5.克己奉公；6.业精于勤；7.堂堂正正；8.省吃俭用；9.结党营私

纵向：

一、胆大如斗；二、兢兢业业；三、如堕云雾；四、克勤克俭；五、狗眼看人；六、对簿公堂；七、貂裘换酒；八、四面楚歌；九、公正无私

第40题

横向：

1.春暖花开；2.锦天绣地；3.流言蜚语；4.始作俑者；5.过街老鼠；6.夜长梦多；7.腹背受敌；8.万无一失；9.泪干肠断；10.襟怀坦白；11.摧眉折腰

纵向：

一、蒙混过关；二、繁花似锦；三、血泪盈襟；四、天荒地老；五、鼠肚鸡肠；六、春回大地；七、自作自受；八、开源节流；九、飞短流长；十、一波三折；十一、言多必失

第41题

横向：

1.夏日可畏；2.首屈一指；3.秋收冬藏；4.摇尾乞怜；5.取而代之；6.不惜工本；7.天花乱坠；8.弹丸之地；9.后继有人；10.义无反顾；11.茅塞顿开；12.发愤图强

纵向：

一、巧取豪夺；二、弹无虚发；三、千秋万代；四、天经地义；五、夏炉冬扇；六、摇摇欲坠；七、三顾茅庐；八、畏首畏尾；九、怜香惜玉；十、继往开来；十一、原原本本；十二、郑人买履

第42题

横向：

1.冬日可爱；2.响遏行云；3.乌烟瘴气；4.走马上任；5.亲如骨肉；6.渺无人烟；7.故作高深；8.等闲视之；9.漫山遍野；10.附凤攀龙；11.鹤立鸡群

纵向：

一、沾亲带故；二、不同凡响；三、高不可攀；四、行尸走肉；五、冬日夏云；六、欺上瞒下；七、爱屋及乌；八、闲云野鹤；九、烟波浩渺；十、无稽之谈；十一、阴阳怪气；十二、灰飞烟灭

第43题

横向：

1.秋风扫落叶；2.不能赞一辞；3.盛气凌人；4.天壤之别；5.强词夺理；6.锦绣河山；7.难言之隐；8.山珍海味；9.赫赫有名；10.绞尽脑汁；11.生不逢时

纵向：

一、花团锦簇；二、繁荣昌盛；三、山穷水尽；四、气壮山河；五、山

盟海誓；六、秋水伊人；七、牵强附会；八、芸芸众生；九、落拓不羁；十、天理难容；十一、烜赫一时；十二、不辞而别；十三、隐姓埋名

第44题

横向：

1.鼠窃狗盗；2.发蒙振落；3.若有所思；4.在所难免；5.遥遥领先；6.开源节流；7.虎口拔牙；8.应接不暇

纵向：

一、一箭之遥；二、遥相呼应；三、狗彘不若；四、有言在先；五、发人深思；六、免开尊口；七、落落穆穆；八、万世流芳

第45题

横向：

1.牛刀小试；2.心灵手巧；3.玉石俱焚；4.大地回春；5.排山倒海；6.雪中送炭；7.前因后果；8.意气相投

纵向：

一、力排众议；二、小家碧玉；三、倒果为因；四、石沉大海；五、心急如焚；六、阳春白雪；七、巧舌如簧；八、冰炭不投

第46题

横向：

1.虎背熊腰；2.粗制滥造；3.胆大心细；4.方寸不乱；5.绵里藏针；6.世道人心；7.英雄气短；8.纵虎归山

纵向：

一、连绵不绝；二、熊心豹胆；三、藏龙卧虎；四、大政方针；五、粗中有细；六、乱世英雄；七、造谣中伤；八、枉费心机

第47题

横向：

1.兔死狗烹；2.横征暴敛；3.头头是道；4.何足挂齿；5.豁然开朗；6.目不暇接；7.迥然不同；8.贼眉鼠眼

纵向：

一、无可奈何；二、足音跫然；三、狗血喷头；四、头童齿豁；五、横行霸道；六、朗目疏眉；七、暴跳如雷；八、青黄不接

第48题

横向：

1.龙腾虎跃；2.言之凿凿；3.尾生之信；4.涂脂抹粉；5.雪中送炭；6.墨迹未干；7.逢场作戏；8.一柱擎天

纵向：

一、程门立雪；二、中流砥柱；三、虎头蛇尾；四、生灵涂炭；五、言而无信；六、粉墨登场；七、凿凿有据；八、乳臭未干

第49题

横向：

1.蛇影杯弓；2.一物降一物；3.薪尽火传；4.尽心竭力；5.天不作美；6.艰苦奋斗；7.祸福相依；8.点头哈腰

纵向：

一、杞人忧天；二、杯水车薪；三、作威作福；四、尽善尽美；五、一脉相传；六、物力维艰；七、一飞冲天；八、五斗折腰

第50题

横向：

1.马首是瞻；2.人生路不熟；3.直捣黄龙；4.加官进爵；5.科班出身；6.退避三舍；7.聊胜于无；8.解甲归田

纵向：

一、马齿徒增；二、是非曲直；三、出没无常；四、黄袍加身；五、人中之龙；六、有进无退；七、不敢造次；八、问舍求田

第51题

横向：

1.羊入虎群；2.蒙在鼓里；3.生死攸关；4.捶胸顿足；5.惜墨如金；6.兰

桂齐芳；7.劫数难逃；8.邀功请赏

纵向：

一、羊肠小道；二、胸中有数；三、虎啸风生；四、死不足惜；五、蒙混过关；六、契若金兰；七、里应外合；八、孤芳自赏

第52题

横向：

1.猴年马月；2.奇货可居；3.稀奇古怪；4.放下屠刀；5.丧权辱国；6.遣辞措意；7.栩栩如生；8.殃及池鱼

纵向：

一、垂头丧气；二、年逾古稀；三、奇耻大辱；四、国计民生；五、奇形怪状；六、放言遣辞；七、久居人下；八、措手不及；九、一刀两断

第53题

横向：

1.鸡鸣而起；2.风靡一时；3.黑灯瞎火；4.金碧辉煌；5.雨后春笋；6.日月经天；7.推陈出新；8.晴天霹雳

纵向：

一、鸡零狗碎；二、纸醉金迷；三、起早贪黑；四、辉光日新；五、灯火辉煌；六、煽风点火；七、雨过天晴；八、料峭春寒；九、审时度势

第54题

横向：

1.狗急跳墙；2.泪眼汪汪；3.鼠肚鸡肠；4.断齑画粥；5.排斥异己；6.如饥似渴；7.见财起意；8.金风送爽；9.和盘托出

纵向：

一、狗仗人势；二、排沙简金；三、跳梁小丑；四、各抒己见；五、泪干肠断；六、如意算盘；七、画饼充饥；八、临渴掘井

第55题

横向：

1.狐朋狗友；2.肥头大耳；3.师直为壮；4.尺寸可取；5.不修边幅；6.临文不讳；7.里通外国；8.盗名欺世；9.众志成城

纵向：

一、猪狗不如；二、身临其境；三、狗头军师；四、不饮盗泉；五、直言不讳；六、膘肥体壮；七、尺幅千里；八、掩耳盗铃；九、倾国倾城

第56题

横向：

1.兴师动众；2.说三道四；3.心花怒放；4.长吁短叹；5.徇私舞弊；6.夜郎自大；7.鱼龙混杂；8.精疲力尽；9.邯郸学步

纵向：

一、兴致勃勃；二、精益求精；三、动人心弦；四、江郎才尽；五、放长线钓大鱼；六、龙骧虎步；七、说长道短；八、私心杂念；九、四分五裂；十、敝帚自珍

第57题

横向：

1.笑逐颜开；2.原封不动；3.奋勇当先；4.锋芒毕露；5.追本穷源；6.功到自然成；7.啼笑皆非；8.一身两役；9.百万雄师；10.噤若寒蝉

纵向：

一、奋起直追；二、惩一儆百；三、决一雌雄；四、开路先锋；五、毕其功于一役；六、原形毕露；七、啼饥号寒；八、嫣然一笑；九、动辄得咎；十、非池中物

第58题

横向：

1.当风秉烛；2.斩草除根；3.夜长梦多；4.行若无事；5.舍生取义；6.必争之地；7.探囊取物；8.恒河沙数；9.民以食为天

纵向：

一、当头棒喝；二、探头探脑；三、秉烛夜游；四、取信于民；五、天生尤物；六、多行不义必自毙；七、持之以恒；八、草草了事；九、根深叶茂；十、数一数二

第59题

横向：

1.锦衣玉食；2.一泻千里；3.精雕细刻；4.人之常情；5.挥金如土；6.磨刀霍霍；7.形形色色；8.度外之人；9.天高皇帝远；10.鬼使神差；11.跬步千里

纵向：

一、十年磨剑；二、疑神疑鬼；三、玉砌雕阑；四、挥霍无度；五、一刻千金；六、外合里差；七、吉人天相；八、下里巴人；九、形色仓皇；十、反哺之情；十一、不远万里

第60题

横向：

1.一去不复返；2.草率收兵；3.九曲回肠；4.前车之鉴；5.三命而俯；6.囊萤照读；7.仰人鼻息；8.如水投石；9.心口如一；10.一天星斗

纵向：

一、一岁九迁；二、囊空如洗；三、回光返照；四、石破天惊；五、草菅人命；六、钩心斗角；七、前俯后仰；八、人手一册；九、天人共鉴；十、姑息养奸

第61题

横向：

1.开台锣鼓；2.五子登科；3.文以载道；4.士饱马腾；5.碧海青天；6.下笔千言；7.万应灵丹；8.心口如一；9.一手独拍；10.掩人耳目；11.称兄道弟；12.亲痛仇快

纵向：

一、演武修文；二、以一持万；三、孔孟之道；四、拍手称快；五、碧血丹心；六、五湖四海；七、如兄如弟；八、天下第一；九、开科取士；十、掩耳盗铃；十一、言犹在耳；十二、目光炯炯

第62题

横向：

1.席珍待聘；2.膏腴之地；3.飞沙走石；4.坐观成败；5.锦绣河山；6.高枕无忧；7.金玉锦绣；8.地久天长；9.戴罪立功；10.国计民生；11.身败名裂；12.急流勇退

纵向：

一、插翅难飞；二、沙里淘金；三、坚如磐石；四、功成身退；五、锦天绣地；六、膏粱锦绣；七、天崩地裂；八、山高水长；九、席地而坐；十、国富民丰；十一、忧国忧民；十二、生吞活剥

第63题

横向：

1.声名狼藉；2.成千上万；3.半推半就；4.大难临头；5.白发丹心；6.恩重泰山；7.诚惶诚恐；8.水土不服；9.莫名其妙；10.翩翩少年；11.长眠不起；12.垂手可得

纵向：

一、毁誉参半；二、恩怨分明；三、功成名就；四、妙手偶得；五、白山黑水；六、土生土长；七、万应灵丹；八、心悦诚服；九、声势浩大；十、翩翩起舞；十一、临难不恐；十二、年逾古稀

第64题

横向：

1.春风化雨；2.三贞九烈；3.轰动一时；4.浑身解数；5.金口玉言；6.过路财神；7.文不对题；8.名副其实；

9.倾肠倒肚；10.量体裁衣；11.黔驴技穷；12.肝脑涂地

纵向：

一、身无分文；二、遍体鳞伤；三、分化瓦解；四、布衣黔首；五、金榜题名；六、三缄其口；七、其乐无穷；八、言过其实；九、轰轰烈烈；十、肠肥脑满；十一、一颦一笑；十二、神魂颠倒

第65题

横向：

1.统筹兼顾；2.淡而无味；3.厚此薄彼；4.用兵如神；5.百年之好；6.举目千里；7.不足为凭；8.一无所长；9.冠盖相望；10.张口结舌；11.即兴之作；12.措置裕如

纵向：

一、冠履倒置；二、在此一举；三、顾此失彼；四、望洋兴叹；五、百里挑一；六、无恶不作；七、淡然置之；八、好景不长；九、百无一用；十、张皇失措；十一、凭轼结辙；十二、抖擞精神

第66题

横向：

1.厚德载物；2.门禁森严；3.自立门户；4.官卑职小；5.天成地平；6.屈高就下；7.天下太平；8.双管齐下；9.弄口鸣舌；10.火眼金睛；11.闲愁万种；12.震耳欲聋

纵向：

一、厚禄高官；二、忙里偷闲；三、卑躬屈膝；四、刀耕火种；五、天下无双；六、管鲍分金；七、立锥之地；八、平治天下；九、门户之见；十、不平则鸣；十一、严丝合缝；十二、舌敝耳聋

第67题

横向：

1.欲速则不达；2.方底圆盖；3.官卑职小；4.耳目昭彰；5.人浮于事；6.若存若亡；7.忍无可忍；8.可有可无；9.刻骨铭心；10.怡然自得

纵向：

一、耳闻则诵；二、心旷神怡；三、昭然若揭；四、欲盖弥彰；五、不可多得；六、生死存亡；七、达官贵人；八、无时无刻；九、于心何忍；十、胆小怕事；十一、怦然心动

第68题

横向：

1.德高望重；2.万众一心；3.泪流满面；4.不在话下；5.不甘寂寞；6.黯然失色；7.洞天福地；8.无毒不丈夫；9.步步高升；10.子孙后代；11.访亲问友

纵向：

一、黯淡无光；二、高山流水；三、不耻下问；四、面不改色；五、凡夫俗子；六、万籁俱寂；七、步人后尘；八、心不在焉；九、福星高照；十、甘拜下风

第69题

横向：

1.颠沛流离；2.强干弱枝；3.百无一是；4.缺衣少食；5.九九归一；6.大名鼎鼎；7.不可告人；8.命若悬丝；9.声如洪钟；10.龙马精神；11.祖胸露背

纵向：

一、颠扑不破；二、自命不凡；三、流芳百世；四、悬崖勒马；五、九鼎一丝；六、一言九鼎；七、不成体统；八、缺一不可；九、弱不胜衣；十、人生如朝露；十一、民以食为天；十二、一见钟情

第70题

横向：

201

1.绿林大盗；2.私相授受；3.好为人师；4.心心念念；5.抽丝剥茧；6.刚愎自用；7.势如破竹；8.不可一世；9.吹灰之力；10.一无所求；11.喜从天降

纵向：

一、绿林好汉；二、刚正不阿；三、大快人心；四、一心一意；五、师心自用；六、私心杂念；七、吹毛求疵；八、心如死灰；九、哀丝豪竹；十、力不从心；十一、手足重茧；十二、明升暗降

第71题

横向：

1.非同小可；2.触景伤情；3.不共戴天；4.大义灭亲；5.做贼心虚；6.不谋而合；7.唉声叹气；8.自欺欺人；9.得道多助；10.甚嚣尘上；11.寻欢作乐

纵向：

一、不打自招；二、同生共死；三、欺人太甚；四、天作之合；五、触目惊心；六、扶摇直上；七、虚张声势；八、情深义重；九、仙风道骨；十、众叛亲离；十一、助人为乐

第72题

横向：

1.神通广大；2.重男轻女；3.不可言状；4.情投意合；5.牛郎织女；6.疑神疑鬼；7.憨状可掬；8.蛇欲吞象；9.聚精会神；10.空谷传声；11.堤溃蚁穴；12.叱咤风云

纵向：

一、不容置疑；二、聚蚊成雷；三、广开言路；四、会逢其适；五、男耕女织；六、儿女情长；七、空穴来风；八、只可意会，不可言传；九、声名狼藉

第73题

横向：

1.清规戒律；2.发愤图强；3.如花似玉；4.不欢而散；5.石沉大海；6.玩火自焚；7.天涯若比邻；8.丧尽天良；9.混淆是非；10.霸王别姬；11.纸上谈兵

纵向：

一、清贫如洗；二、玩物丧志；三、天渊之别；四、玉石俱焚；五、发扬光大；六、挥毫落纸；七、海阔天空；八、混为一谈；九、强颜欢笑；十、比比皆是；十一、一盘散沙；十二、非分之想

第74题

横向：

1.步步为营；2.老态龙钟；3.欲擒故纵；4.费尽心机；5.东躲西藏；6.劳逸结合；7.祸国殃民；8.日久见人心；9.临池学书；10.沸沸扬扬；11.侏儒观戏

纵向：

一、步履蹒跚；二、与日俱增；三、为所欲为；四、人声鼎沸；五、包藏祸心；六、老泪纵横；七、殃及池鱼；八、费财劳民；九、钟鸣漏尽；十、焚书坑儒；十一、话不投机；十二、合二为一

第75题

横向：

1.自圆其说；2.暴露无遗；3.不择手段；4.洗心涤虑；5.如雷贯耳；6.一无所获；7.耳听八方；8.饥寒交迫；9.清心寡欲；10.不干不净；11.大势已去；12.精卫填海

纵向：

一、自愧不如；二、如饥似渴；三、手足无措；四、迫不得已；五、如获至宝；六、暴跳如雷；七、耳根清净；八、洗耳恭听；九、欲壑难填；

十、顾虑重重

第76题

横向：

1.有志不在年高；2.爱不释手；3.力所不及；4.乌鸟私情；5.成己成物；6.此中三昧；7.令人神往；8.不白之冤；9.兼而有之；10.口蜜腹剑；11.舌端月旦

纵向：

一、有志者事竟成；二、脍炙人口；三、不寒而栗；四、令人捧腹；五、睹物思人；六、年轻力壮；七、长此以往；八、爱屋及乌；九、三寸不烂之舌；十、手下留情；十一、欢喜冤家

第77题

横向：

1.直截了当；2.为民请命；3.指手画脚；4.乱臣贼子；5.猫哭老鼠；6.眼疾手快；7.挂羊头卖狗肉；8.悔恨交加；9.分我杯羹；10.惊弓之鸟

纵向：

一、直言不讳；二、歧路亡羊；三、了若指掌；四、头没杯案；五、阿猫阿狗；六、手忙脚乱；七、肉跳心惊；八、贼眉鼠眼；九、爱民如子；十、唯命是从；十一、快马加鞭

第78题

横向：

1.开源节流；2.如胶似漆；3.布衣之交；4.目不识丁；5.洗耳恭听；6.一清二白；7.除奸革弊；8.七情六欲

纵向：

一、开诚布公；二、排除异己；三、洗心革面；四、交头接耳；五、闭目塞听；六、似曾相识；七、清心寡欲；八、丁一卯二；九、白纸黑字

第79题

横向：

1.秤不离砣；2.天下太平；3.别具一格；4.骄傲自满；5.接二连三；6.屏声息气；7.半斤八两；8.万水千山；9.河东狮吼

纵向：

一、天之骄子；二、屏气凝神；三、自强不息；四、秤平斗满；五、气象万千；六、离情别绪；七、半壁山河；八、说一不二；九、三长两短

第80题

横向：

1.一帆风顺；2.掷果潘安；3.应有尽有；4.仗势欺人；5.声东击西；6.克敌制胜；7.大步流星；8.如见其人

纵向：

一、克己慎行；二、势均力敌；三、顺天应人；四、胜友如云；五、掷地有声；六、大快人心；七、击楫中流；八、星火燎原

第81题

横向：

1.二人同心；2.单刀赴会；3.不扶自直；4.指挥若定；5.入室操戈；6.满纸空言；7.变化如神；8.出神入化

纵向：

一、满腹经纶；二、挥毫落纸；三、心神不定；四、言出法随；五、单刀直入；六、变化无穷；七、操纵自如；八、神施鬼设

第82题

横向：

1.三生有幸；2.乐极悲生；3.天灾人祸；4.玉食锦衣；5.芙蓉出水；6.分化瓦解；7.天公地道

纵向：

一、芙蓉并蒂；二、人才辈出；三、幸灾乐祸；四、水天一色；五、蓝田生玉；六、分道扬镳；七、食古不化；八、弱不胜衣；九、解铃系铃

第83题

横向：

1.四通八达；2.急中生智；3.通功易事；4.谈虎色变；5.功不补患；6.一潭死水；7.东风化雨；8.清宫除道

纵向：

一、一字褒贬；二、虎穴龙潭；三、达权通变；四、水清无鱼；五、急于事功；六、东道之谊；七、不正之风；八、雨卧风餐

第84题

横向：

1.五花八门；2.不知端倪；3.不法常可；4.敬如上宾；5.传宗接代；6.久负盛名；7.自始至终；8.目不斜视

纵向：

一、久经风霜；二、如释重负；三、门不停宾；四、名目繁多；五、不可言传；六、自视甚高；七、接踵而至；八、终南捷径

第85题

横向：

1.六神无主；2.入情入理；3.客死他乡；4.神魂颠倒；5.俗不可耐；6.左萦右拂；7.旁若无人；8.袖手旁观

纵向：

一、左右逢源；二、魂牵梦萦；三、主客颠倒；四、拂袖而去；五、入乡随俗；六、旁观冷眼；七、可有可无；八、人声鼎沸

第二章：单词填字游戏

第86题

横向：

1.abacus；2.gain；3.ugly；4.baby；5.by；6.eclipse；7.keen；8.gait；9.other；10.atomic；11.erase；12.caller

纵向：

一、abut；二、eastern；三、

young；四、ease；五、sable；六、tactic；七、gabble；八、palatial；九、nab；十、yield

第87题

横向：

1.babble；2.era；3.jar；4.cede；5.code；6.gate；7.opponent；8.exile；9.oral

纵向：

一、back；二、gaffe；三、dust；四、expel；五、eject；六、not；七、erode；八、gear；九、riot

第88题

横向：

1.cabin；2.orator；3.guard；4.else；5.or；6.jeer；7.year；8.hair；9.tag；10.nail

纵向：

一、cigar；二、jest；三、brag；四、earth；五、nod；六、say；七、table；八、earn；九、our；十、error

第89题

横向：

1.daily；2.endure；3.gap；4.abnormal；5.in；6.dab；7.zoo；8.use；9.uncle；10.widen

纵向：

一、dog；二、up；三、abandon；四、bull；五、yellow；六、idiom；七、abound；八、tear；九、peon

第90题

横向：

1.eager；2.hush；3.ebullient；4.bad；5.tenor；6.economic；7.thank；8.hoard

纵向：

一、eye；二、breath；三、gourd；四、of；五、relation；六、neigh；七、satire；八、wake

第91题

横向：

1.full；2.ice；3.apart；4.rob；5.seam；6.scale；7.nurse；8.grab；9.obtain；10.soar

纵向：

一、fear；二、gas；三、occur；四、lab；五、labor；六、abet；七、note；八、item；九、rail；十、each；十一、sea

第92题

横向：

1.gibe；2.local；3.face；4.pensive；5.thrash；6.early；7.abate；8.gaunt；9.ethos

纵向：

一、gift；二、habit；三、elephant；四、icon；五、he；六、away；七、loiter；八、land；九、kite

第93题

横向：

1.habit；2.abhor；3.cabin；4.fall；5.sleepy；6.cat；7.lab；8.teen；9.yell；10.yet

纵向：

一、hack；二、salty；三、babble；四、tang；五、pact；六、chafe；七、canny；八、oral；九、latch

第94题

横向：

1.idea；2.oaf；3.tub；4.abolish；5.emend；6.economy；7.stab；8.key；9.obey；10.iron；11.endue；12.egress；13.duty

纵向：

一、image；二、knife；三、ecology；四、oar；五、on；六、kilo；七、make；八、they；九、yes；十、object；十一、adjust；

十二、food

第95题

横向：

1.jacket；2.needy；3.skill；4.hide；5.zero；6.fancy；7.dusk；8.yellow；9.auto；10.island；11.effect

纵向：

一、jest；二、else；三、criminal；四、lead；五、lazy；六、wade；七、method；八、tone；九、desk；十、pyre；十一、last

第96题

横向：

1.know；2.girl；3.enter；4.akin；5.folk；6.ladder；7.town；8.barge；9.under；10.seaside

纵向：

一、knife；二、cubic；三、leader；四、week；五、mess；六、otiose；七、grass；八、tongs；九、rainbow；十、nerve

第97题

横向：

1.lurk；2.edict；3.warrant；4.load；5.recede；6.defy；7.occult；8.night；9.track；10.elate

纵向：

一、lower；二、epicure；三、kernel；四、lake；五、need；六、eat；七、hilt；八、idiocy；九、he；十、digest

第98题

横向：

1.machine；2.peak；3.model；4.grade；5.effect；6.tenet；7.alarm；8.irate；9.jest；10.niece

纵向：

一、middle；二、fear；三、

camp；四、abet；五、dancer；六、mien；七、lag；八、erase；九、terrain；十、knee

第99题

横向：

1.naive；2.envy；3.cycle；4.away；5.kettle；6.essay；7.ken；8.byre；9.type；10.parse；11.calcium；12.dish

纵向：

一、neck；二、toad；三、elegy；四、beach；五、ecology；六、epic；七、elapse；八、new；九、rout；十、yokel

第100题

横向：

1.object；2.fun；3.abuse；4.eddy；5.stir；6.rag；7.sifter；8.egress；9.make；10.savor；11.red；12.ear；13.redeem

纵向：

一、operate；二、gamble；三、jade；四、wreak；五、edge；六、tact；七、isle；八、raid；九、fear；十、tumor；十一、read；十二、niggard

第101题

横向：

1.paean；2.top；3.abhor；4.asset；5.act；6.olive；7.edit；8.get；9.icicle；10.abase；11.naive；12.ear

纵向：

一、efface；二、absurd；三、otiose；四、natal；五、who；六、vacancy；七、trap；八、genial；九、patent；十、leaf

第102题

横向：

1.queen；2.ideal；3.ceiling；4.tent；5.atom；6.jeer；7.deaf；8.economic；9.type；10.diet；11.delay；12.sate

纵向：

一、today；二、uncle；三、tie；四、nearby；五、edict；六、needy；七、ginger；八、obey；九、high；十、rain；十一、heart；十二、obedient；十三、loam

第103题

横向：

1.ration；2.haft；3.atone；4.licit；5.clean；6.ode；7.only；8.tenor；9.ebb；10.bail；11.idol；12.acid；13.beard；14.easy

纵向：

一、real；二、obese；三、icon；四、labile；五、orator；六、too；七、lad；八、poacher；九、there；十、bode；十一、aorta；十二、fiend；十三、ecology

第104题

横向：

1.suave；2.odor；3.tight；4.taboo；5.ogle；6.snips；7.scar；8.kelp；9.lover；10.atlas；11.aura；12.cab；13.facet；14.earth

纵向：

一、sect；二、accept；三、lace；四、ethos；五、sate；六、genial；七、pliant；八、otiose；九、vice；十、large；十一、race；十二、rebus

第105题

横向：

1.taint；2.sad；3.effect；4.ice；5.niggle；6.rice；7.dynamic；8.cite；9.rue；10.emend；11.else；12.terrible

纵向：

一、tumor；二、edit；三、idiom；四、idiocy；五、endanger；六、teem；七、ebb；八、fancier；九、cease；十、stage；十一、thirst；十二、deceive

第106题

横向：

1.ugly；2.sack；3.oblige；4.abet；5.jewel；6.lack；7.culture；8.kin；9.lab；10.theory；11.raid；12.guard；13.lace

纵向：

一、jacket；二、gale；三、hail；四、wall；五、yoke；六、umbrage；七、fickle；八、seance；九、bride；十、idiot；十一、kitchen

第107题

横向：

1.vacancy；2.ado；3.edit；4.tea；5.oaf；6.name；7.magnate；8.hunt；9.yelp；10.aunt；11.back；12.harbor；13.imply；14.west

纵向：

一、vein；二、abduct；三、clam；四、irk；五、empty；六、nut；七、elbow；八、gall；九、are；十、yearn；十一、kit；十二、toga；十三、atone；十四、enable；十五、oafish

第108题

横向：

1.waffle；2.map；3.mania；4.table；5.event；6.lose；7.only；8.yes；9.date；10.flabby；11.naked；12.named；13.effort

纵向：

一、while；二、funk；三、venal；四、fable；五、bode；六、emit；七、

lady；八、nib；九、tango；十、eye；十一、mated；十二、sever；十三、pacify

第109题

横向：

1.xerox；2.abduct；3.bedeck；4.glide；5.cooperate；6.script；7.near；8.radiate；9.bypass；10.dance

纵向：

一、beckon；二、early；三、radio；四、cheap；五、kiss；六、absent；七、beget；八、end；九、unit；十、impugn；十一、elastic

第110题

横向：

1.yearn；2.weary；3.gaffe；4.once；5.candid；6.eat；7.staid；8.elite；9.nature；10.undo；11.beyond

纵向：

一、stanch；二、earnest；三、abate；四、rage；五、cede；六、leery；七、woe；八、depth；九、abrade；十、abandon；十一、year

第111题

横向：

1.zeal；2.saunter；3.racket；4.ounce；5.think；6.thread；7.nasty；8.obese；9.really；10.ease；11.untie；12.option

纵向：

一、taunt；二、earth；三、ascent；四、cant；五、seep；六、theory；七、nature；八、eject；九、cadge；十、rage；十一、keen

第三章：专科知识

第112题

横向：

1.马尔马拉海；2.内蒙古；3.亚马逊平原；4.图尔库；5.台湾海峡；6.斯大林格勒；7.青岛；8.华盛顿；9.亚特兰大；10.高加索山；11.里约热内卢

纵向：

一、青藏高原；二、马德里；三、台湾岛；四、索马里；五、马里亚纳海沟；六、华山；七、太平洋；八、马塞卢；九、澳大利亚；十、特拉维夫；十一、蒙特利尔；十二、库尔勒

第113题

横向：

1.喜马拉雅山脉；2.加利福尼亚；3.布鲁塞尔；4.乌苏里江；5.湖北省；6.富士山；7.南斯拉夫；8.恒河三角洲；9.维也纳；10.哥森堡；11.威尼斯

纵向：

一、马尼拉；二、苏伊士运河；三、三亚；四、雅鲁藏布江；五、南美洲；六、贝加尔湖；七、拉斯维加斯；八、斯坦福；九、摩纳哥；十、亚历山大；十一、卢森堡

第114题

横向：

1.珠穆朗玛峰；2.加勒比海；3.巴士拉；4.新墨西哥；5.法兰克福；6.坦桑尼亚；7.美拉尼西亚；8.哈尔滨；9.博尔塔拉；10.巴音郭楞；11.那不勒斯；12.科威特

纵向：

一、巴基斯坦；二、哈瓦那；三、桑给巴尔；四、孟加拉湾；五、尼亚美；六、比利时；七、珠海；八、尼泊尔；九、法兰西；十、新西兰；十一、拉巴特；十二、锡林郭勒

第115题

横向：

1.芝加哥；2.墨西哥；3.尼泊尔；

4.斯里兰卡；5.澳大利亚；6.美国；7.雅加达；8.秘鲁；9.兰州市；10.布拉格；11.乌苏里江；12.里斯本；13.布琼布拉；14.圭亚那

纵向：

一、澳门；二、萨瑟兰瀑布；三、加拿大；四、石家庄市；五、尼亚美；六、乌拉圭；七、阿克苏；八、墨尔本；九、雅鲁藏布江；十、哥斯达黎加；十一、香格里拉；十二、波兰；十三、卡塔尔；十四、哥本哈根

第116题

横向：

1.天下谁人不识君；2.僧敲月下门；3.楼船夜雪瓜洲渡；4.当春乃发生；5.暮禽相与还；6.但惜夏日长；7.嫁与弄潮儿；8.天长路远魂飞苦；9.飞流直下三千尺；10.在山泉水清

纵向：

一、乱云低薄暮；二、青云羡鸟飞；三、恨不相逢未嫁时；四、不破楼兰终不还；五、夕贬潮阳路八千；六、夜深知雪重；七、但使龙城飞将在；八、春去夏犹清；九、涵虚混太清；十、门前学种先生柳

第117题

横向：

1.无可奈何花落去；2.此会在何年；3.感此怀故人；4.莫学游侠儿；5.长安一片月；6.春生汝穴风；7.花发江边二月晴；8.大雪满弓刀；9.人歌人哭水声中

纵向：

一、此花开尽更无花；二、发我枝上花；三、结庐在人境；四、长安水边多丽人；五、梅花年后多；六、思君如满月；七、何如此处学长生；八、寒雪梅中尽；九、风头如刀面如割

第118题

横向：

1.浩然离故关；2.只在此山中；3.草色新雨中；4.竹怜新雨后；5.野老念牧童；6.不见有人还；7.若非群玉山头见；8.坐观垂钓者

纵向：

一、浩浩风起波；二、君怜无是非；三、离离原上草；四、空山新雨后；五、没在石棱中；六、后不见来者；七、空山不见人；八、老病有孤舟；九、松下问童子

第119题

横向：

1.欲寻芳草去；2.明月出天山；3.千呼万唤始出来；4.相期邈云汉；5.问客何为来；6.日色冷青松；7.岭外音书绝；8.人生得意须尽欢；9.使臣将王命

纵向：

一、欲穷千里目；二、但见新人笑；三、万事不关心；四、感子故意长；五、白日依山尽；六、明月来相照；七、客路青山外；八、江汉曾为客；九、谁能绝人命

第120题

横向：

1.独在异乡为异客；2.从今又几年；3.寒灯独夜人；4.沧江好烟月；5.万户捣衣声；6.将军夜引弓；7.寂寂竟何待；8.无边落木萧萧下；9.多情却似总无情；10.孤舟蓑笠翁

纵向：

一、独钓寒江雪；二、万籁此俱寂；三、飘飘何所似；四、为他人作嫁衣裳；五、客从东方来；六、永结无情游；七、沧江急夜流；八、人在木兰舟；九、晚年惟好静；十、床前明月光；十一、老至居人下

第121题

横向：

1.明月来相照；2.邀我至田家；3.雁声远过潇湘去；4.年年越溪女；5.日高花影重；6.曾驱十万师；7.寂寞沙洲冷；8.林花扫更落；9.少年心事当拏云

纵向：

一、日暮掩柴扉；二、月黑雁飞高；三、花径不曾缘客扫；四、功名万里外；五、我从去年辞帝京；六、寂寞身后事；七、越溪深处；八、青女素娥俱耐冷

第122题

横向：

1.我舞影零乱；2.独坐幽篁里；3.不知何处吹芦管；4.岱宗夫如何；5.关张无命欲何如；6.云里帝城双凤阙；7.双飞燕子几时回；8.随意春芳歇

纵向：

一、我独不得出；二、浮云游子意；三、何事入罗帏；四、吹度玉门关；五、身无彩凤双飞翼；六、闲坐说玄宗；七、夫子何为者；八、千里共如何；九、好去莫回头

第123题

横向：

1.天生我才必有用；2.月落乌啼霜满天；3.绿树村边合；4.阳月南飞雁；5.青山郭外斜；6.老大嫁作商人妇；7.夜雨剪春韭；8.黄河入海流

纵向：

一、天涯若比邻；二、却话巴山夜雨时；三、我歌月徘徊；四、乌衣巷口夕阳斜；五、四月南风大麦黄；六、野旷天低树；七、白云回望合；八、复有贫妇人

第124题

横向：

1.红豆生南国；2.洛阳亲友如相问；3.一览众山小；4.人生在世不称意；5.胡天八月即飞雪；6.半壁见海日；7.暮年诗赋动江关；8.渔歌入浦深；9.平阳歌舞新承宠

纵向：

一、更深月色半人家；二、人生不相见；三、国破山河在；四、日暮客愁新；五、情亲见君意；六、莲动下渔舟；七、朝如青丝暮成雪；八、君问穷通理；九、禅房花木深

第125题

横向：

1.白发三千丈；2.波撼岳阳城；3.少小离家老大回；4.一树碧无情；5.落叶秋风早；6.欲作家书意万重；7.情人怨遥夜；8.浅草才能没马蹄

纵向：

一、白了少年头；二、落日故人情；三、离人心上秋；四、不如早还家；五、眼波回盼处；六、天意怜幽草；七、树杪百重泉；八、夕阳西下；九、射人先射马；十、适与野情惬

第126题

横向：

1.独在异乡为异客；2.寒梅著花未；3.青山郭外斜；4.更深月色半人家；5.疑误有新知；6.报得三春晖；7.千古江山；8.白日依山尽

纵向：

一、独钓寒江雪；二、惟有长江水；三、云深不知处；四、客舍青青柳色新；五、春风依旧；六、人生得意须尽欢；七、更在斜阳外；八、春来发几枝

第127题

横向：

1.云想衣裳花想容；2.积雪浮云端；3.不见有人还；4.将军夜引号；5.泪湿罗巾梦不成；6.花近高楼伤客心；7.万里送行舟；8.雪上空留马行处

纵向：

一、云深不知处；二、梅花傅香雪；三、有时空望孤云高；四、还将两行泪；五、大雪满弓刀；六、梦随风万里；七、浮云终日行；八、欲济无舟楫

第128题

横向：

1.一片冰心在玉壶；2.我醉君复乐；3.雁尽书难寄；4.明月松间照；5.八千里路云和月；6.繁星明如昼；7.春风吹又生；8.岭外音书绝；9.已见寒梅发

纵向：

一、一丛深色花；二、七八个星天外；三、心随雁飞灭；四、积雪浮云端；五、我寄愁心与明月；六、与君离别意；七、中间小谢又清发；八、行乐须及春

第129题

横向：

1.春风花草香；2.官高何足论；3.又岂在朝朝暮暮；4.江海寄余生；5.水远山长处处同；6.无人信高洁；7.心事一杯中；8.良人罢远征；9.长江一帆远

纵向：

一、春风又绿江南岸；二、前不见古人；三、男儿事长征；四、日暮苍山远；五、山色有无中；六、深山何处钟；七、居高声自远；八、论交何必先同调

第130题

横向：

1.映日荷花别样红；2.木落雁南度；3.有暗香盈袖；4.沾衣欲湿杏花雨；5.上有黄鹂深树鸣；6.山光忽西落；7.孤舟尽日横；8.城春草木深

纵向：

一、早有蜻蜓立上头；二、荷风送香气；三、黄金燃桂尽；四、前村深雪里；五、红莲落故衣；六、鸟鸣山更幽；七、零落依草木；八、笔落惊风雨

第131题

横向：

1.爆竹声中一岁除；2.江山如画；3.人归暮雪时；4.何况落红无数；5.商女不知亡国恨；6.千树万树梨花开；7.天上人间梦里；8.随风潜入夜；9.千里澄江似练

纵向：

一、天涯共此时；二、竹喧归浣女；三、不见有人还；四、梦随风万里；五、故国三千里；六、落叶他乡树；七、梨花白雪香；八、画角数声残；九、开轩面场圃

第132题

横向：

1.一枝红杏出墙来；2.感此怀故人；3.菊花何太苦；4.怅望千秋一洒泪；5.万事到头都是梦；6.相逢谁在香径；7.心随雁飞灭；8.睡起流莺语

纵向：

一、一览众山小；二、化作相思泪；三、红楼隔雨相望冷；四、百里见秋毫；五、万径人踪灭；六、感时花溅泪；七、到春时欲睡；八、太乙近天都；九、愁多梦不成

第133题

横向：

1.天涯若比邻；2.海日生残夜；3.碧荷生幽泉；4.才饮长江水；5.老至居人下；6.襄阳好风日；7.偷采白莲回；8.芳心向春尽；9.夕阳无限好

纵向：

一、天生我才必有用；二、偷黏草甲；三、对长亭晚；四、地白风色寒；五、碧水东流至此回；六、海上生明

月；七、便下襄阳向洛阳；八、夜来风雨声；九、何日复归来

第134题

横向：

1.惟解漫天作雪飞；2.寒梅最堪恨；3.落红不是无情物；4.只愿君心似我心；5.流水如有意；6.共饮长江水；7.连雨不知春去；8.晴翠接荒城；9.绿杨三月时

纵向：

一、惟见长江天际流；二、水光潋滟晴方好；三、天寒红叶稀；四、连山接海隅；五、无花只有寒；六、春草年年绿；七、缘愁似个长；八、小时不识月；九、恨别鸟惊心；十、水寒风似刀

第135题

横向：

1.春风得意马蹄疾；2.长江独自今；3.一寸相思一寸灰；4.春风知别苦；5.一吟双泪流；6.上穷碧落下黄泉；7.春逐五更来；8.把酒问青天；9.乱山残雪夜；10.银烛秋光冷画屏

纵向：

一、春风柳上归；二、得失寸心知；三、影落明湖青黛光；四、一向黄河飞；五、泪湿春衫袖；六、江入大荒流；七、五月天山雪；八、君自故乡来；九、朝来入庭树

第四章：综合百科

第136题

横向：

1.金玉满堂；2.万水千山；3.客家人；4.武则天；5.丹顶鹤；6.预产期；7.眼明手快；8.都市报道；9.会声会影；10.人生有离合；11.好日子；12.同学录

纵向：

一、金城武；二、都市丽人；三、生日；四、天气预报；五、堂客；六、产

道；七、家具；八、合同；九、会计；十、丹凤眼；十一、明天会更好；十二、千纸鹤；十三、快递；十四、子夜

第137题

横向：

1.李安；2.招商银行；3.书呆子；4.江南无所有；5.周星驰；6.岁末；7.决定爱你；8.空中决战；9.友谊赛；10.双城记

纵向：

一、李双江；二、岁寒三友；三、南方周末；四、招待所；五、驰名中外；六、决战王城；七、行书；八、不一定；九、爱奇艺；十、孙子兵法

第138题

横向：

1.三国演义；2.金池；3.人之初性本善；4.有你才幸福；5.快乐购；6.师傅；7.夏令营；8.后妈；9.胆囊；10.夷陵之战；11.屌丝男；12.孩之宝；13.语不惊人

纵向：

一、三人行必有我师焉；二、演讲与口才；三、后街男孩；四、幸福妈妈；五、齐人之福；六、支付宝；七、妾发初覆额；八、夏威夷果；九、本山快乐营；十、金喜善；十一、胆战心惊

第139题

横向：

1.白雪公主；2.老梁观世界；3.车在囧途；4.云南省；5.金星；6.线人；7.三生有幸；8.手无寸铁；9.生产线；10.快乐生活；11.单行线

纵向：

一、白鹿原；二、星期三；三、公共汽车；四、生日快乐；五、在线；六、囧人的幸福生活；七、老马识途；八、慈母手中线；九、观者如云；十、寸步难行；十一、烙铁

第140题

横向：

1.贝克汉姆；2.钻天入地；3.大男当婚；4.出租车；5.今天；6.离离原上草；7.昔去雪如花；8.爱的教育；9.浪漫主义；10.乌贼；11.绯闻

纵向：

一、贝多芬；二、今不如昔；三、汉武大帝；四、白雪公主；五、当花瓣离开花朵；六、钻石婚；七、原来爱上贼；八、王菲；九、写生；十、五笔字根表；十一、体育新闻

第141题

横向：

1.下一站幸福；2.结婚七年；3.向着炮火前进；4.珠海；5.江西；6.曲婉婷；7.暗香；8.友谊地久天长；9.楼兰；10.任贤齐；11.秩序井然；12.部落格

纵向：

一、江雨暗山楼；二、一路向西；三、兰亭序；四、炮制女朋友；五、任然；六、大地；七、齐秦；八、结婚进行曲；九、天龙八部；十、七龙珠；十一、海带；十二、九宫格

第142题

横向：

1.雨中漫步；2.教师资格证；3.人民教育出版社；4.保定；5.天路；6.津巴布韦；7.第八号当铺；8.一部；9.伟大事业；10.靓仔；11.血型；12.新娘妆；13.演唱会

纵向：

一、雨花石；二、第一滴血；三、天龙八部；四、漫步人生路；五、津铺；六、教书育人；七、靓妆；八、小布与伟仔；九、社保局；十、证券；十一、证券业协会

第143题

横向：

1.笑问客从何处来；2.本命；3.不见；4.题注；5.湖人队；6.车仁表；7.张默；8.张艺谋；9.我爱我家；10.国术；11.想你；12.大红花；13.十万个冷笑话；14.伊达政宗；15.西游记；16.罪域；17.逍遥游

纵向：

一、笑傲江湖；二、张国荣；三、伊朗；四、人体艺术；五、韵达；六、客厅；七、十宗罪；八、何以笙箫默；九、我想有个家；十、来不及说我爱你；十一、汽车之家；十二、大话西游；十三、命题；十四、注册表；十五、桃花源记

第144题

横向：

1.秦始皇；2.鲁冰花；3.不了情；4.明月几时有；5.汉武帝；6.橘子红了；7.关关雎鸠在河之洲；8.梦游；9.如饥似渴；10.春风吹又生；11.达·芬奇；12.圣诞节

纵向：

一、秦时明月汉时关；二、如风达；三、饮鸩止渴；四、鲁豫有约；五、尼罗河；六、花园宝宝；七、春节；八、橘子洲头；九、对不起；十、鬼吹灯；十一、红楼梦；十二、爱情睡醒了；十三、游戏人生

第145题

横向：

1.今朝有酒今朝醉；2.王籽茉；3.说明文；4.桃花；5.比亚迪；6.化学；7.大生产运动；8.差异；9.人造革；10.个性；11.医道官途；12.仙客；13.飘飘何所似；14.巴啦啦小魔仙；15.税法

纵向：

一、今非昔比；二、异世医仙；

三、有道；四、迪拜；五、道客巴巴；六、今日说法；七、人在囧途；八、文化大革命；九、学生；十、飘飘欲仙；十一、王菲；十二、产假；十三、桃花运；十四、个人所得税；十五、茉莉花

第146题

横向：

1.变形计；2.一呼百应；3.护肤品；4.金山卫士；5.朴有天；6.部落守卫战；7.官途；8.菊花；9.树大根深；10.东方今报；11.有道词典

纵向：

一、变形金刚；二、智慧树；三、卫生部；四、大长今；五、护士；六、落叶归根；七、一品；八、李卫当官；九、途途是道；十、应有尽有；十一、菊花笑典；十二、天女散花

第147题

横向：

1.下一站幸福；2.三国演义；3.利比亚；4.十宗罪；5.大师；6.票房；7.脱口秀；8.冤家宜结不宜解；9.听风者；10.小儿麻痹症；11.女将；12.世界末日；13.机甲旋风

纵向：

一、十大奇冤；二、一代宗师；三、家有儿女；四、麻将机；五、福利彩票；六、不孕症；七、世风；八、三亚；九、演讲与口才；十、风和日丽；十一、忍者

第148题

横向：

1.笔记本电脑；2.无敌破坏王；3.惊天动地；4.下水道；5.白雪公主；6.喜羊羊与灰太狼；7.你好；8.黄金矿工；9.买卖不成仁义在

纵向：

一、笔仙惊魂；二、喜欢你；三、好乐买；四、地下城与勇士；五、无间

道；六、黄世仁；七、白狼；八、杀破狼；九、海王星；十、主持人

第149题

横向：

1.红十字会；2.投名状；3.计算机；4.石油；5.小巧玲珑；6.松花江；7.电信局；8.面不改色；9.风湿病

纵向：

一、红宝石；二、松下；三、油菜花；四、江山易改；五、会计师；六、小米；七、投机取巧；八、电吹风；九、珍珑棋局

第150题

横向：

1.义勇军进行曲；2.棍棍面；3.兵马俑；4.月球；5.相思病；6.花甲；7.城运会；8.论文；9.议论文；10.具体化

纵向：

一、义务兵；二、相对论；三、马克思；四、文具；五、城镇化；六、曲棍球；七、会议室；八、梅花；九、笑面虎；十、甲骨文

第151题

横向：

1.口腔；2.蜘蛛侠；3.心上人；4.糖尿病；5.中国银行；6.圆规；7.龙腾宇内；8.笔记本；9.漫无止境；10.山水画

纵向：

一、口香糖；二、圆珠笔；三、尿常规；四、心病；五、赵本山；六、人中之龙；七、漫画；八、侠客行；九、内环境

第152题

横向：

1.支气管；2.反光镜；3.理想主义；4.会考；5.残月；6.学贯中西；7.天上人间；8.大长今；9.经济基础

纵向：

一、支委会；二、马大哈；三、考古学；四、管理；五、贯穿今古；六、西天取经；七、反义词；八、残疾人；九、镜花水月

第153题

横向：

1.地中海；2.电话号码；3.龙卷风；4.节能灯；5.全家福；6.元芳；7.世袭制；8.和田玉；9.桂林；10.巴乌；11.连理枝；12.龟兔赛跑

纵向：

一、结结巴巴；二、中秋节；三、乌龟；四、能量；五、龙灯；六、田径赛；七、方世玉；八、电风扇；九、全日制；十、号簿管家；十一、桂枝香；十二、福尔马林

第154题

横向：

1.班主任；2.月全食；3.商标；4.护肤品；5.矿泉水；6.牧师；7.房地产；8.方丈；9.印第安人；10.灰姑娘；11.满城尽带黄金甲

纵向：

一、牧马人；二、主管护师；三、法拉第；四、商品房；五、安全带；六、音标；七、矿产资源；八、月牙泉；九、灰指甲；十、水立方；十一、丈母娘

第155题

横向：

1.三角肌；2.桃李满天下；3.经济危机；4.平安夜；5.谭晶；6.旋转木马；7.眼中风；8.色狼；9.毛泽东；10.学有专长；11.油嘴滑舌

纵向：

一、三字经；二、色拉油；三、白眼狼；四、机甲旋风；五、学舌；六、平衡木；七、马瘦毛长；八、天方夜

谭；九、晶锐；十、东游记

第156题

横向：

1.扁桃体；2.佛跳墙；3.天主教；4.日记本；5.名师出高徒；6.忘年交；7.救护车；8.本草纲目；9.标点符号

纵向：

一、桃花源记；二、忘忧草；三、本命年；四、目标；五、主治医师；六、护身符；七、佛教；八、出租车；九、墙头草；十、徒劳恨费声

第157题

横向：

1.高富帅；2.铜雀台；3.代理服务器；4.词典；5.城市猎人；6.代言人；7.酋长；8.经济特区；9.株式会社

纵向：

一、羊城；二、富二代；三、市场经济；四、校服；五、区号；六、青铜器时代；七、长株潭；八、潜台词；九、人民大会堂

第158题

横向：

1.扁平足；2.填空题；3.山河恋；4.花鼓戏；5.壁虎；6.水浒传；7.牛黄；8.夏威夷果；9.梁实秋；10.读者文摘

纵向：

一、孺子牛；二、平顶山；三、黄粱梦；四、蝶恋花；五、春夏秋冬；六、填字游戏；七、水果忍者；八、题西林壁；九、虎符传奇

第159题

横向：

1.夜盲症；2.葫芦丝；3.泥娃娃；4.王安石；5.路由器；6.流星雨；7.富二代；8.大理石；9.法兰西；10.封神榜；11.孔明锁

纵向：

一、夜店之王；二、障眼法；三、泥石流；四、大西洋；五、葫芦娃；六、雨花石；七、丝绸之路；八、封锁；九、二郎神；十、青铜器时代

第160题

横向：

1.唐·吉诃德；2.刮骨疗毒；3.愤青；4.白皮书；5.秋天的童话；6.恩格斯；7.鸵鸟；8.通讯录；9.站台票

纵向：

一、唐伯虎点秋香；二、愤怒的小鸟；三、白话文；四、通票；五、刮地皮；六、锁骨；七、书剑恩仇录；八、尿毒症；九、劳斯莱斯

第161题

横向：

1.孙悟空；2.手抄报；3.一根筋；4.晏几道；5.学分制；6.楚河汉界；7.付费通；8.锅包肉；9.刑讯；10.视网膜

纵向：

一、晏子使楚；二、锅炉；三、空手道；四、汉堡包；五、肉刑；六、报告文学；七、分期付款；八、一国两制；九、通信网；十、钢筋混凝土

第162题

横向：

1.四大名捕；2.委员长；3.山海经；4.新加坡；5.纪录片；6.虞美人；7.语无伦次；8.黑社会；9.陆小凤；10.奥运会；11.乱弹琴；12.条形码

纵向：

一、大上海；二、美联社；三、经纪人；四、会声会影；五、只言片语；六、无线网卡；七、新百伦；八、乱码；九、次大陆；十、长坂坡；十一、小提琴；十二、钗头凤

第163题

横向：

1.哈佛大学；2.白求恩；3.格式化；4.时空猎人；5.念天地之悠悠；6.海兰珠；7.玉帛；8.虎尾兰；9.集分宝；10.滕王阁序；11.强者风范；12.伟创力

纵向：

一、念奴娇；二、佛山；三、白马王子；四、地中海；五、学而时习之；六、兰亭集序；七、王宝强；八、白种人；九、爬山虎；十、恩格尔定律；十一、范伟；十二、玉兰油；十三、化干戈为玉帛

第164题

横向：

1.不差钱；2.老师傅；3.地方税；4.作恶多端；5.陈与义；6.戚继光；7.节日；8.标准偏差；9.金边；10.化妆品；11.自尊心；12.红叶题诗

纵向：

一、二氧化碳；二、永日方戚戚；三、一品红；四、陈光标；五、准备金；六、傅作义；七、边塞诗；八、时差；九、差不多；十、孤芳自赏

第165题

横向：

1.巴黎圣母院；2.士大夫；3.罗斯福；4.卡巴斯基；5.马可·波罗；6.穆斯林；7.月光旅程；8.高血压；9.魔术师；10.夏娃；11.有机玻璃；12.手榴弹

纵向：

一、巴塞罗那；二、斯琴高娃；三、福尔马林；四、压缩机；五、院士；六、微波炉；七、毛玻璃；八、卡夫卡；九、巴金；十、光影魔术手；十一、恩格斯；十二、基因工程

第166题

横向：

1.奥巴马；2.金枪鱼；3.尼克松；4.油麦菜；5.花木兰；6.园丁；7.张娜拉；8.朴有天；9.绿色食品；10.三角洲；11.鲤鱼跳龙门；12.保龄球

纵向：

一、园林绿化；二、尼古丁；三、马赛克；四、食人鱼；五、松花蛋；六、龙舟；七、金边吊兰；八、有关部门；九、鱼肝油；十、十三太保；十一、麦当娜；十二、空心菜；十三、拉丁美洲

第167题

横向：

1.喜马拉雅山；2.东方神起；3.羊城晚报；4.走西口；5.服务员；6.白日做梦；7.狼的诱惑；8.茶花女；9.秋天的童话；10.国际象棋

纵向：

一、喜羊羊与灰太狼；二、晚礼服；三、诱惑的街；四、山东；五、员外；六、茶话会；七、方大同；八、女儿国；九、一起走过的日子；十、手足口病；十一、五子棋

第168题

横向：

1.珠穆朗玛峰；2.愿得一人心；3.算命；4.亚里士多德；5.应届生；6.曲阜师范大学；7.家长；8.北冰洋；9.小人书；10.娃娃鱼；11.锦江之星；12.儿童节

纵向：

一、珠心算；二、八段锦；三、命运交响曲；四、玛丽亚·凯莉；五、北极星；六、范冰冰；七、洋娃娃；八、愿君多采撷；九、小鱼儿；十、应采儿；十一、家书；十二、心理学与生活

第169题

横向：

1.北京；2.李清照；3.夏威夷；

4.葫芦娃；5.球王争霸；6.持久战；
7.宽宏大量；8.瓢虫；9.通天教主；
10.岳飞；11.雨果；12.三八线；13.楼
雨晴；14.东游记

纵向：

一、北半球；二、宽带通；三、王
力宏；四、天龙八部；五、李元霸；
六、照葫芦画瓢；七、岳阳楼记；八、
虫儿飞；九、夏娃；十、晴儿；十一、
久旱逢甘雨；十二、夷陵之战；十三、
果子狸

第170题

横向：

1.哈尔滨；2.碧波仙子；3.信天
游；4.特殊符号；5.天安门；6.灯谜；
7.简·爱；8.归园田居；9.贝多芬；
10.颐和园；11.夫妻那些事儿

纵向：

一、哈利波特；二、殊途同归；
三、和珅；四、园博园；五、信号灯；
六、碧云天；七、居里夫人；八、那
英；九、每天爱你多一些；十、双喜临
门；十一、孤儿院

第171题

横向：

1.长春；2.头文字D；3.火山喷
发；4.歌剧魅影；5.白了少年头；
6.波士顿；7.几何学；8.天山；9.登
鹳雀楼；10.玉龙雪山；11.声震寰宇；
12.书法家

纵向：

一、长恨歌；二、波司登；三、剧
毒术士；四、火影忍者；五、琼楼玉
宇；六、泰山；七、白百何；八、曹雪
芹；九、头发乱了；十、学校；十一、
少年包青天；十二、山里人家

第172题

横向：

1.沈阳；2.想入非非；3.陈冠希；

4.宜昌；5.静夜思；6.平安夜；7.孤鸿
海上来；8.刨根问底；9.剑侠情缘；
10.仲夏夜之梦；11.柳永；12.晚节黄花

纵向：

一、沈佳宜；二、独孤九剑；三、
昌平；四、安德海；五、情人节；六、
想你的夜；七、柳花；八、非常静距
离；九、伤仲永；十、陈思成；十一、
问罪之师；十二、希波克拉底

第173题

横向：

1.呼和浩特；2.杨门女将；3.小小
智慧树；4.庄周之燕；5.七弦琴；6.投
机取巧；7.席梦思；8.板蓝根；9.达尔
文；10.指南针；11.鱼尾纹

纵向：

一、呼啸山庄；二、席慕容；三、
周公解梦；四、思密达；五、小燕子；
六、三文鱼；七、智能手机；八、杨开
慧；九、指纹；十、七巧板；十一、将
进酒

第174题

横向：

1.上海；2.局中局；3.动物园；
4.促销员；5.因特网；6.会不会；7.孙
子兵法；8.痴人说梦；9.海的女儿；
10.谋国者；11.密谋；12.委内瑞拉；
13.松花江

纵向：

一、孙仲谋；二、海洛因；三、国
务委员；四、特种兵；五、局域网；
六、法海；七、马拉松；八、局促不
安；九、痴儿；十、鸭绿江；十一、动
员会；十二、不能说的秘密；十三、园
游会；十四、谋女郎

第175题

横向：

1.天津；2.圣斗士星矢；3.老夫

子；4.图兰朵；5.城市达人；6.女王；
7.卡拉奇；8.三国杀；9.家天下；
10.布朗夫人；11.软碟通；12.庙街
十二少

纵向：

一、天猫商城；二、卡萨布兰卡；
三、达·芬奇；四、夫子庙；五、圣诞
老人；六、家人；七、子女；八、三下
五除二；九、王安国；十、矢量图；
十一、杀毒软件；十二、芙兰朵露；
十三、曲径通幽处

第176题

横向：

1.重庆；2.满汉全席；3.红斑狼
疮；4.贤内助女王；5.代乐乐；6.同仁
堂；7.一步一个脚印；8.学分；9.小品
文；10.师出有名；11.书记处

纵向：

一、重生红三代；二、一代宗师；
三、乐同步；四、一无所有；五、满目
疮痍；六、全智贤；七、无印良品；
八、文书；九、同济大学；十、分理
处；十一、旧时王谢堂前燕

第177题

横向：

1.石家庄；2.霸王龙；3.骆宾王；
4.记忆犹新；5.文天祥；6.姬鹏飞；
7.东南大学；8.一脉相传；9.不管
三七二十一；10.前无古人；11.卢俊
义；12.林冲

纵向：

一、石头记；二、东方不败；三、
忆江南；四、三国演义；五、新文学；
六、十二生肖；七、骆驼祥子；八、
一一向前冲；九、霸王别姬；十、蒙古
族；十一、飞鸽传书

第178题

横向：

1.济南；2.但闻人语响；3.救死扶
伤；4.不尽长江滚滚来；5.对不起；
6.别碰我的人；7.笑傲江湖；8.洞庭
湖；9.网逝；10.人比黄花瘦

纵向：

一、济世救人；二、别有洞天；三、
对对碰；四、湖人；五、伤不起；六、人
老珠黄；七、但愿人长久；八、陈笑天；
九、滚滚长江东逝水；十、如来

第179题

横向：

1.太原；2.中国好声音；3.乐天
派；4.老人与海；5.欢声笑语；6.共产
党；7.芭蕾舞；8.娃娃脸；9.黑衣人；
10.男人帮；11.心血来潮

纵向：

一、太上老君；二、芭比娃娃；三、
与狼共舞；四、无脸男；五、中南海；
六、结党营私；七、黑帮；八、好莱坞；
九、欢乐谷；十、得人心；十一、音乐之
声；十二、笑问客从何处来

第180题

横向：

1.郑州；2.七雄争霸；3.王心凌；
4.下一站幸福；5.五十步笑百步；6.改
名换姓；7.混世魔王；8.望天门山；
9.维吾尔族

纵向：

一、郑和下西洋；二、悲惨世界；
三、站稳脚跟；四、王维；五、七小
福；六、名媛望族；七、霸王花；八、
百家姓；九、凌波微步；十、蜀山传

第181题

横向：

1.南京；2.红孩儿；3.女娲补天；
4.周公解梦；5.大长今；6.归去来；
7.碎碎念；8.雨化田；9.卡西欧；
10.不相上下；11.群起而攻之；12.海

南岛；13.慢悠悠

纵向：

一、南方周末；二、化作相思泪；三、解甲归田；四、红楼梦；五、下海；六、大来卡；七、儿女情长；八、西沙群岛；九、擎天柱；十、念天地之悠悠

第182题

横向：

1.合肥；2.南征北战；3.复旦大学；4.通缉令；5.业务员；6.虞美人；7.群英会；8.问心无愧；9.野老念牧童

纵向：

一、合资企业；二、美女与野兽；三、复员军人；四、南京大屠杀；五、松下问童子；六、战国通；七、群龙无首；八、缉毒精英；九、绕口令

第183题

横向：

1．李小龙；2．高尔夫；3．莎士比亚；4．井冈山；5．一碗水端平；6．等高线；7．言无二价；8．城管；9．极夜；10．蜗居；11．老黄牛；12．生生不息

纵向：

一、序言；二、绅士风度；三、无家问死生；四、李亚鹏；五、等价交换；六、龙井；七、一线城市；八、米老鼠；九、高山流水；十、极速蜗牛；十一、夫妻；十二、平安夜

第184题

横向：

1.长沙；2.下半夜；3.大扫除；4.无产阶级；5.活化石；6.为所欲为；7.开塞露；8.发烧友；9.亚历山大；10.头晕目眩；11.陆小凤

纵向：

一、长孙无忌；二、塞尔维亚；三、玉阶生白露；四、发现新大陆；

五、夜生活；六、化敌为友；七、钗头凤；八、大理石；九、欲穷千里目；十、除非己莫为

第185题

横向：

1.南昌；2.少林寺；3.逍遥叹；4.调虎离山计；5.梦幻西游；6.百年偕老；7.大西洋；8.王府井；9.百折不回；10.国中；11.女人如歌；12.轻举妄动

纵向：

一、南柯一梦；二、王的女人；三、西湖龙井；四、逍遥游；五、国歌；六、百发百中；七、咏叹调；八、不知轻重；九、少小离家老大回；十、洋务运动

第186题

横向：

1.杭州；2.孤舟蓑笠翁；3.美人计；4.历史的天空；5.成人教育；6.埃菲尔铁塔；7.长命百岁；8.帝王将相；9.斯斯文文

纵向：

一、历史的尘埃；二、州刺史；三、菲尔普斯；四、孤帆天际看；五、帝文；六、托塔天王；七、长相思；八、翁美玲；九、教一识百；十、计划生育

第187题

横向：

1.福州；2.以貌取人；3.清一色；4.康熙王朝；5.魂飞天外；6.指环王；7.俄狄浦斯王；8.针灸减肥；9.斯坦福大学；10.大大方方；11.顺风耳

纵向：

一、福尔康；二、指南针；三、王中王；四、大风；五、清朝；六、肥头大耳；七、以色列；八、俄罗斯方块；九、飞利浦；十、人定胜天；十一、大

太监
第188题
横向：
1.广州；2.自作主张；3.城市猎人；4.丰功伟业；5.李世民；6.牝鸡司晨；7.灵隐寺；8.把酒问青天；9.情人眼里出西施
纵向：
一、广珠城轨；二、鸡尾酒；三、猎头公司；四、自己人；五、青光眼；六、张三丰；七、灵犬莱西；八、李商隐；九、无业游民
第189题
横向：
1.南宁；2.人定胜天；3.皇太后；4.屋塔房王世子；5.从天而下；6.维多利亚；7.可口可乐；8.今宵多珍重；9.古天乐；10.紫外线；11.格林童话
纵向：
一、屋大维；二、宁古塔；三、古今中外；四、亚里士多德；五、人情世故；六、双重人格；七、天皇；八、天堂口；九、古曼童；十、后天下之乐而乐
第190题
横向：
1.贵阳；2.伊能静；3.电烙铁；4.白狐；5.忘不了；6.故人具鸡黍；7.阿胶；8.藏头诗；9.新婚燕尔；10.烟花三月下扬州；11.长白山
纵向：
一、贵人多忘事；二、藏红花；三、白了少年头；四、三星；五、飞狐；六、地下党；七、温故而知新；八、静电；九、州长；十、铁公鸡；十一、阿尔卑斯山
第191题
横向：
1.西安；2.成交额；3.林志颖；4.记事本；5.制片人；6.秋后算账；

7.应知故乡事；8.扫描仪；9.地大物博；10.庭院深深；11.蒲松龄
纵向：
一、西游记；二、秋风扫落叶；三、成本核算；四、仪仗队；五、配额制度；六、地塞米松；七、深林人不知；八、故宫博物院；九、邓颖超；十、深圳；十一、民事诉讼
第192题
横向：
1.银川；2.愤怒的小孩；3.大自然；4.系；5.加勒比海；6.张学友；7.大可不必；8.冰桥；9.彩虹桥；10.凤凰古城；11.计算器
纵向：
一、银河系；二、张灯结彩；三、统计学；四、冰糖葫芦；五、大家庭；六、王熙凤；七、愤然；八、加拿大；九、空城计；十、小鹿斑比；十一、必先利其器
第193题
横向：
1.兰州；2.天涯明月刀；3.泰山；4.尚方宝剑；5.尼泊尔；6.影剧院；7.风信子；8.羽毛未丰；9.美洲狮；10.灯芯绒；11.唱对台戏；12.忐忑不安
纵向：
一、兰博基尼；二、美声唱法；三、泊船瓜洲；四、泰戈尔；五、天山；六、戏剧；七、信号灯；八、方舟子；九、羽绒服；十、刀光剑影；十一、未解忆长安；十二、岳麓书院
第194题
横向：
1.西宁；2.黄河远上白云间；3.牙周炎；4.传教士；5.放飞；6.夜来风雨声；7.长大后；8.大学生；9.香雪海；10.困难；11.百老汇；12.小桥流水人

家；13.单雄信

纵向：

一、西班牙；二、夜来香；三、周恩来；四、雪割桥；五、泼水节；六、放声大哭；七、远走高飞；八、百家姓；九、长生不老；十、白蛇传；十一、汇款单；十二、教然后知困；十三、难以置信

第195题

横向：

1.乌鲁木齐；2.欢乐对对碰；3.石沉大海；4.娅拜节；5.爱琴海；6.因小失大；7.脚踏两只船；8.东海龙王；9.午子山；10.长风破浪会有时

纵向：

一、乌兰托娅；二、拜托小姐；三、东风破；四、齐白石；五、大上海；六、大手大脚；七、午时；八、对牛弹琴；九、只在此山中；十、海盗船

第196题

横向：

1.拉萨；2.正是江南好风景；3.加勒比海盗；4.中秋节；5.移花接木；6.人造卫星；7.断点；8.寻隐者不遇；9.订书机；10.记事本

纵向：

一、拉斯维加斯；二、聂隐娘；三、人比黄花瘦；四、木偶奇遇记；五、暮江吟；六、中国人；七、修订本；八、高风亮节；九、断机杼；十、繁星点点

第197题

横向：

1.成都；2.路灯下的小姑娘；3.天方夜谭；4.汗血宝马；5.同室操戈；6.原子弹；7.刀马旦；8.如果没有你；9.莫扎特；10.勒克斯

纵向：

一、成吉思汗；二、原来如此；

三、血滴子；四、没关系；五、路遥知马力；六、非你莫属；七、下雨天；八、方大同；九、希特勒；十、马恩列斯；十一、枕戈待旦

第198题

横向：

1.昆明；2.范成大；3.快乐家族；4.山海经；5.国王的演讲；6.专业知识；7.节目单；8.丁香鱼；9.大西洋；10.查理九世；11.本草纲目

纵向：

一、昆仑山；二、国庆节；三、海扁王；四、目标管理；五、郑大世；六、大快人心；七、过零丁洋；八、家庭作业；九、鱼腥草；十、不识庐山真面目

第199题

横向：

1.海口；2.朝梁暮陈；3.日积月累；4.陈真；5.宝马；6.尔冬升；7.书剑恩仇录；8.功夫；9.体温计；10.斯大林；11.生当作人杰；12.简谐振动

纵向：

一、海绵宝宝；二、功率；三、马尔代夫；四、旭日东升；五、体力劳动；六、映月读书；七、计划生育；八、恩格斯；九、陈靖仇；十、人证；十一、陈明真；十二、林俊杰

第200题

横向：

1.深圳；2.金山卫士；3.安培；4.云南白药；5.影音风暴；6.平易近人；7.羿射九日；8.扬声器；9.迷彩服；10.愚公移山；11.麻辣香锅；12.五官

纵向：

一、深宫谍影；二、音乐之声；三、器官移植；四、金融风暴；五、卫星云图；六、九品芝麻官；七、平日；

八、白居易；九、迷迭香；十、安眠药；十一、为人民服务

第201题

横向：

1.台北；2.和谐号；3.祖母绿；4.天荒地老；5.机器之心；6.共产党宣言；7.曲径通幽；8.时间差；9.旭日；10.虞美人；11.天安门；12.意味深长；13.红河谷

纵向：

一、天涯共此时；二、北大荒；三、地下党；四、差强人意；五、和事老；六、言承旭；七、号码机；八、日久天长；九、序曲；十、祖冲之；十一、开门红；十二、心术；十三、幽居在空谷

第202题

横向：

1.香港；2.入不敷出；3.风景画；4.不留余地；5.拉肚子；6.立方体；7.歌舞青春；8.真善美；9.传达室；10.门外汉；11.密使；12.喜剧之王；13.子不语

纵向：

一、香格里拉；二、歌声传奇；三、肚皮舞；四、风信子；五、室内剧；六、立春；七、入画；八、所罗门王；九、一体机；十、真的汉子；十一、出国留学；十二、美丽密语；十三、疑是地上霜

第203题

横向：

1.澳门；2.忽如一夜春风来；3.黄粱一梦；4.亚马逊河；5.竹叶青；6.水龙吟；7.微量元素；8.韩信；9.盘古开天地；10.地球仪；11.查号台

纵向：

一、澳大利亚；二、水果拼盘；三、马卡龙；四、黄河；五、别有天

地；六、一岁一枯荣；七、韩宝仪；八、微信；九、风鸣两岸叶；十、元素符号；十一、青霉素

第204题

横向：

1.撒哈拉沙漠；2.苦丁茶；3.视同路人；4.宁采臣；5.孙女；6.郁可唯；7.一览众山小；8.义勇军进行曲；9.三姑六婆；10.有嘴无心；11.苦肉计

纵向：

一、撒贝宁；二、采蘑菇的小姑娘；三、郁金香；四、婆婆嘴；五、漠视；六、唯一；七、勇敢的心；八、苦人；九、孙中山；十、行尸走肉；十一、茶花女；十二、小夜曲

第205题

横向：

1.正能量；2.泸定桥；3.化作相思泪；4.穿山甲；5.高晓松；6.鸟的天堂；7.胜女的代价；8.因噎废食；9.大笑江湖；10.项链；11.南昌起义

纵向：

一、高处不胜寒；二、量化宽松；三、你的微笑；四、相思鸟；五、平价；六、湖南；七、愁因薄暮起；八、穿堂风；九、定军山；十、甲骨文；十一、食物链

第206题

横向：

1.我要上春晚；2.蓝精灵；3.涮羊肉；4.水浒传；5.兵团；6.九牛拉不转；7.拜金主义；8.峰会；9.为爱痴狂；10.神医喜来乐；11.焦恩俊；12.交通银行

纵向：

一、我是特种兵；二、峰值对焦；三、团拜会；四、上善若水；五、主治医师；六、晚婚；七、来电通；八、烹羊宰牛且为乐；九、五行；十、灵异大

逆转；十一、狂犬病

第207题

横向：

1.林书豪；2.微乎其微；3.门户网站；4.起舞弄清影；5.鸿门宴；6.美国上尉；7.自由撰稿人；8.图腾；9.会计师；10.特技演员；11.范冰冰；12.房地产

纵向：

一、林峰；二、经济适用房；三、豪门夜宴；四、土特产；五、自由港；六、并网；七、站起来；八、会员卡；九、美人心计；十、师范生；十一、清明上河图；十二、微电影

第208题

横向：

1.学富五车；2.石达开；3.万年历；4.美术家；5.月全食；6.有道词典；7.红与黑；8.儿女忽成行；9.飞毛腿；10.抽油烟机；11.面筋；12.固体燃料；13.拆弹部队

纵向：

一、万紫千红；二、根深蒂固；三、学历；四、月黑雁飞高；五、面料；六、美食；七、腿抽筋；八、家有儿女；九、烟幕弹；十、石秀；十一、开国大典；十二、行政机关

第209题

横向：

1.躺着也中枪；2.主题班会；3.好心分手；4.庙会；5.的士；6.线粒体；7.柜中缘；8.美人计；9.亲朋无一字；10.地心引力；11.子弟兵

纵向：

一、躺在你的衣柜；二、中秋节；三、中国好声音；四、亲和力；五、苏有朋；六、分数线；七、主攻手；八、一揽子；九、变体美术字；十、会声会影；十一、计日程功

第210题

横向：

1.京东商城；2.智取威虎山；3.通信卫星；4.史玉柱；5.奥斯卡；6.斯巴达；7.压榨；8.议会制；9.名列前茅；10.回锅肉；11.纷至沓来

纵向：

一、京广高铁；二、议论纷纷；三、奥运会；四、商务通；五、信用卡；六、回来吧；七、压力锅；八、智多星；九、肉博战；十、威尔·史密斯；十一、列宁主义；十二、达特茅斯学院

第211题

横向：

1.青藏高原；2.十项全能；3.瓷都；4.人给家足；5.前苏联；6.围堰；7.魏宗万；8.女儿国；9.救护车；10.金妍儿；11.红高粱；12.九天揽月；13.急就章；14.光怪陆离

纵向：

一、青花瓷；二、围魏救赵；三、都江堰；四、九章；五、原乡人；六、北魏；七、家书抵万金；八、月光；九、十足；十、移项；十一、女儿红；十二、苏乞儿；十三、高渐离；十四、节能

第212题

横向：

1.中国青年；2.西红柿；3.传奇故事；4.天文台；5.变色龙；6.八宝山；7.俱乐部；8.青山横北郭；9.烧烤；10.长江一帆远；11.鸭绿江

纵向：

一、中秋节；二、青春期；三、五台山；四、青史传名；五、北京烤鸭；六、西安事变；七、潘长江；八、天龙八部；九、路一鸣；十、芒果台；十一、山高皇帝远

第213题

横向：

1.九江；2.雨果；3.阳光路上；4.老江湖；5.行走天下；6.再版；7.此地曾经别；8.康庄大道；9.回头客；10.树袋熊；11.智勇双全；12.意大利；13.灯火辉煌

纵向：

一、回心转意；二、张果老；三、江汉曾为客；四、智利；五、鄱阳湖；六、再别康桥；七、安全灯；八、垄上行；九、行道树；十、九重天；十一、下雨天；十二、熊出没

第214题

横向：

1.习近平；2.畅通无阻；3.电子书；4.大器晚成；5.一股脑；6.莫斯科；7.动平衡；8.全智贤；9.山东快书；10.不敢问来人；11.骄兵必败；12.间隔年

纵向：

一、有一点动心；二、大兵；三、平板电脑；四、衡山；五、东方不败；六、畅销书；七、百科全书；八、阻尼器；九、在人间；十、晚香玉；十一、李自成；十二、今夕是何年

第215题

横向：

1.赵本山；2.印象派；3.雨过天晴；4.关税壁垒；5.圣诞节；6.武林风；7.满庭芳；8.黄鹤楼；9.草原之夜；10.明信片；11.孙子兵法；12.浑天仪

纵向：

一、赵雅芝；二、黄晓明；三、信访；四、山雨欲来风满楼；五、齐天大圣；六、芳草碧连天；七、关节炎；八、印花税；九、夜猫子；十、壁立千仞；十一、不二法门

第216题

横向：

1.万里长城；2.事业心；3.三句半；4.良禽择木而栖；5.感谢信；6.见与不见；7.回家的诱惑；8.朝鲜；9.攻心为上；10.问世

纵向：

一、万梓良；二、梦回唐朝；三、禽流感；四、谢谢你的爱；五、蛊惑人心；六、三栖明星；七、谁见汀洲上；八、事半功倍；九、不耻下问；十、傲慢与偏见

第217题

横向：

1.低碳生活；2.张艺谋；3.压岁钱；4.中立国；5.学贯中西；6.中锋；7.棋武士；8.双飞燕；9.跳蚤市场；10.鹿鼎记；11.三级跳

纵向：

一、低血压；二、中原逐鹿；三、钱学森；四、双城记；五、因地制宜；六、燕子李三；七、土皇帝；八、想跳就跳；九、国际象棋；十、武汉市；十一、铠甲勇士；十二、场效应

第218题

横向：

1.宋祖英；2.保时捷；3.医疗保险；4.乔家大院；5.丝绸之路；6.岭外音书断；7.路出寒云外；8.情人节；9.复旦大学；10.汉白玉；11.合同制；12.说明书

纵向：

一、宋慧乔；二、情投意合；三、家有外星人；四、复制；五、医院；六、断路器；七、学说；八、保险丝；九、亚寒带；十、后汉书；十一、路由器；十二、金缕玉衣

第219题

横向：

1.京杭大运河；2.战战兢兢；3.南北战争；4.老舍；5.城隍庙；6.猫和老鼠；7.社会与法；8.共青团；9.爆米花；10.骑马舞；11.遮天；12.江春入旧年；13.安乐窝；14.水调歌头

纵向：

一、京东商城；二、柳暗花遮；三、天安门；四、宗庙社稷；五、马蜂窝；六、河南省；七、与狼共舞；八、洪水；九、战争与和平；十、青春之歌；十一、老鼠爱大米；十二、花样年华

第220题

横向：

1.两情若是久长时；2.空知返旧林；3.老梁观世界；4.五光十色；5.萨顶顶；6.胃液；7.狂蟒之灾；8.大话西游；9.神枪手；10.大头儿子小头爸爸

纵向：

一、两只老虎；二、疯狂的石头；三、观音菩萨；四、灭顶之灾；五、大舌头；六、时空隧道；七、五粮液；八、夜游神；九、依旧烟笼十里堤；十、不择手段

第221题

横向：

1.安第斯山脉；2.当当网；3.管家婆；4.情人节；5.兵临城下；6.愿者上钩；7.东窗事发；8.小沈阳；9.星期一；10.起点中文网；11.无巧不成书；12.学而不厌

纵向：

一、安与骑兵；二、东方神起；三、点读机；四、小城故事；五、人文科学；六、脉管炎；七、当婆婆遇上妈；八、贪得无厌；九、网络情缘；十、小星星；十一、佳节又重阳；十二、一介书生

第222题

横向：

1.苏必利尔湖；2.吃力不讨好；3.绿巨人；4.生物钟；5.座谈会；6.长相思；7.空口说白话；8.只是近黄昏；9.天长地久有时尽；10.狼的诱惑

纵向：

一、苏打绿；二、空手套白狼；三、巨蟹座；四、谈情说爱；五、湖吃海喝；六、大长今；七、人不可貌相；八、三好学生；九、黄金时代；十、山寺钟鸣昼已昏

第223题

横向：

1.黄土高原；2.罪与罚；3.周星驰；4.分辨率；5.里程碑；6.人中之龙；7.内蒙古自治区；8.杨家将；9.谈判专家；10.慧眼；11.白兰地；12.事在人为；13.文采风流今尚存

纵向：

一、里约热内卢；二、白话文；三、土木工程；四、盘古开天地；五、原罪；六、三明治；七、谈古论今；八、赏罚分明；九、圆周率；十、胜败乃兵家常事；十一、驰名中外；十二、杨开慧；十三、眼见为实；十四、但使龙城飞将在

第224题

横向：

1.袁隆平；2.一代枭雄；3.顶针句；4.旧金山；5.海王星；6.生理盐水；7.林家铺子；8.布隆迪；9.杰克逊；10.郭达；11.牛脾气；12.克里姆林宫

纵向：

一、林俊杰；二、金粉世家；三、克拉克；四、平顶山；五、独生子女；六、一句话；七、布达拉宫；八、潜水；九、雄阔海；十、迪克牛仔；十一、智多星；十二、一点浩然气

第225题

横向：

1.春节；2.稳稳的幸福；3.团体操；4.胜女的代价；5.故事会；6.服务台；7.售后服务；8.红十字会；9.计划生育；10.高原之舟；11.师生联盟

纵向：

一、春天的故事；二、红外线；三、团拜会；四、会计；五、稳操胜券；六、划龙舟；七、劫后余生；八、育婴师；九、代理服务器；十、并联；十一、夜台无李白

第226题

横向：

1.少狂喜文章；2.外来语；3.带刀女捕快；4.离骚；5.天门中断楚江开；6.绝世无双；7.回锅肉；8.永动机；9.幼儿园；10.扬子江头烟景迷；11.李时珍；12.黄鹤一去不复返

纵向：

一、少小离家老大回；二、幼学壮行；三、锅贴儿；四、文章本天成；五、杜荀鹤；六、中国移动；七、扬长而去；八、一刀两断；九、暮江吟；十、江湖绝恋；十一、外快；十二、无边光景一时新；十三、语焉不详

第227题

横向：

1.周润发；2.来往亭前踏落花；3.危机边缘；4.玉龙雪山；5.牧羊曲；6.唐家三少；7.顺手牵羊；8.福利彩票；9.房产税；10.拉斯维加斯；11.主机；12.万里长征；13.像素激光

纵向：

一、周涛；二、抚顺；三、手扶拖拉机；四、发动机；五、边境牧羊犬；六、维生素；七、来生缘；八、福布斯；九、亭亭玉立；十、唐三彩；十一、杨万里；十二、票房；十三、个

税起征点

第228题

横向：

1.数码相机；2.穿越火线；3.段祺瑞；4.论语；5.不能说的秘密；6.石破天惊；7.高尔夫；8.生死格斗；9.相思鸟；10.离退休；11.主心骨；12.机器人；13.欺软怕硬

纵向：

一、数独；二、石器时代；三、离合器；四、相对论；五、语不惊人死不休；六、穿越小说；七、斗地主；八、的士高；九、心太软；十、线段；十一、夫妻相；十二、瑞士军刀；十三、飞鸟相与还

第229题

横向：

1.鹤顶红；2.白内障；3.碍事者；4.云南白药；5.巴颜喀拉山；6.猪鼻龟；7.侠客行；8.坦桑尼亚；9.水彩画；10.飞机；11.甘地传；12.线人；13.行尸走肉；14.醇厚；15.星光大道

纵向：

一、巴勒斯坦；二、甘露醇；三、鹤发童颜；四、纳尼亚传奇；五、拉萨；六、白云山；七、水平线；八、白蛋白；九、唐三彩；十、人行道；十一、障碍；十二、猪猪侠；十三、飞禽走兽；十四、客户机；十五、忍者神龟

第230题

横向：

1."辽宁号"航空母舰；2.平一指；3.道琼斯指数；4.政通人和；5.起重机；6.丽江；7.面包车；8.地貌；9.文房四宝；10.龙卷风；11.才高八斗；12.弹簧秤；13.孔子

纵向：

一、辽沈战役；二、地空导弹；

三、政治面貌；四、号码百事通；五、车水马龙；六、空手道；七、和珅；八、斯琴高丽；九、江南四大才子；十、平均数；十一、重阳节；十二、指纹考勤机；十三、争奇斗艳

第231题

横向：

1.安全模式；2.营养师；3.敢作敢当；4.车辆购置税；5.辩证法；6.双孢菇；7.贷记卡；8.预付款；9.欧佩克；10.固定资产；11.日暮倚修竹；12.虎穴龙潭；13.苏步青

纵向：

一、固沙林；二、代表作；三、头孢拉定；四、壁虎；五、安步当车；六、预产期；七、购房贷款；八、日月潭；九、营业税；十、欧阳修；十一、教师资格证；十二、竹叶青；十三、法兰克福

第232题

横向：

1.国五条；2.恬淡无为；3.节能减排；4.一氧化碳；5.档案袋；6.鼠标手；7.王维；8.三级跳；9.马大哈；10.直辖市；11.黑云压城城欲摧；12.龙卷风；13.铁算盘；14.仙人掌

纵向：

一、国庆节；二、直捣黄龙；三、能效等级；四、跳蚤市场；五、大排档；六、袋鼠；七、云计算；八、标准大气压；九、为我一挥手；十、围城；十一、白热化；十二、王力宏；十三、碳纤维；十四、摧心掌

第233题

横向：

1.凤凰传奇；2.阿迪达斯；3.里程碑；4.宝马；5.罗曼·罗兰；6.赛尔号；7.卡路里；8.巴尔扎克；9.信息社会；10.景泰蓝；11.公务员；12.范成

大；13.华山；14.鞍马劳顿；15.平安是福

纵向：

一、凤仙花；二、景阳冈；三、托尔斯泰；四、传家宝；五、巴拿马；六、马赛克；七、华盛顿；八、阿波罗号；九、愚公移山；十、通信员；十一、邓小平；十二、斯里兰卡；十三、路透社；十四、魏碑；十五、会长大的幸福

第234题

横向：

1.神舟九号；2.绝对值；3.架空层；4.真心英雄；5.圣经；6.风多杂鼓声7.银河系；8.哥本哈根；9.西藏；10.快板儿；11.还来就菊花；12.交响乐；13.营业执照；14.亚健康

纵向：

一、神枪手；二、等价交换；三、圣地亚哥；四、九阴真经；五、本山快乐营；六、娃哈哈；七、绝顶雄风；八、护照；九、多瑙河；十、架子鼓；十一、马来西亚；十二、声东击西；十三、千层饼；十四、藏红花

第235题

横向：

1.平面图；2.灿烂的遗产；3.满面春风；4.子不语；5.南泥湾；6.疯人愿；7.百里挑一；8.莫斯科；9.梦游；10.石英钟；11.龙抬头；12.脑溢血；13.竹怜新雨后；14.陈独秀

纵向：

一、满江红；二、抖空竹；三、面对面；四、百科全书；五、长风几万里；六、肝脑涂地；七、南柯一梦；八、烂醉如泥；九、龙血树；十、遗腹子；十一、疯狂的石头；十二、星语心愿；十三、钟灵毓秀

第236题

横向：

1.布达拉宫；2.笔记本电脑；3.女朋友；4.室温；5.诺贝尔；6.忘年交；7.现代舞；8.易拉罐；9.古天乐；10.四十不惑；11.薛宝钗；12.太极拳；13.埃及艳后；14.风马牛不相及；15.秋天不回来

纵向：

一、布鲁诺；二、易水萧萧西风冷；三、宫女；四、宝刀不老；五、代号十三钗；六、笔友；七、埃及；八、古惑仔；九、本命年；十、艳阳天；十一、交响乐；十二、皇太后；十三、脑室；十四、温故而知新

第237题

横向：

1.刘洋；2.无缝钢管；3.易筋经；4.菲尔普斯；5.侠客；6.半月谈；7.武当山；8.湖北；9.时光倒流；10.学习雷锋好榜样；11.乌克兰；12.禅房花木深；13.非常静距离

纵向：

一、刘亦菲；二、武汉大学；三、习以为常；四、普陀山；五、刘易斯；六、谢霆锋；七、焦距；八、经济半小时；九、样板房；十、无稽之谈；十一、倒叙；十二、乌鲁木齐；十三、钢铁侠；十四、北爱尔兰

第238题

横向：

1.新加坡；2.燕子李三；3.国家主席；4.志大才疏；5.微言大义；6.超声波；7.叶绍翁；8.大众；9.碧血剑；10.英特尔；11.短歌行；12.陈小春；13.小提琴；14.万里送行舟；15.过去式

纵向：

一、志愿者；二、短篇小说；三、加拿大；四、大风歌；五、才华

超众；六、燕子；七、微波炉；八、陈言务去；九、碧螺春；十、三国演义；十一、七里香；十二、叶剑英；十三、业主；十四、特立独行；十五、席琳·迪翁

第239题

横向：

1.柴可夫斯基；2.上官婉儿；3.林妙可；4.期房；5.孙思邈；6.独生子；7.皮皮鲁传；8.汉堡包；9.司法部；10.深呼吸；11.总司令；12.闪光灯；13.乐器；14.十秒的冲动

纵向：

一、楼上花枝笑独眠；二、司马光；三、谢婉莹；四、孙子兵法；五、相期邈云汉；六、歼十；七、可卡因；八、皮包公司；九、吹牛皮；十、令狐冲；十一、斯大林；十二、鲁智深；十三、妙处不传；十四、吸尘器

第240题

横向：

1.莫言；2.切中时弊；3.瓦尔德内尔；4.桑切斯；5.诺亚方舟；6.果宝特攻；7.信乐团；8.心雨；9.闯红灯；10.天气；11.方寸之地；12.东风不与周郎便；13.长沙市；14.白头翁；15.伦巴

纵向：

一、莫泊桑；二、闯关东；三、切水果；四、瓦斯；五、宝莲灯；六、不倒翁；七、景德镇；八、攻心计；九、周杰伦；十、切尔诺贝利；十一、方便面；十二、没分寸；十三、方中信；十四、天地一沙鸥；十五、一团和气

第241题

横向：

1.笑傲江湖；2.艺考；3.人体艺术；4.三八节；5.陈与义；6.操盘手；7.不见不散；8.小品；9.传票；10.偷

心；11.方清平；12.敢教日月换新天；13.肯德基；14.金边；15.花甲之年

纵向：

一、不指南方不肯休；二、傲慢与偏见；三、基金；四、湖人；五、散热器；六、体温计；七、敢死队；八、言传身教；九、艺术体操；十、日全食；十一、三只手；十二、偷天换日；十三、小心；十四、节能产品；十五、一天一万年

第242题

横向：

1.科比；2.参考消息；3.铁公鸡；4.尼康；5.物竞天择；6.指环王；7.水木年华；8.朝鲜族；9.总是玉关情；10.津巴布韦；11.德云社；12.海洛因；13.会呼吸的痛；14.仿生学

纵向：

一、指点迷津；二、比基尼；三、巴甫洛夫；四、康熙王朝；五、韦德；六、水族馆；七、驱鸡上树木；八、社会学；九、年终总结；十、参照物；十一、呼吸机；十二、天下第一关；十三、痛快；十四、情人节

第243题

横向：

1.卡巴斯基；2.求神拜佛；3.一唱一和；4.泰坦尼克号；5.熊出没；6.心上人；7.五月天；8.盘古开天地；9.二郎神；10.武林外传；11.林暗草惊风；12.地貌学

纵向：

一、泰迪熊；二、盘尼西林；三、巴基斯坦；四、没离开过；五、第一号伤心人；六、武林风；七、一鸣惊人；八、紫外线；九、求和；十、三下五除二；十一、郎才女貌；十二、送佛送到西天

第244题

横向：

1．亚里士多德；2．医疗保险；3．国务院；4．球蛋白；5．亚当；6．与朱元思书；7．不苟言笑；8．氨基酸；9．言承旭；10．不假思索；11．待到重阳日；12．谁与争锋；13.探戈；14.不了情

纵向：

一、亚美尼亚；二、不二神探；三、当路谁相假；四、思念谁；五、氨溴索；六、德国；七、朱镕基；八、竞争力；九、酸辣粉；十、医院；十一、书不尽言；十二、到不了；十三、保龄球；十四、旭日阳刚

第245题

横向：

1.勿忘我；2.夏威夷；3.久旱逢甘雨；4.芳草碧连天；5.长长久久；6.逆战；7.代乐乐；8.鹿死谁手；9.付笛声；10.爱笑的眼睛；11.一站到底；12.洞庭湖；13.飞虎神鹰

纵向：

一、芳华绝代；二、付之一炬；三、忘忧草；四、音乐之声；五、无底洞；六、地久天长；七、长颈鹿；八、笑傲江湖；九、谁的眼泪在飞；十、夏雨荷；十一、逆光；十二、夷陵之战；十三、猫头鹰

第246题

横向：

1.财政赤字；2.哈根达斯；3.孙红雷；4.文化人；5.血战长空；6.骆驼祥子；7.一体化；8.光辉岁月；9.好高骛远；10.地铁；11.追星族；12.光荣榜13.眼镜蛇；14.此会在何年

纵向：

一、财神爷；二、美好时光；三、血小板；四、赤壁之战；五、榜眼；六、长江一帆远；七、孙悟空；八、地头蛇；九、哈雷彗星；十、骆家辉；

十一、追悼会；十二、达尔文；十三、月光族；十四、正人君子

第247题

横向：

1.房地产；2.学习机；3.凉面；4.越位；5.战国策；6.人心如面；7.开发商；8.苦口婆心；9.行车记录仪；10.茶馆；11.无锡；12.工笔画；13.体重指数；14.黄蜂

纵向：

一、苦丁茶；二、地道战；三、海口；四、馆阁体；五、越策越开心；六、无名指；七、学位；八、工商银行；九、机器人；十、搜神记；十一、工蜂；十二、录音笔；十三、面对面；十四、扫描仪

第248题

横向：

1.十二生肖；2.令箭荷花；3.邦女郎；4.码洋；5.戏迷；6.红高粱；7.谢灵运；8.羽绒服；9.动脉硬化；10.子午线；11.机杼一家；12.粒子加速器；13.超导体；14.猫头鹰

纵向：

一、持谢邻家子；二、二维码；三、洋务运动；四、线粒体；五、肖邦；六、脉冲；七、女儿红；八、芝加哥；九、令郎；十、化石；十一、机器猫；十二、羽·泉；十三、花鼓戏；十四、迷彩服；十五、百家姓

第249题

横向：

1.天宫一号；2.芳心向春尽；3.气流；4.力不从心；5.星球；6.清明节；7.雷雨；8.法医；9.快门；10.仿生学；11.照相机；12.格式工厂；13.核裂变；14.电熨斗

纵向：

一、天然气；二、雷峰夕照；三、

流星雨；四、随机应变；五、号召力；六、不二法门；七、交流电；八、心连心；九、生死格斗；十、清华大学；十一、春和景明；十二、重工业；十三、节气门